U0499271

国家社会科学基金青年项目“动态资产配置框架下商业银行开展绿色信贷的驱动机制研究”（17CJY065）
北京哲学社会科学首都商贸发展研究基地研究成果

动态资产配置框架下商业银行开展绿色信贷的驱动机制研究

Study on the Driving Mechanism of Commercial Banks to Develop Green Credit under the Dynamic Asset Allocation Framework

张　琳◎著

中国财经出版传媒集团
经济科学出版社
Economic Science Press
·北京·

图书在版编目（CIP）数据

动态资产配置框架下商业银行开展绿色信贷的驱动机制研究／张琳著．—北京：经济科学出版社，2024.3

ISBN 978－7－5218－5677－4

Ⅰ．①动…　Ⅱ．①张…　Ⅲ．①商业银行－信贷管理－研究－中国　Ⅳ．①F832.4

中国国家版本馆 CIP 数据核字（2024）第 053739 号

责任编辑：杜　鹏　武献杰　常家凤
责任校对：易　超
责任印制：邱　天

动态资产配置框架下商业银行开展绿色信贷的驱动机制研究
DONGTAI ZICHAN PEIZHI KUANGJIAXIA SHANGYE YINHANG
KAIZHAN LÜSE XINDAI DE QUDONG JIZHI YANJIU

张　琳◎著
经济科学出版社出版、发行　新华书店经销
社址：北京市海淀区阜成路甲 28 号　邮编：100142
编辑部电话：010－88191441　发行部电话：010－88191522
网址：www.esp.com.cn
电子邮件：esp_bj@163.com
天猫网店：经济科学出版社旗舰店
网址：http://jjkxcbs.tmall.com
固安华明印业有限公司印装
710×1000　16 开　17.75 印张　280000 字
2024 年 3 月第 1 版　2024 年 3 月第 1 次印刷
ISBN 978－7－5218－5677－4　定价：128.00 元

序　言

2020年9月，习近平主席在第七十五届联合国大会期间提出“中国二氧化碳排放力争于2030年前达到峰值，努力争取2060年前实现碳中和”①，中国“双碳”政策目标正式落地。实现“碳达峰、碳中和”目标离不开绿色金融的大力支持。“双碳”目标的实现存在着巨量的资金缺口。如此巨大的资金需求，政府资金只能覆盖其中一部分，绝大部分需要通过金融体系利用市场资金来弥补。这就需要建立和完善绿色金融体系，引导和激励金融机构以市场化的方式支持绿色投融资活动。

绿色信贷是绿色金融的重要组成部分。绿色信贷业务在运作过程中要对提高能源效率、减少碳排放、治理环境污染的企业和项目采取宽松的金融融资政策，对破坏污染环境、能源效率低的企业采取高利率惩罚的融资手段，从而促使资金从高能耗、高污染的企业退出，更多流入绿色产业，加快经济绿色化转型和培育节能环保领域的新经济增长点，提升中国经济发展质量和增长潜力、顺利实现“双碳”目标。中国相继出台了一系列鼓励和指导商业银行开展绿色信贷的政策。当前，绿色信贷成为中国绿色金融发展中起步最早、发展最快、政策体系最为成熟的产品。尽管中国商业银行绿色信贷

① 习近平．在第七十五届联合国大会一般性辩论上的讲话［EB/OL］．（2020－09－22）．http：//hb. people. com. cn/n2/2020/0923/c194063－34310438. html.

取得了一定进展，但仍然存在较大提升空间。在此背景下，如何驱动商业银行更加积极地开展绿色信贷，成为一项亟须解决的重要课题。

本书总计包含12章，围绕商业银行绿色信贷发展问题，形成具有递进关系的五个研究板块：一是绿色信贷文献梳理和现状分析，为后续研究提供理论和现实基础。二是绿色信贷驱动机制分析，通过考察绿色信贷对银行绩效、效率和风险的动态影响，研究银行发展绿色信贷的内生动力。三是绿色信贷影响因素分析，从银行自身特征和外部环境方面综合考察影响绿色信贷投放的各类因素。四是企业环境表现和银行贷款，从企业视角考察银行信贷业务中的环境风险管理问题。五是政策建议，根据研究结论分别对政府和监管部门、商业银行、企业给出建设性意见。

本书丰富了绿色金融领域的研究。首先，在“成本—收益—风险”框架下，分析了绿色信贷发展的“绩效改善”“效率提升”“风险降低”驱动机制，探究了银行发展绿色信贷的内生动力和激励机制。在研究过程中注意考察绿色信贷影响的滞后性和动态性特征，并通过对绩效、效率和风险指标进行分解，考察了绿色信贷的影响路径，从而拓展了绿色信贷经济后果的研究。其次，考察绿色信贷影响因素的现有研究较少，通过全面系统考察银行内部特征和外部环境因素对绿色信贷的影响，为商业银行制定特色化发展战略和政府部门进行差异化监管提供了参考。最后，通过考察企业环境表现对银行贷款的影响，从企业视角分析了银行信贷的环境风险管理机制，丰富了银行贷款决策影响因素和企业环境责任经济后果的相关文献。

本书为政府和监管部门提升商业银行发展绿色信贷的内生动力，以及根据商业银行特征和所处环境采取差异化激励措施提供了参考建议。同时，本书为商业银行树立可持续金融理念、从长远利益出发开展绿色信贷，提升绿色治理水平、完善绿色信贷规章制度，以及“量体裁衣”“因地制宜”地制定适合银行自身情况的绿色信贷发展战略提供了有价值的指导意见。最后，本书还为企业响应国家绿色发展号召、积极改善环保表现提供了明确参考。

尽管作者对书稿进行了多次修改，但书中还有许多不足和疏漏之处，恳请读者朋友批评指正。

张　琳

2024 年 1 月

目　录

第1章

引　言

1.1　研究背景和问题

2020年9月，习近平主席在第七十五届联合国大会期间提出“中国二氧化碳排放力争于2030年前达到峰值，努力争取2060年前实现碳中和”①，中国双碳政策目标正式落地。中国减碳目标时间紧任务重，但中国政府决心坚定、动力十足。2020年12月，习近平主席在气候雄心峰会再次重申碳达峰、碳中和“3060目标”，并对二氧化碳排放量和非化石能源消费比重提出具体数量目标。②随后，生态环境部、能源部、工信部、央行等多部门多领域均为实现“碳达峰、碳中和”目标加紧制定政策方案，推进“双碳”目标快速落地执行。

实现“碳达峰、碳中和”目标离不开绿色金融的大力支持。“双碳”目标的实现存在着巨量的资金缺口。由清华大学气候变化与可持续发展研究院牵头的《中国长期低碳发展战略与转型路径研究》综合报告提出，要实现碳中和，未来30年中国需要新增138万亿元人民币的绿色低碳投资。如此巨大的资金需求，政府资金只能覆盖其中一部分，绝大部分需要通过金融体系利用市场资金来弥补。这就需要建立和完善绿色金融体系，引导和激励金融机构以市场化

① 习近平．在第七十五届联合国大会一般性辩论上的讲话［EB/OL］．(2020-09-22)．http://hb.people.com.cn/n2/2020/0923/c194063-34310438.html.

② 习近平．继往开来，开启全球应对气候变化新征程——在气候雄心峰会上的讲话［EB/OL］．(2020-12-12)．https://www.gov.cn/gongbao/content/2020/content_5570055.htm.

的方式支持绿色投融资活动。

绿色信贷是绿色金融的重要组成部分。在中国间接融资为主的金融体系下，商业银行发挥着重要的资金配置作用，当前绿色信贷在绿色融资总量的占比高达约90%。绿色信贷业务在运作过程中要对提高能源效率、减少碳排放、治理环境污染的企业和项目采取宽松的金融融资政策，对破坏、污染环境，能源效率低的企业采取高利率惩罚的融资手段，从而促使资金从高能耗、高污染的企业退出，更多地流入绿色产业，有助于加快经济绿色化转型和培育节能环保领域新的经济增长点，对于提升中国经济发展质量和增长潜力、顺利实现"双碳"目标具有重要意义。

中国相继出台了一系列鼓励和指导商业银行开展绿色信贷的政策。中国自2007年起就着手"自上而下"的绿色信贷政策体系建设，初步形成了以《绿色信贷指引》为核心、以绿色信贷统计制度和考核评价机制为两大基石的绿色信贷政策体系。当前，绿色信贷成为中国绿色金融发展中起步最早、发展最快、政策体系最为成熟的产品。《中国绿色金融发展报告》（2021）指出，截至2020年末，全国绿色贷款余额达11.95万亿元，存量规模世界第一，其中，24家主要银行机构①绿色贷款余额为10.33万亿元。尽管中国商业银行绿色信贷取得了一定进展，但仍然存在较大提升空间。从绿色信贷占比来看，全国绿色贷款在人民币各项贷款余额中仅占6.9%，24家银行绿色贷款仅占其全部贷款余额的7.79%，并且仅两家银行绿色贷款余额占比超过10%。整体来看，绿色贷款业务仍存在较大提升空间。在此背景下，如何驱动商业银行更加积极地开展绿色信贷，成为一项亟须解决的重要课题。

本书试图回答如下问题：第一，从发展现状来看，商业银行绿色信贷体系构建取得了哪些进展？存在哪些问题？绿色信贷投放规模和配置比例如何变化？回答这些问题，有助于明确绿色信贷发展现状、指明绿色信贷改进方向。第二，从经济后果来看，商业银行开展绿色信贷是否符合商业银行自身利益？

---

① 24家主要银行机构包括国家开发银行、进出口银行、农业发展银行、工商银行、农业银行、中国银行、建设银行、交通银行、邮政储蓄银行、招商银行、浦发银行、中信银行、兴业银行、民生银行、光大银行、华夏银行、广发银行、平安银行、恒丰银行、浙商银行、渤海银行、北京银行、上海银行和江苏银行。相关数据来自《中国绿色金融发展报告》。

在商业银行追求盈利目标的前提下，要想激励商业银行更好地执行绿色信贷政策，必须首先确保绿色信贷有利可图。因此，明确这一问题的答案，对于激发商业银行开展绿色信贷的内生动力至关重要。第三，从影响因素来看，哪些因素影响了商业银行开展绿色信贷的积极性？回答这一问题，有助于明确绿色信贷的关键影响因素，对完善商业银行绿色信贷激励政策具有重要意义。

1.2　研究内容、研究思路和研究方法

1.2.1　研究内容

本书的研究对象是商业银行开展绿色信贷的驱动机制，主要包括以下三个方面内容。

第一，绿色信贷的现状分析。在对商业银行绿色信贷驱动机制进行深入剖析之前，有必要先了解中国商业银行绿色信贷发展的概况。2007 年 7 月 12 日，国家环境保护总局、中国人民银行和银监会共同制定《关于落实环保政策法规防范信贷风险的意见》，中国的绿色信贷发展由此起步。经过十余年，商业银行绿色信贷发展如何？取得了哪些进展？存在哪些问题？有哪些典型的案例？这需要对中国银行业的绿色信贷体系和发展状况进行梳理和分析。

第二，绿色信贷的经济后果分析。绿色信贷不应停留于情怀或响应政策号召，而应该形成市场化、可持续的商业模式，给商业银行带来实实在在的经济收益，否则商业银行将缺乏开展绿色信贷的内生动力，仅靠政策的支持必将行之不远。那么，绿色信贷能否提升商业银行的盈利能力呢？如果能，是通过提高银行资产收益还是降低了银行负债成本呢？绿色信贷对银行盈利的影响是立竿见影式地产生效果，还是需要先期投入一段时间后才能慢慢见效呢？除了影响银行盈利，绿色信贷是否以及如何影响银行的风险和经营效率呢？回答这些问题，有赖于基于中国银行业绿色信贷的现实数据，通过建立严谨的计量模型，评估绿色信贷产生的经济后果。

第三，绿色信贷的影响因素分析。如前所述，截至 2020 年末，24 家银行

绿色贷款余额占比最高为 18.79%，最低为 0.84%。那么，哪些因素导致了如此巨大的差异？回答这一问题，能够明确影响绿色信贷的关键因素，不仅可以解释各银行绿色信贷发展程度的差异，也有助于推动未来绿色信贷更好地发展。由于现实中可能影响银行绿色信贷发展水平的因素众多，本书将其分为宏观环境因素、行业竞争因素、微观财务因素和公司治理因素四大类，全方位检验了各类因素对绿色信贷发展的影响力度。

第四，转换分析视角，从企业角度分析企业环境表现（绿色程度）对其获取银行信贷的影响。具体而言，本部分试图回答如下问题，即更为绿色的企业是否能获得更多、更便宜的银行信贷资金？企业绿色程度通过何种机制影响其信贷资金的获取？如果发现中国商业银行确实对贷款企业绿色程度作出积极反应，说明中国商业银行在进行信贷资源配置时确实贯彻了绿色理念，能够有效识别非绿企业的风险，并在贷款合约中作出合理安排。

1.2.2 研究思路

本书按照绿色信贷文献综述、发展现状、驱动机制、影响因素的思路开展研究，并从企业视角进行了补充分析，最后梳理了主要研究结果，并提出了相应的政策建议。本书研究思路如图 1-1 所示。

1.2.3 研究方法

本书采用的研究方法包括：

第一，文本分析法和指标量化法。在现状分析部分，绿色信贷的许多发展情况是定性描述，为了更直观反映绿色信贷发展水平，本书对相关资料中关于政策制定、机构设置等文字描述内容进行分析，然后赋予数值进行量化。

第二，案例分析法和对比分析法。本书在现状分析部分，通过对绿色信贷典型案例的对比分析，揭示了绿色信贷发展的特征和差异。在绿色信贷驱动机制和影响因素分析中，也借助对应案例来说明研究结果，例如，利用兴业银行案例阐释绿色信贷对银行可持续发展能力的影响。

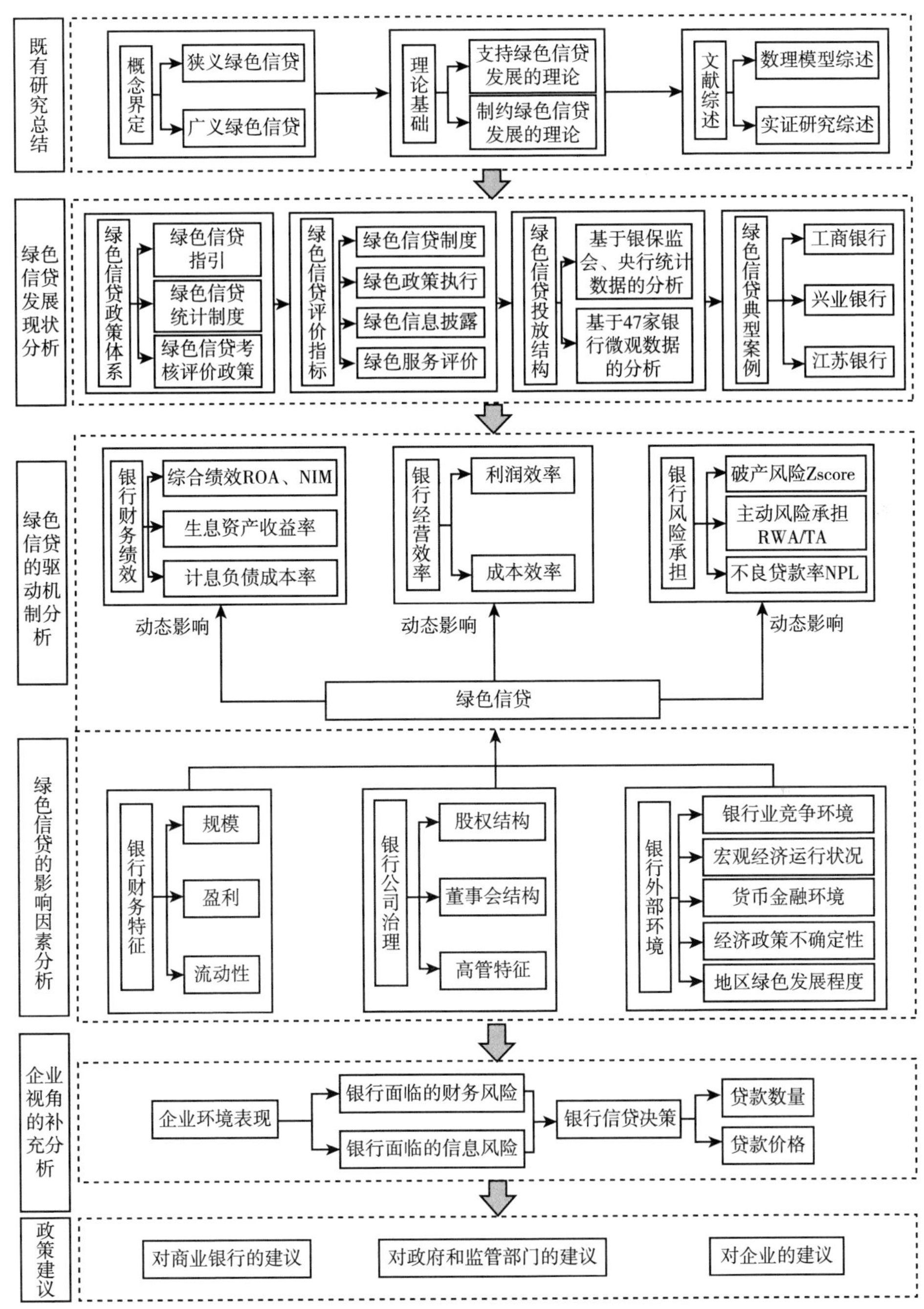
既有研究总结
概念界定
狭义绿色信贷
广义绿色信贷
理论基础
支持绿色信贷发展的理论
制约绿色信贷发展的理论
文献综述
数理模型综述
实证研究综述
绿色信贷发展现状分析
绿色信贷政策体系
绿色信贷指引
绿色信贷统计制度
绿色信贷考核评价政策
绿色信贷评价指标
绿色信贷制度
绿色政策执行
绿色信息披露
绿色服务评价
绿色信贷投放结构
基于银保监会、央行统计数据的分析
基于47家银行微观数据的分析
绿色信贷典型案例
工商银行
兴业银行
江苏银行
绿色信贷的驱动机制分析
银行财务绩效
综合绩效ROA、NIM
生息资产收益率
计息负债成本率
银行经营效率
利润效率
成本效率
银行风险承担
破产风险Zscore
主动风险承担RWA/TA
不良贷款率NPL
动态影响
动态影响
动态影响
绿色信贷
绿色信贷的影响因素分析
银行财务特征
规模
盈利
流动性
银行公司治理
股权结构
董事会结构
高管特征
银行外部环境
银行业竞争环境
宏观经济运行状况
货币金融环境
经济政策不确定性
地区绿色发展程度
企业视角的补充分析
企业环境表现
银行面临的财务风险
银行面临的信息风险
银行信贷决策
贷款数量
贷款价格
政策建议
对商业银行的建议
对政府和监管部门的建议
对企业的建议

图1-1 本书研究思路

第三，统计和计量分析方法。本书利用统计分析考察了关键变量的特征和关系；利用多元线性回归、交互性模型等计量模型和方法实证分析了绿色信贷的驱动机制和影响因素，以及企业环境表现对银行贷款的影响；利用 Shapley 分解法确定关键变量的解释力度和相对重要性。

1.3 研究特色和价值

1.3.1 研究特色

第一，从多维度分析绿色信贷发展现状，利用多来源数据分析绿色信贷投放情况。一方面，从绿色信贷制度、绿色政策执行、绿色信息披露、绿色服务评价四个方面对商业银行绿色信贷发展现状进行综合分析，从而较为全面地揭示了银行绿色信贷体系构建已取得的进展和存在的问题。同时，还对不同类型银行进行了对比分析，从而揭示了银行业内部绿色信贷的发展差异。另一方面，从中国人民银行、商业银行等不同信息来源处收集了绿色信贷余额数据，分析了银行业整体层面和商业银行个体层面的绿色信贷投放和配置情况。不同来源的数据可以相互佐证和补充，从而保障分析的准确性。

第二，在“成本—收益—风险”框架下，从动态视角分析了银行发展绿色信贷的驱动机制。通过考察绿色信贷的经济影响分析了绿色信贷发展的“绩效改善”“效率提升”和“风险降低”驱动机制。在研究过程中注意区分绿色信贷对银行当期和未来期的影响差异，即绿色信贷影响的滞后性特征，同时，考察了绿色信贷的影响如何随时间推移而变化，即绿色信贷影响的动态特征。此外，通过对绩效、效率和风险指标进行分解，考察了绿色信贷的影响路径。

第三，从银行内部特征和外部环境全方面分析了银行投放绿色信贷的影响因素。考察绿色信贷影响因素的现有研究较少，本书比较全面地考察了银行内外部因素对绿色信贷的影响。内部特征包括银行的主要财务特征和公司治理特征，外部特征包括银行面临的竞争环境和宏观环境。除了影响银行经营行为的一般因素，还特别考察了区域绿色发展水平对银行绿色信贷的影响。

第四，通过考察企业环境表现与银行贷款的关系，从企业视角分析了银行信贷的环境风险管理机制。通过考察环境表现对企业贷款数量和成本的影响，从侧面分析了银行在信贷决策中是否会考虑企业的环境风险。此外，还分析了企业环境表现影响银行贷款的财务风险机制和信息透明度机制，并考察了不同产权性质企业环境表现对银行贷款的差异性影响。

1.3.2 研究价值

首先，对于政府和监管部门而言，可以比较全面地了解商业银行绿色信贷的发展情况及存在的问题。为监管部门从提收益、减成本、降风险等方面提升商业银行发展绿色信贷的内生动力，完善对银行绿色信贷的监管和奖惩机制，以及根据商业银行特征和所处环境采取差异化激励措施提供了参考建议。

其次，对于商业银行而言，本书为商业银行树立可持续金融理念、从长远利益出发开展绿色信贷，提升绿色治理水平、完善绿色信贷规章制度，以及“量体裁衣”“因地制宜”地制定适合银行自身情况的绿色信贷发展战略提供了有价值的指导意见。

最后，对于企业而言，本书为企业响应国家绿色发展号召、积极改善环境表现提供了明确参考。良好环境表现的正向融资效应也指导企业应多追踪和关注以绿色信贷为主的各类绿色金融政策，积极利用多样化的绿色金融手段为节能减排募集资金。

第2章

文献综述和理论分析

2.1 绿色信贷的概念界定

2.1.1 广义绿色信贷

绿色信贷广义来说是一种信贷管理理念，即商业银行在投放信贷时要考虑企业的环境表现，增加对环保低碳项目的资金支持，减少对环境污染项目的资金支持，从而促进生态环境保护和经济社会可持续发展。

国外绿色信贷实践中比较有影响力的是巴克莱银行、花旗银行等国际知名银行签订的“赤道原则”，国外文献对“赤道原则”的研究也较多（Scholtens and Dam，2007；Burritt et al.，2013；Contreras，2019）。具体而言，“赤道原则”要求，金融机构在为项目融资时要综合评估项目可能产生的环境和社会影响，从而促使该项目在环境保护以及周边社区和谐发展等方面发挥积极作用（张琳和廉永辉，2019）。

国内文献也指出，商业银行通过实施绿色信贷政策，支持节能减排项目，有序清退“两高一剩”项目，有助于促进产业结构升级和生态环境保护（裴育等，2018；李毓等，2020；刘华珂和何春，2021）。中国绿色信贷方面的重要引导性政策也对银行绿色信贷作出了相应说明，具体如表2-1所示。

表 2-1 政策文件中关于绿色信贷含义的叙述

时间	政策名称	绿色信贷相关叙述
2007-07-18	《关于落实环保政策法规防范信贷风险的意见》	加强环保和金融监管部门合作与联动，以强化环境监管促进信贷安全，以严格信贷管理支持环境保护，加强对企业环境违法行为的经济制约和监督，改变“企业环境守法成本高、违法成本低”的状况，提高全社会的环境法治意识，促进完成节能减排目标，努力建设资源节约型、环境友好型社会
2012-01-19	《银监会关于印发绿色信贷指引的通知》	银行业金融机构应当从战略高度推进绿色信贷，加大对绿色经济、低碳经济、循环经济的支持，防范环境和社会风险，提升自身的环境和社会表现，并以此优化信贷结构，提高服务水平，促进发展方式转变
2016-08-31	《关于构建绿色金融体系的指导意见》	探索将绿色信贷纳入宏观审慎评估框架，并将绿色信贷实施情况关键指标评价结果、银行绿色评价结果作为重要参考，纳入相关指标体系，形成支持绿色信贷等绿色业务的激励机制和抑制高污染、高能耗和产能过剩行业贷款的约束机制

注：作者根据相关政策文件整理。

2.1.2 狭义绿色信贷

绿色信贷狭义来说就是商业银行投向节能环保项目与服务的信贷。因而绿色信贷界定的关键就是对节能环保项目与服务的认定。2013 年，银监会建立了绿色信贷统计制度，规范了绿色信贷统计口径。根据统计制度规定，绿色信贷包括两大部分：一是支持节能环保、新能源、新能源汽车三大战略性新兴产业生产制造端的贷款；二是支持节能环保项目和服务的贷款。具体包括 12 类项目：绿色农业开发项目；绿色林业开发项目；工业节能节水环保项目；自然保护、生态修复及灾害防控项目；资源循环利用项目；垃圾处理及污染防治项目；可再生能源及清洁能源项目；农村及城市节水项目；建筑节能及绿色建筑项目；绿色交通运输项目；节能环保服务项目；采用国际惯例或国际标准的境外项目。

2018 年起中国人民银行在《金融机构贷款投向统计报告》中披露了本外币绿色贷款数据，其绿色贷款口径是指金融机构发放给企（事）业法人或国家规定可以作为借款人的其他组织用于支持环境改善、应对气候变化和资源节约高效利用，投向环保、节能、清洁能源、绿色交通、绿色建筑等领域项目的贷款。

根据绿色信贷的广义概念，绿色信贷包括两个方面：一是对节能环保项目的信贷投入；二是对“两高一剩”项目的信贷退出。商业银行对节能环保信贷的信息披露更全面，对“两高一剩”项目信贷的信息披露较少，并且统计口径不清晰。因此，笔者在研究中主要采用的是绿色信贷的狭义概念，不过在绿色信贷现状和案例部分也将利用收集到的“两高一剩”项目信贷信息进行更全面的分析。此外，本书更关注的是绿色信贷在总贷款中的配置比例，也即商业银行信贷结构的绿色化程度。

2.2 绿色信贷相关理论

2.2.1 支持绿色信贷发展的相关理论

第一，社会责任理论。绿色信贷是商业银行践行环境保护责任的重要体现，商业银行会在社会责任报告中详细披露绿色信贷情况，因而社会责任领域的相关理论也为银行绿色信贷业务发展提供了指导。具体而言，主要包括三类理论：一是利益相关者理论。利益相关者理论指出，企业的存续与政府、企业股东和债权人、供应商、雇员和消费者等利益相关者是密不可分的（Freeman，1984），更加重视社会责任和环境责任表现的企业普遍存在较少道德风险和逆向选择问题，更容易获取利益相关者的信任和支持。二是资源依赖理论。资源依赖理论指出，企业的生存和发展需要从外部环境汲取各类资源，积极投资于社会责任和环境责任能够帮助企业更好地满足利益相关者的诉求，从而获取利益相关者掌握的资源（Pfeffer and Salancik，1978）。三是竞争优势理论。竞争优势理论指出，企业通过履行社会责任和环境责任能吸引更优秀的员工、增强创新能力、采用先进生产技术等，从而提高自身的竞争力（Jones and Murrel，2001）。利益相关者通过与企业更密切的联系和互动可以更积极地监督企业，促使企业提高管理效率、完善治理机制。另外，企业积极承担社会责任和环境责任会增加产品的公益、环保等属性，增加产品的附加值和独特性，吸引社会意识和环保意识较强的利益相关者，从而获取差异化竞争优势（Siegel and Vitaliano，2007）。

第二，可持续金融理论。可持续金融理论是把可持续发展理念引入金融学研究和实践，指的是金融机构在经营理念、管理政策和业务历程中考虑社会和环境因素，推动环境保护和社区建设，从而促进经济可持续发展，同时，反过来也有利于金融机构可持续发展（Lee，2020；Ziolo et al.，2020）。此外，白钦先（2000）基于金融资源论提出了金融可持续理论，也就是金融作为一种经济发展所需的资源，同样面临合理开发和利用，从而实现可持续发展的问题。金融可持续发展强调金融资源的利用和经济的增长要相适应、相协调，从而实现金融和经济共同长期持续发展的双赢局面。在这一意义上，可持续金融侧重于借助金融手段实现经济可持续发展，金融可持续侧重于金融本身的可持续发展，但两者最终都指向金融和经济相互影响、相辅相成的关系。金融作为一种资源配置手段会影响经济发展，如果金融机构将资源更多投放给污染企业，从长期来看会形成比较严重的资源浪费和环境污染，从而不利于经济可持续发展（张建鹏和陈诗一，2021）。而实体经济是金融发展的基础，金融应该为实体经济服务，经济可持续发展才能为金融长久健康发展提供坚实支撑。

第三，环境风险管理理论。风险管理是商业银行永恒的主题，环境风险管理理论认为商业银行应该将环境因素充分纳入风险管理流程。商业银行面临的环境风险包括以下几类：一是信用风险。污染类企业要达到环保标准，需要付出更高成本，减少了企业利润，增加了企业还款难度。如果企业未能达标，将面临严峻的处罚，包括罚款、整改甚至停业，从而直接损害企业的盈利能力，引发企业违约（Finger et al.，2018）。此外，对于“两高一剩”企业来说，其抵押品在生产经营过程中更容易被污染，从而价值受损，或者由于行业产能过剩原因，抵押品市场需求低，无法获得较高价格（刘常建等，2019）。二是法律风险。商业银行为企业的污染项目提供融资、咨询等服务可能会被追究连带责任，面临行政处罚、法律诉讼等风险（郭芳芳，2021）。三是声誉风险，商业银行为污染类项目提供资金支持，当出现严重的环境污染或社会风险事件后，银行的声誉会受损，利益相关者的不满会使得银行客户流失，从而增加银行的运营风险。商业银行在信贷投放中考虑企业环境表现，更多支持绿色环保项目可以有效降低因企业环境问题引发的各类风险（Weber，2012）。

2.2.2 制约绿色信贷发展的相关理论

第一，权衡理论。权衡理论认为在资源有限的情况下，企业需要根据不同业务的收益成本，合理配置资源，以实现资源的充分利用。一方面，绿色信贷政策的实施会使商业银行丧失部分客源。被限制贷款的企业很可能成为竞争对手的新客户，导致采取绿色信贷政策的银行短期利益受损（左振秀等，2017）。

第二，外部性理论。绿色金融因其对环境的积极影响，具有一定的外部性特征。外部性是指经济活动中的经济主体的决策和行为会对其他经济主体的利益产生影响，但却没有给予相应赔偿或得到相应补偿的现象。外部性分为正外部性和负外部性。正外部性是指经济主体的行为对其他经济主体产生有利影响，负外部性是指经济主体的行为对其他经济主体产生不利影响。外部性导致私人成本（收益）和社会成本（收益）的不匹配，从而使经济主体的行为不足或过度。产生正外部性的私人行为往往不足，而产生负外部性的私人行为往往过度（沈辉和李宁，2021）。绿色金融存在正外部性，金融机构既考虑商业利益，也考虑生态环境因素，但对生态有益的金融决策可能会使金融机构失去更好的盈利机会，但同时没有获得足够的补偿。在这种情况下，金融机构不会提供足够的绿色金融产品和服务（李建和窦尔翔，2020；周茂清和王雁飞，2021）。

2.3 绿色信贷的实证研究

2.3.1 绿色信贷对银行的影响

研究绿色信贷经济后果的文献较多，特别是绿色信贷影响银行财务绩效的方面的研究。不过现有研究尚未形成一致结论。一些研究认为绿色信贷有助于提升财务绩效。李苏等（2017）、何凌云等（2018）发现绿色信贷能够提高银行总资产收益率。宋亚伟等（2019）发现绿色信贷与银行净资产收益率存在正相关关系。孙光林等（2017）发现绿色信贷能提高银行净利润和非利息收入。高晓燕和高歌（2018）、罗素梅等（Luo et al.，2021）发现绿色信贷增强了银行竞争力。汪炜等（2021）进一步发现绿色信贷通过降低银行风险而增强银行竞争力。韦伯（Weber，2018）发现中国银行业的财务绩效和可持续性绩效之间存在双向因果关系。

一些研究认为绿色信贷会损害财务绩效。胡荣才和张文琼（2016）发现银行开展绿色信贷会增加单位营业成本、降低单位营业利润。郭文伟和刘英迪（2019）、张长江和张玥（2019）、赵娟霞等（2019）发现绿色信贷会降低银行盈利水平。王建琼和董可（2019）发现绿色信贷降低了大银行盈利，对中小银行盈利没有影响。朔尔滕斯和丹姆（Scholtens and Dam，2007）发现采纳“赤道原则”① 的银行需要承担额外成本，因而营业利润更低。宋晓林等（Song et al.，2019）也发现绿色信贷会降低银行盈利。还有一些研究发现绿色信贷与财务绩效间存在非线性关系。张晨和董晓君（2018）、于波等（2021）发现绿色信贷与银行绩效之间呈倒“U”型关系：绿色信贷占比较低时，绿色信贷能提高银行绩效；绿色信贷占比较高时，绿色信贷会降低银行绩效。

少数文献分析了银行实施绿色信贷政策的动态影响。李程等（2016）发现商业银行实施绿色信贷政策后绩效有所下降，但这种负向影响随时间推移而减弱。习斌等（Xi et al.，2021）基于中国19家上市银行的研究显示，当期和滞后一期绿色信贷对财务绩效的影响更显著，滞后两期绿色信贷对财务绩效没有影响。周光友等（Zhou et al.，2021）发现社会责任在短期内会对中国商业银行财务绩效产生负面影响。然而，从长远来看，这种关系是积极的。绿色信贷在这一关系中发挥着重要作用。

部分文献考察绿色信贷对银行效率的影响。廖筠（2019）基于10家商业银行数据利用VAR模型发现，绿色信贷对银行经营效率的影响短期内逐渐增大，长期趋于稳定。张文中和窦瑞（2020）以中国16家商业银行为样本，利

① “赤道原则”要求，金融机构在为项目融资时要综合评估项目可能产生的环境和社会影响，从而促使该项目在环境保护以及周边社区和谐发展等方面发挥积极作用。

用 SBM 模型测算银行效率发现，当期绿色信贷降低了当期银行效率，滞后一期绿色信贷对当期银行效率具有正向作用。丁宁和任亦侬（2020）利用 SFA 测算银行效率发现在绿色信贷政策实施初期，银行成本效率有所降低，2014 年后，绿色信贷政策对银行成本效率的影响开始转正。

2.3.2 绿色信贷的影响因素

直接研究绿色信贷影响因素的文献相对减少。孟科学等（2018）考察了高管特征对绿色信贷的影响。杜莉和周津宇（2018）发现政府持股比例高的大型国有银行绿色信贷投放更多。武立东和周亚拿（2019）发现媒体关注会促使城商行绿色贷款投放。王康仕（2020）从企业层面发现环境信息披露、市场化进程和金融数字化对绿色信贷发展有所影响。刘昊（2021）发现盈利能力较强和风险管理水平较高的商业银行投放绿色信贷更积极。盈利水平会影响银行是否采纳“赤道原则”的决策：在发达国家，绩效较差的银行更愿意成为赤道银行，且在成为赤道银行后利息收入和净资产回报率都有所上升；而在发展中国家，绩效较好的银行更愿意成为赤道银行，但在成为赤道银行后，贷款增速和利息收入增速均有所下滑（Finger et al.，2017）。

一些文献从企业视角研究了绿色信贷政策对企业获得银行贷款的影响。一是考察了 2007 年中国正式开始在银行业推行绿色信贷政策后的影响。张颖和吴桐（2018）发现绿色信贷政策对抑制“两高”企业融资效果不大。连莉莉（2015）、马妍妍和俞毛毛（2020）发现绿色信贷政策能增加重污染企业融资约束，从而促使其减排。牛海鹏等（2020）发现绿色信贷政策增强了绿色企业的信贷可得性。二是考察 2012 年中国颁布《绿色信贷指引》后的影响。苏冬蔚和连莉莉（2018）、王保辉（2019）发现绿色信贷政策显著降低了重污染企业的债务融资数量，增加了重污染企业的债务融资成本。陈幸幸等（2019）进一步发现绿色信贷政策促进了银行信贷和商业融资同时受限的重污染企业的环境治理投入。此外，现有文献还发现绿色信贷政策促进了企业的研发创新和绿色创新（孙焱林和施博书，2019；谢乔昕和张宇，2021；王馨和王营，2021；Hu et al.，2021）、增加了重污染企业的退出风险（陆菁等，2021）、抑制了重污染企业的过度投资（Wang et al.，2019；He et al.，2019；朱朝晖和谭雅妃，2020）。三是考察中央银行关于绿色信贷激励政策的影响。李亮和李晓红（2019）发现央行将绿色金融纳入 MPA 考核后，银行绿色金融规模有所提升。郭晔和房芳（2021）发现央行将绿色信贷资产纳入中期借贷便利的合格担保品后，绿色环保企业的融资约束得到一定程度的缓解。四是考察绿色金融试验区改革的影响。沈璐和廖显春（2020）发现绿色金融改革创新试验区的建立增加了重污染企业的融资约束。

2.4　文献评述

既有文献为本书的研究提供了良好的基础和参考，但一方面银行业界在绿色信贷方面的实践尚不成熟，另一方面绿色信贷在学术界也是一个新兴的研究话题。因此，关于绿色信贷的研究还存在诸多可进一步完善深化的地方。

第一，绿色信贷对商业银行的影响研究缺乏动态分析。随着经济低碳绿色转型，绿色信贷不仅是商业银行践行环保责任的体现，而将逐渐成为商业银行的一项重要业务，要持续稳步开展。此外，绿色信贷作为可持续金融的重要组成部分会影响银行的长期发展能力和竞争力。因而我们不应只关注绿色信贷短期的影响，而应考虑绿色信贷对银行的中长期影响。既有文献大多只考察了绿色信贷对银行绩效和风险的影响效应大小，而对这一效应如何随时间变化没有过多分析。有文献研究了银行实施绿色信贷政策前后的变化，但是没有从信贷资产配置的角度具体分析绿色信贷投放占比对银行的动态影响。绿色信贷对银行的影响直接关系到银行对绿色信贷的态度和投放绿色信贷的内生动力，因此，应在时间维度更全面地评估绿色信贷的影响。

第二，缺乏绿色信贷影响银行经营状况的路径分析。绿色信贷对商业银行经营状况的影响是分析银行绿色信贷的驱动机制的关键。既有文献主要考察了绿色信贷对银行盈利、效率和风险的影响。一方面，银行绩效和风险具有多种衡量指标；另一方面，银行绩效和风险具有多方面来源。既有文献在银行经营状况的指标选取上不够全面，同时没有分析绿色信贷影响银行绩效和风险的路径。

第三，关于绿色信贷影响因素的研究较少。目前只有少数文献考察了媒体关注、高管特征等因素对绿色信贷的影响。鉴于绿色信贷属于商业银行环境责任的一部分，根据企业社会责任的相关文献，影响企业环境和社会表现的因素包括企业微观特征、行业环境和宏观环境多个方面。因而目前对银行绿色信贷影响因素的研究还比较单一，需要进一步充实。

第四，考察企业环境表现对银行信贷决策影响的研究较少。从企业层面研究绿色信贷的文献一是评估绿色信贷宏观政策对重污染企业的影响，二是考察企业环境信息披露对企业借款的影响。直接研究企业环境表现对企业债务融资的影响相对较少，因此，需要完善这方面的研究，从而从企业层面探究银行执行绿色信贷的效果以及影响机制。

2.5 动态资产配置框架下的商业银行发展绿色信贷的理论分析

2.5.1 既有博弈论模型评述

现有文献大多采用博弈论模型分析绿色信贷相关经济主体的利益关系，从而分析激励商业银行增加绿色信贷供给或实施绿色信贷政策的重要因素。具体而言，主要包括以下三类文献。

一是重点分析了商业银行和污染或绿色企业间的博弈关系。曹洪军和陈好孟（2010）、葛志苏（2016）利用完全信息静态博弈、重复博弈模型发现在没有外部约束的情况下，银行和污染企业容易形成“共谋”，因而需要政府的介入，包括对银行投放绿色信贷的激励、增加对污染企业的处罚力度、完善环境信息披露和传递等。莫凡（2011）利用博弈论模型分析了银行绿色信贷政策施行的难点，发现当企业的治污成本高于惩罚费用时，企业和银行的最优决策分别是污染和放贷。薛晨晖和危平（2020）通过重复博弈模型的研究显示，商业银行是否能形成“不治理污染就不贷款”的可信威胁是绿色信贷政策成功实施的关键；增加绿色信贷的附加收益、降低绿色信贷的成本是激励银行投放绿色信贷的重要条件。

二是重点分析了商业银行和政府或监管部门间的博弈关系。周永圣等（2015）基于政府和银行间的进化博弈模型发现，银行实施绿色信贷的补贴较高、不实施绿色信贷的罚款较高时，银行会选择实施绿色信贷政策。胡震云和李培政（2013）基于委托代理理论分析了提升商业银行投放绿色信贷的内生动力的因素，发现对于政府而言，增加环保执法力度、提高对银行绿色信贷的监管、提高环境信息透明度、加大环保在政绩考核中的比重等可以有效促进银行投放绿色信贷。李善民（2019）基于演化博弈模型分析了金融监管部门推动银行增加绿色信贷供给的关键因素，发现金融监管部门的支持和惩处力度、项目投资收益均会影响绿色信贷供给。

三是同时分析了政府、银行和企业三者间的博弈关系。韩丰霞等（2017）、刘猛和郝琳娜（2018）的博弈模型显示，企业主动进行环境治理、银行积极投放绿色信贷的可能性较低，需要政府通过增加奖惩力度来推动企业和银行的绿色行为。陈科（2019）根据三方博弈的均衡结果指出，要想实现政府监督、企业治污、银行投放绿色信贷的最优局面，需要增加企业违规代价、降低企业治污成本和政府执法成本，同时，对银行不应过度进行贴息，应以市场引导为主。曲薪池（2019）的研究显示政府对银行和企业的奖励性政策在推动绿色发展的效果上要好于惩罚性政策。张海波和孙健慧（2019）通过构建微分博弈模型发现，协同合作契约下政府、银行和企业组成的系统的整体利益最优。朱奇峰等（Zhu et al.，2021）构建了地方政府、商业银行和贷款企业的随机演化博弈模型，发现惩罚比奖励更能提高参与者策略的收敛速度。

综合而言，现有文献主要通过演化博弈、完全信息静态博弈、重复博弈等博弈论模型，分析政府的监管及政策、银行的绿色信贷投放、企业的污染治理决策。研究结论大多认为在没有外界约束和政策支持时，博弈均衡结果是企业选择污染、商业银行选择放贷。因此，根据模型参数，主要应从以下几个方面激励银行投放绿色信贷：增加企业污染处罚、降低企业治污成本；提高银行投放绿色信贷额外收益，包括贴息、声誉等；降低银行开展绿色信贷的成本，增加银行不执行绿色信贷政策的处罚；增加环境信息披露；提升公众环保意识；增加政绩考核中环保比重等。此外，王遥等（2019）利用 DSGE 模型分析了各类绿色信贷政策的有效性，发现针对绿色信贷的贴息、定向降准、再贷款政策均能在一定程度上提高绿色信贷的投放量。

2.5.2 动态资产配置模型

商业银行开展绿色信贷表现为贷款结构中绿色项目贷款占比提升、污染项目贷款占比降低，本质上是一个资产配置问题。不过，这种资产配置问题并非是单期资产配置，而是要兼顾短期和长期。从短期来看，绿色项目贷款相对污染项目贷款收益较低，但随着环保政策加强等因素影响，从中长期来看，绿色项目贷款的相对收益会有所提升，而污染项目贷款的环境风险会不断增加，故而有必要动态分析绿色信贷在不同期限的经济效益。在动态资产配置框架下，绿色项目贷款和污染项目贷款均具有时变的收益、成本和风险函数，商业银行选择对两类贷款的资金配置比例以最大化加总的贴现效用。绿色项目贷款的资金配置比例取决于其相对于污染项目贷款的收益、成本、风险以及商业银行的主观贴现因子四类关键变量，而这些关键变量本身会受各类驱动因素的影响。

简洁起见，首先分析单期商业银行的最优资产配置状况。忽略商业银行其他类型资产，假定商业银行需要将全部资金配置到绿色项目信贷 G 和污染项目信贷 NG 两类资产。假定绿色项目信贷和污染项目信贷各自的净期望收益率为 $E(r_1)$ 和 $E(r_2)$，其中 $r_i = I_i - C_i$，I 为贷款收益，C 为发放贷款引致的成本（不含风险成本）。两类贷款的风险分别记为 σ_1 和 σ_2。商业银行通过选择对两者的配置比例 ω_1 和 ω_2 最大化其效用函数 $U = E(R) - \frac{1}{2}A\sigma_R^2$，其中 A 为风险厌恶系数，$E(R) = \omega_1 E(r_1) + \omega_2 E(r_2)$，$\sigma_R^2 = \omega_1^2\sigma_1^2 + \omega_2^2\sigma_2^2 + 2\rho\omega_1\omega_2\sigma_1\sigma_2$（ρ 是 r_1 和 r_2 的相关系数），求解该最大化问题可得：

$$\begin{cases} \omega_1 = \dfrac{A[\delta_2^2 - \rho\delta_1\delta_2] + E(r_1) - E(r_2)}{A[\delta_1^2 + \delta_2^2 - 2\rho\delta_1\delta_2]} \\ \omega_2 = \dfrac{A[\delta_1^2 - \rho\delta_1\delta_2] + E(r_2) - E(r_1)}{A[\delta_1^2 + \delta_2^2 - 2\rho\delta_1\delta_2]} \end{cases} \tag{2-1}$$

式（2－1）表明，风险越低、预期净收益率越高的贷款获得的配置比例越高。因此，有如下推论：提升绿色项目信贷相对污染项目信贷收益、降低绿色项目信贷相对污染项目信贷成本、降低绿色项目信贷相对污染项目信贷风险将有助于提高绿色信贷占比。

上述分析仅考虑了单期银行资产配置决策，此处进一步考虑多期情况。假定时期分为 $t=0$（短期）和 $t=1$（长期），则商业银行的贴现效用函数可表示为 $U_0+\beta U_1$，其中 β 代表银行的贴现系数。进一步假定，商业银行在期初确定资产配置状况后不能调整，即 $\omega_{1|t=0}=\omega_{1|t=1}$、$\omega_{2|t=0}=\omega_{2|t=1}$，此时影响 ω_1 和 ω_2 的全部参数包括：一是两类贷款在短期和长期的净收益 $r_{1|t=0}$、$r_{1|t=1}$、$r_{2|t=0}$、$r_{2|t=1}$；二是两类贷款在短期和长期的风险 $\sigma_{1|t=0}$、$\sigma_{1|t=1}$、$\sigma_{2|t=0}$、$\sigma_{2|t=1}$；三是商业银行的短视程度（贴现系数）β。为方便推导，假定 $r_{1|t=1}=b_1r_{1|t=0}$、$r_{2|t=1}=b_2r_{2|t=0}$、$\sigma_{1|t=1}=c_1\sigma_{1|t=0}$、$\sigma_{2|t=1}=c_2\sigma_{2|t=0}$，其中，$b_1(b_2)$ 表示绿色信贷短期收益与长期收益之比，$c_1(c_2)$ 表示绿色信贷短期风险与长期风险之比。求解该两期两资产配置模型可得：

$$
\begin{cases}
\omega_1=\dfrac{(1+\beta b_1)r_1-(1+\beta b_2)r_2+A[(1+\beta c_2^2)\delta_2^2-(1+\beta c_1c_2)\rho\delta_1\delta_2]}{A[(1+\beta c_1^2)\delta_1^2+(1+\beta c_2^2)\delta_2^2-2(1+\beta c_1c_2)\rho\delta_1\delta_2]}\\[2ex]
\omega_2=\dfrac{(1+\beta b_2)r_2-(1+\beta b_1)r_1+A[(1+\beta c_1^2)\delta_1^2-(1+\beta c_1c_2)\rho\delta_1\delta_2]}{A[(1+\beta c_1^2)\delta_1^2+(1+\beta c_2^2)\delta_2^2-2(1+\beta c_1c_2)\rho\delta_1\delta_2]}
\end{cases}
\tag{2-2}
$$

进一步地，设定如下三种情形：一是基准情形下，所有参数不具有时变特征，即 $r_{1|t=0}=r_{1|t=1}$、$r_{2|t=0}=r_{2|t=1}$、$\sigma_{1|t=0}=\sigma_{1|t=1}$、$\sigma_{2|t=0}=\sigma_{2|t=1}$；二是绿色项目信贷收益特征改善而污染项目信贷收益特征恶化，即 $r_{1|t=1}=2r_{1|t=0}$、$r_{2|t=1}=0.5r_{2|t=0}$、$\sigma_{1|t=0}=\sigma_{1|t=1}$、$\sigma_{2|t=0}=\sigma_{2|t=1}$；三是绿色项目信贷风险特征改善而污染项目信贷风险特征恶化，即 $r_{1|t=0}=r_{1|t=1}$、$r_{2|t=0}=r_{2|t=1}$、$\sigma_{1|t=1}=0.5\sigma_{1|t=0}$、$\sigma_{2|t=1}=2\sigma_{2|t=0}$。商业银行贴现系数 $\beta=1$。

对于情形一，由于短期和长期商业银行面临的资产配置问题不变，因此不难求出：

$$\begin{cases} \omega_1 = \dfrac{A[\delta_2^2 - \rho\delta_1\delta_2] + r_1 - r_2}{A[\delta_1^2 + \delta_2^2 - 2\rho\delta_1\delta_2]} \\ \omega_2 = \dfrac{A[\delta_1^2 - \rho\delta_1\delta_2] + r_2 - r_1}{A[\delta_1^2 + \delta_2^2 - 2\rho\delta_1\delta_2]} \end{cases} \tag{2-3}$$

对于情形二，求解该最大化问题可得：

$$\begin{cases} \omega_{12} = \dfrac{A[\delta_2^2 - \rho\delta_1\delta_2] + 1.5r_1 - 0.75r_2}{A[\delta_1^2 + \delta_2^2 - 2\rho\delta_1\delta_2]} \\ \omega_{22} = \dfrac{A[\delta_1^2 - \rho\delta_1\delta_2] + 0.75r_2 - 1.5r_1}{A[\delta_1^2 + \delta_2^2 - 2\rho\delta_1\delta_2]} \end{cases} \tag{2-4}$$

对于情形三，求解该最大化问题可得：

$$\begin{cases} \omega_{13} = \dfrac{A[5\delta_2^2 - 2\rho\delta_1\delta_2] + 2r_1 - 2r_2}{A[1.25\delta_1^2 + 5\delta_2^2 - 4\rho\delta_1\delta_2]} \\ \omega_{23} = \dfrac{A[1.25\delta_1^2 - 2\rho\delta_1\delta_2] + 2r_2 - 2r_1}{A[1.25\delta_1^2 + 5\delta_2^2 - 4\rho\delta_1\delta_2]} \end{cases} \tag{2-5}$$

$\omega_{i|情形j}$简写为 ω_{ij}，代表银行两种信贷的配置比例，其中，i=1 为绿色项目贷款，i=2 为污染项目贷款，j=1，2，3 为 3 种不同的情形。比较直观地可以看出 $\omega_{12} > \omega_{11}$、$\omega_{22} < \omega_{21}$，即从长期来看，如果绿色项目贷款收益相对污染项目贷款收益有所提升，银行将会提高绿色信贷配置比例。对 ω_{13}和 ω_{11}求差值可以获得：

$$\omega_{13} - \omega_{11} = \frac{A[(r_1 - r_2)(0.75\delta_1^2 - 3\delta_2^2) + \delta_1\delta_2(3.75\delta_1\delta_2 - 0.75\rho\delta_1^2 - 3\rho\delta_1^2)]}{A(1.25\delta_1^2 + 5\delta_2^2 - 4\rho\delta_1\delta_2)(\delta_1^2 + \delta_2^2 - 2\rho\delta_1\delta_2)} \tag{2-6}$$

当第一期 $r_1 < r_2$、$\sigma_1 < \sigma_2$ 且 $\rho < 0$ 时，$\omega_{13} > \omega_{11}$、$\omega_{23} < \omega_{21}$。也就是初期绿色项目贷款收益小于污染项目贷款，绿色项目贷款风险小于污染项目贷款，并且绿色项目贷款收益和污染项目贷款收益负相关时，如果污染项目贷款风险相对绿色项目贷款风险在长期内进一步提高，银行会提高绿色贷款配置比例。这一结论与现实也是比较相符的，绿色项目贷款环境风险小，但是在期初受绿色项目收益未能充分内部化、绿色信贷业务新增成本等因素的影响，绿色信贷收

益会相对较低。随着绿色经济发展以及环保标准提升，绿色项目贷款收益提升、污染项目贷款收益降低，两者呈现一定的负相关特征。

此外，ω_{11}和ω_{21}也是情形二和情形三下，商业银行贴现系数$\beta=0$的最优解。这意味着如果银行短视，不重视绿色项目信贷和污染项目信贷收益、风险随时间的变化，那么就会配置相对较低比例的绿色信贷。由此可见，考察绿色信贷的驱动机制时，不能仅关注绿色信贷给银行带来的短期收益和风险，还应具备动态视角，分析商业银行发展绿色信贷的长期影响。如果绿色信贷长期来看能获得更好的收益，并有助于降低银行的风险，那么商业银行应该增加绿色信贷配置。因而我们在后面的研究中将重点考察绿色信贷对银行的动态影响。

第3章

商业银行绿色信贷发展现状分析

绿色信贷是银行业金融机构服务绿色低碳经济发展的主要方式。2007 年 7 月 12 日，国家环境保护总局、中国人民银行和银监会共同发布《关于落实环保政策法规防范信贷风险的意见》，中国的绿色信贷发展由此起步。经过十余年，商业银行绿色信贷发展如何？取得了哪些进展，又存在哪些问题？这需要对中国银行业的绿色信贷情况进行梳理和分析。

首先，本章将梳理绿色金融相关政策。中国绿色信贷最初是由政策驱动的，绿色信贷的发展完善也需要相关配套政策提供支撑和指引，因此绿色金融政策在推动绿色信贷方面起到至关重要的作用。其次，本章将对银行绿色信贷发展的主要方面进行评估。绿色信贷投放需要银行信贷政策、业务流程等方面的调整和配合，因此，将利用掌握的资料对绿色信贷业务进行尽可能全面的评估。再次，本章将分析商业银行绿色信贷投放情况。商业银行绿色信贷发展成效的最终体现是绿色信贷投放数额，这也是商业银行支持绿色发展的最直接表现。最后，本章将对三家不同银行梯队中的代表性银行进行案例分析，以期更具体地了解中国银行绿色信贷现状，并为不同类型银行完善绿色信贷提供借鉴。

对于本章研究内容，既有文献也有所涉及。李卢霞和黄旭（2011）、孔龙和张鲜华（2011）、舒利敏和杨琳（2015）等从绿色信贷制度建设、绿色金融产品创新、绿色信贷实施成效等方面对中国商业银行绿色信贷实施现状进行了分析。与既有文献相比，本章主要特色在于：一是结合银行财务报告、社会责任报告、可持续发展报告等资料和监管部门发布的绿色信贷评价相关文件，构建了更全面的评价体系，选取的评价指标更丰富。二是选取样本更大，既有文献样本一般在20家银行以下，进行绿色信贷发展评估时选取了30家信息披露较多的银行，绿色信贷投放额分析则涉及43家可查询到绿色信贷数额的银行。三是从大型国有商业银行、全国性股份制银行、区域性银行三个梯队的银行中选取代表性银行进行案例对比分析，从而可以更详细地了解银行业内部绿色信贷发展的特色和差异。

3.1 绿色信贷政策梳理

中国的绿色信贷政策体系以《绿色信贷指引》为核心，以绿色信贷统计制度和考核评价机制为两大基石，对中国银行业金融机构开展绿色信贷进行了有效的规范、促进和激励。

3.1.1 绿色信贷指引

2012年，银监会下发《绿色信贷指引》。《绿色信贷指引》是中国绿色信贷体系的核心和纲领性文件。该指引从银行组织管理、政策制度及能力建设、流程管理、内控管理与信息披露、监督检查五个方面提出要求，督促银行业金融机构应当从战略高度推进绿色信贷，加大对绿色经济、低碳经济、循环经济的支持，防范环境和社会风险，提升自身的环境和社会表现，并以此优化信贷结构，提高服务水平，促进发展方式转变。

《绿色信贷指引》的推出具有重大的现实意义：一是引导资金流向绿色产业。该指引引导银行业金融机构从“两高一剩”行业退出资金，更多地投向环境和社会风险较低的领域。二是引导企业绿色发展。绿色信贷形成的外部压力会迫使企业规范经营行为，从而防范和降低环境和社会风险。三是促进银行自身可持续发展。推行绿色信贷，把环境和社会责任标准融入银行与客户的合作中，有助于银行业金融机构环境和社会风险的管理，从而实现可持续发展。

3.1.2 绿色信贷统计制度

2013年，银监会办公厅发布了《关于报送绿色信贷统计表的通知》，即绿色信贷统计制度，这也是全球第一个金融监管部门下发的绿色信贷分类与统计制度。绿色信贷统计通过收集绿色信贷项目相关信息，为银行识别项目环境和社会风险制定绿色信贷政策，创新绿色信贷产品等方面提供量化依据。该制度主要统计以下四方面内容：一是银行涉及落后产能、环境、安全等重大风险企业的信贷情况；二是银行开展绿色信贷情况，现行绿色信贷统计数据口径为支持节能、环保、生态领域项目及服务贷款与支持节能环保、新能源、新能源汽车等战略性新兴产业产品端贷款的合计；三是绿色信贷的资产质量情况；四是在国际上率先系统性测算贷款支持的节能环保项目所形成的年节能减排能力。

2018 年 1 月，中国人民银行发布《关于建立绿色贷款专项统计制度的通知》，即绿色贷款专项统计制度。绿色贷款专项统计从用途、行业、质量维度统计。包括两个方面：一是绿色贷款统计；二是对存在环境、安全等重大风险企业贷款的统计。绿色贷款专项统计制度沿用了与原银监会总体一致的绿色信贷行业统计分类标准，并进一步明确了绿色信贷数据统计和监测要求。

3.1.3 绿色信贷考核评价

一是 2014 年银监会下发的《绿色信贷实施情况关键评价指标》。该文件用以引导银行业金融机构全面落实《绿色信贷指引》，是绿色银行评级的依据和基础，也是绿色信贷考核评价的核心文件。绿色信贷实施情况关键评价指标体系从三个方面评价银行的绿色信贷工作：一是支持绿色、低碳、循环经济；二是加强环境和社会风险管理；三是提升自身环境和社会表现。评价指标主要包括两类指标：一是定性评价指标，是对《绿色信贷指引》中“组织管理”“政策制度及能力建设”“流程管理”“内控管理与信息披露”“监督检查”的具体细化；二是定量评价指标，是评价银行业金融机构“支持及限制类贷款情况”“自身环境和社会表现”“绿色信贷培训教育情况”“与利益相关者的互动情况”的量化指标。

为了更好地指导银行业金融机构完成绿色信贷实施情况自评价工作，2015

年银监会办公厅下发《关于下发绿色信贷实施情况自评价两个模板的通知》(以下简称《模板通知》)。《模板通知》细化了《绿色信贷实施情况关键评价指标》的指标要求，要求各家银行从组织管理、政策制度及能力建设、流程管理、内控管理与信息披露、监督检查、支持及限制类贷款情况等多个角度的99个指标（涉及300多个细分指标）进行绿色信贷自评价。

二是2017年银行业协会发布的《中国银行业绿色银行评价实施方案（试行)》。根据规定，各家银行自评价报告材料提交后，银监会将材料转发中国银行业协会。中国银行业协会组织绿色银行评价工作组开展评价复核，提出初步评价结论，并报经绿色银行评价专家组审核确定。绿色银行的评价范围先期为开展原银监会年度绿色信贷业务自评价工作的开发性金融机构、各政策性银行、国有大型银行、股份制商业银行、邮储银行，共计21家主要的全国性银行，在21家银行评价的基础上逐步扩展到中小商业银行。

《中国银行业绿色银行评价实施方案（试行)》考核指标及权重如表3－1所示。

表3－1　《中国银行业绿色银行评价实施方案（试行)》考核指标及权重

项目	一级指标	权重	二级指标	评价分值
定性指标	组织管理	30%	董事会职责	12
			高管职责	10
			归口管理	8
	政策制度能力建设	25%	制定政策	8
			分类管理	5
			绿色创新	5
			自身表现	2
			能力建设	5
	流程管理	25%	尽职调查	5
			合规审查	3
			授信审批	3
			合同管理	5
			资金拨付管理	3
			贷后管理	5
			境外项目管理	1

续表

<table>
<tr><th>项目</th><th>一级指标</th><th>权重</th><th>二级指标</th><th>评价分值</th></tr>
<tr><td rowspan="4">定性指标</td><td rowspan="3">内控与信息披露</td><td rowspan="3">15%</td><td>内控检查</td><td>5</td></tr>
<tr><td>考核评价</td><td>5</td></tr>
<tr><td>信息披露</td><td>5</td></tr>
<tr><td>监督检查</td><td>5%</td><td>自我评估</td><td>5</td></tr>
<tr><td rowspan="2">定量指标</td><td>节能环保项目及服务贷款和节能环保、新能源、新能源汽车贷款两类合计年内增减值</td><td colspan="2">年度同比增减值为正加 3 分；年度同比增减值为负不加分</td><td>加分项
最多 3 分</td></tr>
<tr><td>定量指标中核心指标和可选指标填写情况</td><td colspan="2">全部填写加 2 分；核心指标填写完整但可选指标填写不全加 1 分；核心指标与可选指标填写均不完整不加分</td><td>加分项
最多 2 分</td></tr>
</table>

资料来源：银行业协会。

三是 2018 年人民银行发布的《关于开展银行业存款类金融机构绿色信贷业绩评价的通知》。评价方法分为定量评价与定性评价，分别以定量指标体系和定性指标体系为基础对参评机构进行评价，其中，定量评价权重占比 80%，定性评价权重仅占比 20%。其中，定量指标包括绿色贷款余额占比、绿色贷款余额份额占比、绿色贷款增量占比、绿色贷款余额同比增速、绿色贷款不良率。

2021 年 6 月，人民银行发布《银行业金融机构绿色金融评价方案》。与 2018 年文件相比，新文件对先前的绿色信贷业绩评价方案进行了修订：第一，扩大绿色金融业务的覆盖范围。《银行业金融机构绿色金融评价方案》明确表示绿色金融业务不仅包括绿色信贷，还应包含绿色证券、绿色股权投资、绿色租赁、绿色信托、绿色理财等。第二，定量考核指标纳入绿色债券，考核权重有所调整。第三，定性指标更加注重银行自身绿色金融制度建设和业务发展情况。

3.1.4 绿色信贷激励措施

一是中央层面绿色信贷激励政策。人民银行已将银行的绿色债券、绿色信贷的执行情况纳入宏观审慎评估（MPA）。24家全国主要银行的绿色债券情况于2016年就已纳入MPA的信贷政策执行指标中，此外，从2017年第三季度开始，24家全国主要银行的绿色信贷绩效也已纳入MPA。《银行业金融机构绿色金融评价方案》进一步将绿色金融绩效评价结果由纳入宏观审慎考核拓展为纳入央行金融机构评级等人民银行政策和审慎管理工具。评级体系在存款保险风险评级、稳健性现场评估基础上充分吸收MPA的相关内容。评级较差的银行不仅费率较高，还会受到规模扩张、业务准入、再贷款等货币政策支持工具使用等多方面限制，银行业更加有动力发展绿色金融业务以提高央行金融机构评级，强化了正向激励作用。

二是绿色金融改革创新试验区的绿色信贷激励政策。中央层面绿色信贷激励政策出台后，绿色金融改革创新试验区因地制宜，逐步建立了绿色信贷统计制度、考核评估制度和绿色信贷激励制度，其中的绿色信贷激励制度主要体现为对绿色信贷的财政补贴和风险分担。

广州市：补贴机制方面，对获得绿色贷款的企业，按其贷款金额1%给予补贴，每家企业每年补贴金额不超过100万元。风险担保方面，对开展绿色信贷的银行业金融机构，按其损失金额20%给予风险补偿，最高1万元。

湖州市：补贴机制方面，对评定为“深绿”“中绿”“浅绿”的企业和项目，分别按照基准利率给予12%、9%和6%贷款贴息补助。风险担保方面，按各银行年末小微企业信用贷款余额的5%计算该银行补偿额度。

衢州市：补贴机制方面，对绿色信贷占比较高的金融机构优先给予再贷款政策支持、差异化贷款贴息支持。风险担保方面，发放绿色信贷风险补偿资金。

赣江新区：补贴机制方面，对金融机构绿色信贷投放进行奖励。风险担保方面，建立绿色贷款风险分担补偿机制。

贵安新区：补贴机制方面，每年3万元用于奖励省内金融机构在绿色金融领域的产品和服务创新，并每年设立5亿元绿色发展专项资金。风险担保方面，建立“4321”政银担风险分担机制，单列资金用于绿色金融项目的风险补偿。

哈密市：补贴机制方面，实施“节能节水、环境保护、污水处理”等领域税收减免政策。风险担保方面，设立绿色信贷风险补偿资金。

昌吉市：补贴机制方面，实施“减税降费”措施。风险担保方面，设立绿色信贷风险补偿资金。

克拉玛依市：补贴机制方面，建立差别化贴息机制，给予绿色信贷1.5个、2个百分点补助。风险担保方面，建立绿色资担保基金0.5亿元，明确各方融资担保风险分担比例，市融资担保基金和银行机构承担的风险责任比例均不低于20%，自治区再担保机构承担30%风险责任比例。

3.2 绿色信贷发展概况

为了比较全面直观地分析中国商业银行绿色信贷发展概况，本书将设计一个绿色信贷评估体系，选取关键指标对样本银行进行打分，并结合评分结果阐述绿色信贷发展情况。

3.2.1 绿色信贷评估指标选取

3.2.1.1 指标选取来源

在指标选取方面，主要参考监管部门的政策文件和绿色信贷评估方面的文献，同时结合收集掌握到的银行绿色信贷资料来确定。

主要参考的监管部门文件有三个：一是银监会2014年发布的《绿色信贷实施情况关键评价指标》；二是银行业协会2017年发布的《中国银行业绿色银行评价实施方案（试行）》；三是中国人民银行2021年发布《银行业金融机构绿色金融评价方案》。

既有文献方面，李卢霞和黄旭（2011）以7家代表性银行为样本，分析了商业银行绿色信贷业务的进展和存在的问题。原庆丹（2012）从绿色信贷战略、绿色信贷管理、绿色金融服务、组织能力建设和沟通与合作5个方面评估商业银行绿色信贷发展水平。孔龙和张鲜华（2011）、舒利敏和杨琳（2015）从绿色信贷制度建设、绿色金融产品创新、绿色信贷实施成效等方面对中国上市商业银行绿色信贷实施现状进行了分析。这些研究也为设计绿色信贷发展分析指标提供了参考。

3.2.1.2 指标体系构建

本章分别从绿色信贷制度、绿色政策执行、绿色信息披露、绿色服务评价四个方面对商业银行绿色信贷发展现状进行分析。在四个一级指标下分别建立相应的二级指标和三级指标，并根据对应的评分标准对其三级指标进行简单的量化打分，从而更直观地显示绿色信贷发展情况，指标体系如表 3－2 所示。

表 3－2 绿色信贷评估指标体系

<table>
<tr><th>一级指标</th><th>二级指标</th><th>三级指标</th><th>评分标准</th></tr>
<tr><td rowspan="8">绿色信贷制度</td><td rowspan="2">绿色信贷政策</td><td>绿色金融战略</td><td>是否建立绿色金融发展战略、树立可持续发展理念</td></tr>
<tr><td>采纳国际准则</td><td>是否宣布采纳赤道原则等国际绿色金融准则</td></tr>
<tr><td rowspan="3">组织能力建设</td><td>绿色信贷管理部门</td><td>是否设置管理绿色信贷业务的专职部门</td></tr>
<tr><td>相关从业人才培养</td><td>是否进行绿色信贷业务的人员培训</td></tr>
<tr><td>绿色信贷评价与考核机制</td><td>是否将绿色信贷业务发展纳入业绩考核</td></tr>
<tr><td rowspan="3">业务运作流程</td><td>环境与社会风险管理</td><td>是否将环境风险管理纳入授信前后全阶段、根据客户环境风险级别分类管理</td></tr>
<tr><td>“两高一剩”客户授信措施</td><td>是否有针对“两高一剩”客户的具体措施，如“环保一票否决制”、上收审批权限等</td></tr>
<tr><td>绿色环保客户授信措施</td><td>是否有针对绿色环保客户的具体措施，如“建立绿色通道审批机制”等</td></tr>
<tr><td rowspan="6">绿色政策执行</td><td rowspan="3">绿色信贷投放</td><td>贷款占比</td><td>绿色信贷占贷款的比重是否位于中位数以上</td></tr>
<tr><td>贷款增长</td><td>绿色信贷增速是否大于贷款总额增速</td></tr>
<tr><td>贷款清退①</td><td>存量贷款是否从“两高一剩”行业逐步清退</td></tr>
<tr><td rowspan="2">绿色金融产品创新</td><td>绿色信贷产品创新</td><td>是否进行绿色信贷产品创新</td></tr>
<tr><td>发行绿色债券</td><td>是否发行绿色债券为绿色金融业务募集资金</td></tr>
<tr><td>绿色金融业务合作</td><td>与国内或国外机构合作</td><td>是否与国内或国外金融机构、环保组织等合作</td></tr>
</table>

① 如果银行没有披露任何“两高一剩”贷款信息，此项目记为 0 分。

续表

一级指标	二级指标	三级指标	评分标准
绿色信息披露	绿色信贷信息	绿色信贷余额	是否披露绿色信贷余额信息
		绿色信贷项目	是否披露绿色信贷项目信息
	“两高一剩”贷款信息	“两高一剩”贷款余额	是否披露“两高一剩”贷款余额信息
	信息真实度	第三方机构审验	是否有第三方独立审验
绿色服务评价	获奖情况	绿色金融获奖	是否获得绿色金融服务方面的奖项

3.2.1.3 样本和资料来源

本章选取了具有代表性的5大国有银行，11家全国性股份制银行和14家城商行和农商行，这些银行比较详细地披露了绿色信贷发展情况。具体样本银行如表3-3所示。样本银行绿色信贷评估所参考的资料主要包括银行财务报表、社会责任报告、监管部门公告、新闻媒体报道等。时间上，主要参考的是各银行2019年的资料信息。

表3-3　样本银行

银行类型	银行名称
大型国有银行	中国工商银行、中国农业银行、中国建设银行、中国银行、交通银行
全国性股份制银行	招商银行、平安银行、广发银行、兴业银行、光大银行、华夏银行、上海浦发银行、民生银行、渤海银行、中信银行、浙商银行
城商行和农商行	青岛银行、郑州银行、南京银行、江苏银行、汉口银行、重庆银行、宁波银行、杭州银行、北京银行、上海银行、东莞银行、贵阳银行、重庆农村商业银行、上海农商银行

3.2.2 绿色信贷评估结果分析

三级指标每项分值为1分，是则为1，否则为0。打分后将分数进行横向与纵向汇总，其中，横向汇总后分数为每一家银行的综合得分，纵向汇总后分数为单项指标的总得分，得分率 =（单项指标实际总得分/单项指标理论满分值）×100%。

3.2.2.1 综合得分分析

各分数段银行分布情况如表3-4所示。

表3-4 各分数段银行分布情况

得分情况	银行
15分及以上	兴业银行、中国工商银行、交通银行、广发银行、华夏银行
10~14分	中国农业银行、中国银行、中国建设银行、招商银行、上海浦发银行、中信银行、民生银行、平安银行、浙商银行、渤海银行、青岛银行、郑州银行、南京银行、江苏银行、汉口银行、重庆银行、宁波银行、杭州银行、重庆农商银行
10分以下	光大银行、北京银行、上海银行、东莞银行、贵阳银行、上海农商银行

综合得分在15分及以上的有5家银行，分别是兴业银行、中国工商银行、交通银行、广发银行、华夏银行。其中，兴业银行作为第一家采用“赤道原则”的银行，2019年在全球最大指数公司明晟公布的企业ESG（环境、社会及公司治理）评级中，由2018年的BBB级晋升到A级，其中，“金融环境影响”和“金融可得性”两个指标被评为ESG Leader（ESG领导者）级别，由此认可了该行在可持续金融领域“领头羊”的优势。此外，该银行在披露“两高一剩”贷款信息方面最为详细，公布了连续三年“两高一剩”行业业务数据，并且数据显示其存量贷款正在逐步清退，2019年，该类贷款余额占对公贷款比重为2.73%，较2018年下降了1.17%。值得注意的是，兴业银行在卢森堡发行了首只境外绿债，创股份制银行双币种发行、双交易所上市等多项纪录，成为了全球绿色金融债发行余额最大的商业金融机构。工商银行在借鉴“赤道原则”的同时，以发起身份成为联合国环境策划署金融行动机构发起的“负责任银行原则”的首批签约银行，2019年度被评为最佳绿色金融银行和海外市场表现最佳的绿色金融银行。交通银行积极发挥行业影响力，其子公司交银租赁成功完成了中国租赁公司首单绿色银团贷款，该项目是中国租赁公司中首家获得香港品质保证局绿色金融认证

并且首单成功发行的绿色银团交易。华夏银行非常重视组织能力建设，在总行设立绿色金融管理委员会的同时，在分行成立了绿色金融领导小组，专人专项负责绿色金融工作，同时进行相关人才培养和业绩考核。广发银行积极参与国家开发银行发行的首单可持续发展专题“债券通”绿色金融债券的承销工作，大力支持长江大保护及绿色发展。

综合得分在10~14分的有19家银行，是银行数量分布的主要分数段。上海浦发银行在组织能力建设方面得分更加突出，在总分行均组建了专职的绿色信贷团队。浙商银行作为央行绿色贷款专项管理第一档银行机构，在业务运作流程方面表现更佳。例如，该行将授信客户所属行业划分为四类、进行环境和社会风险尽职调查、采取“环保一票否决制”等。同时，该行披露的相关数据较为详细，量化信息质量高。剩余银行集中在10~11分的居多，并且各有亮点。其中，南京银行致力于打造绿色金融培训品牌，通过编写《南京银行绿色金融典型案例汇编》指导从业人员，进而更有效地推动绿色金融业务发展。江苏银行作为国内城商行中首家赤道银行，参加2019年度赤道原则协会年会及相关研讨会。渤海银行组织能力建设方面尤为突出，成立并完善了以行领导为核心的绿色信贷领导小组，将绿色信贷业务发展指标纳入了相关部门经营计划KPI指标。并且大部分银行都进行了第三方独立审验，很大程度上保证了数据信息的真实可靠度。但由于处在10分或11分的银行对“两高一剩”贷款信息的披露较少，仅有5家银行在不同程度上有所披露，并且新闻媒体热度有待提高，获奖数量较少，导致总体得分不高。

综合得分在10分以下的有6家银行，其中，半数银行获得8分。该分数段的目标银行都将绿色信贷专题列入社会责任报告中，在不同程度上建立了绿色金融发展战略以及披露了绿色信贷余额。例如，北京银行在总行成立绿色金融事业部，且在多个地区成立绿色金融支行。东莞银行不但披露绿色信贷余额，也将相关项目的比例分配用图表进行展示。但不足的是，该分数段银行的报告内容单一，评分表中缺项过多，透明度还有待提高。

3.2.2.2 指标得分分析

单项指标总得分情况如表3-5所示。

表3－5　　单项指标总得分情况

	绿色信贷制度			绿色政策执行			绿色信息披露			绿色服务评价
	绿色信贷政策	组织能力建设	业务运作流程	绿色信贷投放	绿色金融产品创新	绿色金融业务合作	绿色信贷信息	“两高一剩”贷款信息	信息真实度	获奖情况
得分（分）	34	47	76	49	43	14	37	12	18	8
得分率（%）	56.7	52.2	84.4	54.4	71.7	46.7	61.7	40.0	60.0	26.7

注：作者根据评分情况整理。

（1）绿色信贷制度。“绿色信贷政策”指标得分率为56.7%。绿色信贷政策包括绿色金融战略和“赤道原则”。大部分银行都表明要积极践行国家绿色发展理念，并制定了发展绿色信贷的措施。不过大部分银行还没有采纳国际准则或参与国际准则的制定。截至2019年，只有2家银行借鉴国际惯例执行“赤道原则”。其中，兴业银行作为首家赤道银行，成立了“赤道原则”工作领导小组，江苏银行也参与了第四版“赤道原则”国际标准讨论制定。此外，工商银行加入了碳披露项目，招商银行加入了联合国环境规划署金融行动。

“组织能力建设”指标得分率为52.2%。组织能力建设包括绿色信贷管理部门、相关从业人才培养、绿色信贷评价与考核机制。根据得分显示，有21家银行建立绿色信贷相关部门，例如，东莞银行在总行搭建了以绿色环保为核心的战略客群专营团队，中国银行在执行委员会下设立绿色金融管理委员会。有半数银行也将绿色信贷业务发展纳入业绩考核，例如，杭州银行安排了绿色信贷专项考核奖励资金，重庆农商行制定绿色贷款业绩专项考核方案，明确投放约束指标，实现了绿色金融“软指标”向“硬约束”的转变。而相关从业人才培养方面力度相对较弱，仅有约1/3的银行开展了相关培训活动或竞赛讲座，该指标失分较为严重。

2019年度4家代表性银行组织能力建设情况如表3－6所示。

表3-6　　2019年度4家代表性银行组织能力建设情况

银行名	组织能力建设情况
上海浦发银行	在总分行组建专职的绿色信贷团队，依靠垂直化管理，形成良好的总行—分行—支行联动 每年组织两次以上绿色金融专题培训，总分行超过4000名管理人员、产品经理、风险经理、合规经理和客户经理参加培训，绿色金融基础知识成为业务客户经理任职资格考核的必考项目
华夏银行	在总行设立绿色金融管理委员会，并成立绿色金融中心，支行部分地区设立绿色金融专营支行和营销部，形成包括管理制度、业务政策、绿色产品、数据统计、系统支持、考核激励、内部审计、专项培训等在内的绿色信贷体系
广发银行	将湖州分行设立为绿色分行，强化全员绿色金融发展意识，建立内部信息沟通机制及对外宣传力度，实施绿色金融流程考核评价制度
渤海银行	成立绿色信贷领导小组，由普惠金融事业部牵头组织、管理、推动绿色信贷各项工作，并且各分行设置了绿色信贷专职工作人员，将绿色信贷业务发展指标纳入了各分行和总行相关部门综合考评与经营计划KPI指标，部分分行策划开展了绿色信贷营销竞赛活动

资料来源：银行年报和社会责任报告。

“业务运作流程”指标得分率为84.4%。业务运作流程包括环境与社会风险管理、“两高一剩”客户授信措施、绿色环保客户授信措施。大部分银行都在贷前、贷中、贷后制定了相应的环境风险管理政策，如“环保一票否决制”等。部分银行采取了绿色信贷分类管理，严控把关“两高一剩”贷款，例如，中国工商银行将境内法人客户全部贷款分为四级、十二类；浙商银行建立“绿色通道”机制。部分得分较低的银行虽有初步的环境风险管理意识，但业务开展过程中管理不够细致，具体措施有待加强。

（2）绿色政策执行。“绿色信贷投放”指标得分率为54.4%。绿色信贷投放包括绿色贷款规模、增长和“两高一剩”贷款清退。大部分城商行即使绿色信贷余额同比增加，但投放量处于当期样本中位数以下，表明了投放数量与银行规模和管理模式有一定关系。值得注意的是，有8家银行的绿色信贷余额虽然保持增长，但增长速度低于信贷总额的增长速度，其中，东莞银行和青岛银行的增速差较大。此外，在考察“两高一剩”行业存量贷款退出额时，中信银行虽然对“两高一剩”行业客户区别对待，压降落后企业授信余额，但其贷款余额从2018年的437.7亿元增加到2019年的465.3亿元，在总贷款余额的比重中也增加了0.01%。

“绿色金融产品创新”指标得分率为71.7%。绿色金融产品创新包括绿色信贷产品创新和发行绿色债券。越来越多的银行会针对不同项目特点来设计相应的金融产品。其中，大部分产品集中在排放权金融和能效融资方面。例如，建设银行广东分行2018年率先开办碳排放权质押融资，2019年进一步推出绿色e销通、绿色租融保等产品。华夏银行开发了光伏贷、排污权抵质押融资、碳金融等一系列特色产品。渤海银行作为天津排放权交易所的会员单位，搭建交易资金存管业务平台，为碳排放交易机构提供高效的交易资金存管服务。另外，商业银行也积极地发行绿色债券筹集资金。

2019年度具有代表性商业银行绿色金融产品创新情况如表3-7所示。

表3-7　2019年度具有代表性商业银行绿色金融产品创新情况

银行名	绿色金融产品创新情况
中国农业银行	支持浙江湖州分行推出专属金融服务产品“绿色金融制造贷”，发行“苏租2019年第一期绿色租赁资产证券化信托资产支持证券”
中国银行	发行“国电融资租赁有限公司2019年度第一期绿色资产支持票据（ABN）”，发行总额15.68亿元
上海浦发银行	绿色信贷产品和服务体系包含“五大板块、十大创新产品”
光大银行	针对“金汇不锈钢循环经济产业链”特点创新提出“光大金汇循环经济”金融服务模式，为全产业链15家企业提供2.6亿元资金支持
兴业银行	构建清洁发展绿色融资创新模式
南京银行	创新研发“固废贷”特色产品，与江苏省水利厅联合创新“节水贷”特色产品

资料来源：银行年报和社会责任报告。

“绿色金融业务合作”指标得分率为46.7%。绿色金融业务合作指与国内或国外机构合作。与国外金融机构合作的银行较少，大部分银行更偏向于与国内金融机构合作。然而着眼于长期可持续发展和国际化经营的需要，商业银行应加大力度开展对外合作。在与国内外机构有合作的银行中，交通银行作为联合全球协调人，协助中国农业发展银行成功发行离岸人民币绿色债券，发行规模为人民币25亿元。中国农业银行新加坡分行作为农行第一家海外分行，在法国巴黎银行和新加坡大华银行协助下制定了《可持续融资框架》。华夏银行积极与世界银行、亚洲开发银行等机构开展国际交流合作，引入国际低成本资金和绿色金融经验。

（3）绿色信息披露。“绿色信贷信息”的得分率为61.7%。绿色信贷信息包括绿色信贷余额和绿色信贷项目。大部分银行除了公开本年度绿色信贷余额，对其具体项目信息并未作详细展开，只有7家银行在不同程度上以表格或文字叙述的方式进行披露，例如，青岛银行提及绿色信贷项目贷款主要投入方向为农村及城市水项目、垃圾处理及污染防治项目等，但没有具体到不同项目的占比。而上海浦发银行则汇总了2017～2019年详细数据，其中，该行连续三年对绿色交通运输项目投放量最大，最高达到561.18亿元，占比24.83%。

“两高一剩”贷款信息的得分率为40%。“两高一剩”贷款信息指“两高一剩”贷款余额。只有12家银行公开了这方面的信息，绝大部分银行虽然有严格管控“两高一剩”贷款的意识，但都没有披露相关的量化信息，因此，失分较为严重，不能直观地看到管控成效。

“信息真实度”的得分率为60%。信息真实度指第三方机构审验。有18家银行都出具了第三方独立审验报告，国有银行和全国性股份制银行占比更大。引入第三方机构的验证可以更好地保证社会责任报告中的绿色信贷相关数据的真实性。其中，在进行审验的银行中，选择的第三方审验机构多数为毕马威、普华永道和安永华明等大型会计师事务所。城商行和农商行则需进一步完善报告中的相关数据，并确保信息的真实性。

（4）绿色服务评价。“绿色服务评价”的得分率为26.7%。绿色服务评价指绿色金融方面的奖项。这类奖项既是对银行绿色信贷业务的肯定，也有助于提升银行在绿色融资领域的知名度，帮助银行形成绿色声誉。2019年，很多银行并未获得相关奖项，可能与银行的绿色金融规模、对外合作交流有关联。因此，商业银行应注重拓展绿色信贷，增强企业可持续竞争力，同时也应积极参与各类评奖活动。

2019年度代表性商业银行获奖情况如表3－8所示。

表3-8 2019年度代表性商业银行获奖情况

银行名	获奖情况	银行名	获奖情况
中国工商银行	年度最佳绿色金融银行；海外市场表现最佳的绿色金融银行	中国建设银行	长青奖——可持续发展效益奖
中国农业银行	绿色金融资产证券化优秀示范产品奖	华夏银行	最佳绿色金融成效奖；年度最佳绿色金融服务银行；最佳绿色能源发展银行奖；绿色金融银行之星
交通银行	绿色银行总体评价优秀单位	兴业银行	“新兴市场国家最大绿色债券发行”奖；“最佳绿色金融全国性商业银行”；“最佳绿色债券银行”
中信银行	绿色发展奖	江苏银行	“绿色金融银行天玑奖”

资料来源：银行年报和社会责任报告。

3.2.2.3 分银行类型分析

国有5大银行表现最好，并且这5家银行均处于整体样本平均分11.50以上。相比全国性股份制银行、城商行和农商行，国有5大行组织能力建设更突出，业务运作流程更完善，绿色信贷投放规模更高，开展了更多绿色金融业务合作，如中国工商银行与北京环境交易所联合进行了碳交易对商业银行信用风险的压力测试，并发布国内首个碳压力测试报告。此外，国有大型银行媒体曝光度也较高，获得了多项绿色金融方面的奖项，绿色服务评价口碑较好。

全国性股份制银行整体发展水平也在逐渐提高，与国有5大银行更加接近。其中，处于领先位置的兴业银行、华夏银行得分甚至高于部分国有银行。但由于部分银行并未与国内外金融机构进行合作交流，在其他绿色金融方面也有待加强，因此，处于8~11分。并且值得注意的是，招商、中信、上海浦发3家银行绿色信贷投放量不是很理想，虽然绿色信贷余额在当期样本银行中位数以上并且同比增加，但其2019年增速并没有大于贷款总额增速。但可以肯定的是，有63.6%的银行都在不同程度上对“两高一剩”信息进行披露，是三类银行中占比最大的，而且信息真实度得到了保证，超过80%的银行都进行了第三方机构的独立审验。

城商行与农商行低于整体样本平均分，主要原因在于其在绿色政策执行方面力度不够大，仅局限在理念层面。尽管绿色信贷余额在逐年增加，但整体规模依然处于样本中位数以下，并且与金融机构或环保组织合作较少，从而在新闻媒体曝光度降低。此外，该类银行的“两高一剩”贷款信息披露情况不够理想，也只有 4 家银行进行了第三方独立审验，因此，信息真实度还需进一步证明。但值得肯定的是，在公开绿色信贷项目信息过程中，城商行和农商行更加完善，有 5 家对相绿色项目进行了详细披露。

3.3 绿色信贷投放分析

3.3.1 银行业绿色信贷投放：基于银保监会数据的分析

原银监会集中披露了 21 家主要银行①2013 年 6 月至 2017 年 6 月半年度的绿色信贷加总数据，本书将依托这些数据分析银行业绿色信贷投放情况。

3.3.1.1 绿色信贷投放情况

从图 3－1 可以看出，一方面，21 家主要银行绿色信贷余额在 2013～2017 年呈上升趋势。除了原银监会集中披露的数据外，还收集到了 21 家主要银行 2017 年 12 月、2018 年 12 月、2019 年 6 月的绿色信贷余额，分别为 8.53 万亿元、9.66 万亿元和 10.6 万亿元。因而，2013～2019 年中国绿色信贷投放量是逐渐增加的。另一方面，21 家主要银行绿色信贷半年度增速呈现一定的周期性特征，除 2016 年外一般，上半年增速更高，2016 年《关于构建绿色金融体系的指导意见》发布后，2017 年绿色信贷增速又有所攀升。

---

① 具体包括国家开发银行、中国进出口银行、中国农业发展银行、中国工商银行、中国农业银行、中国银行、中国建设银行、交通银行、中信银行、中国光大银行、华夏银行、广东发展银行、平安银行、招商银行、浦东发展银行、兴业银行、民生银行、恒丰银行、浙商银行、渤海银行、中国邮政储蓄银行。

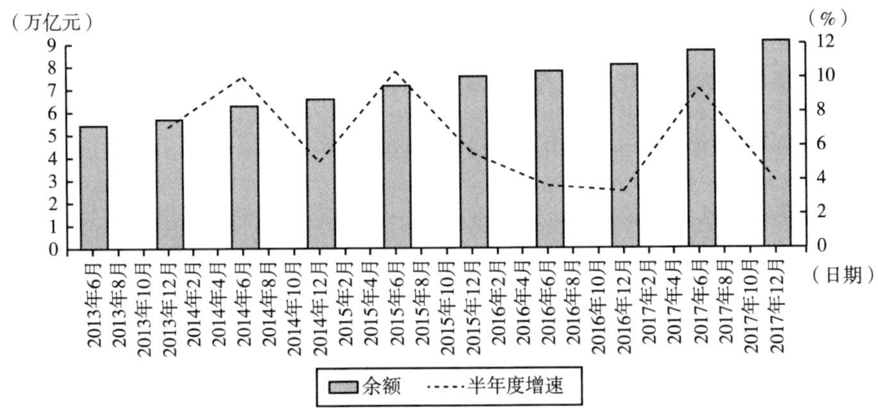

图3-1　21家主要银行绿色信贷余额和增速变化趋势

资料来源：2013年至2017年6月国内21家主要银行绿色信贷数据［EB/OL］.［2018-02-09］. https：//www.cbirc.gov.cn/cn/view/pages/ItemDetail.html？docId=171047.

根据统计口径，绿色信贷包括两大部分：一是支持节能环保项目和服务的贷款；二是支持节能环保、新能源、新能源汽车三大战略性新兴产业生产制造端的贷款。图3-2至图3-4为21家主要银行节能环保及服务贷款和战略性新兴产业贷款变化趋势，可以看出，节能环保及服务贷款占绿色信贷的比重始终保持在70%以上，并呈不断增加趋势，截至2017年6月底已经达到79.59%。因

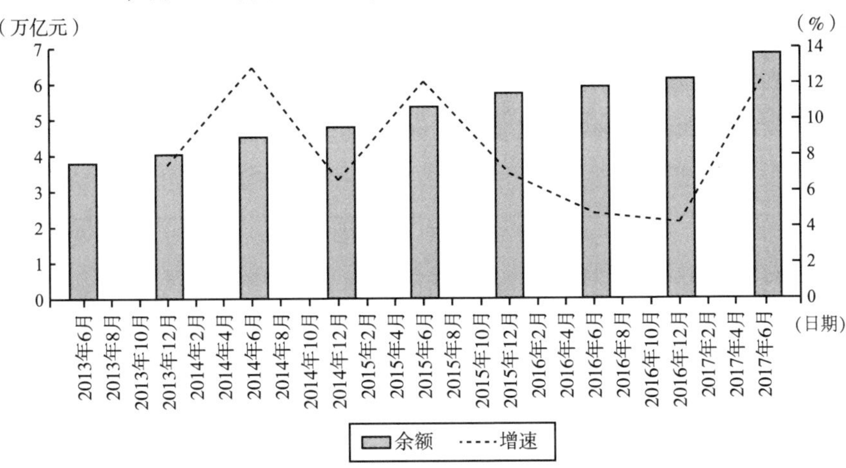

图3-2　21家主要银行节能环保及服务贷款变化趋势

资料来源：2013年至2017年6月国内21家主要银行绿色信贷数据［EB/OL］.［2018-02-09］. https：//www.cbirc.gov.cn/cn/view/pages/ItemDetail.html？docId=171047.

为节能环保及服务贷款构成了绿色信贷的主要部分，因此，其余额和增速趋势也与绿色信贷基本一致。战略性新兴产业贷款占绿色信贷的比重保持在20%～30%，不过占比呈下降趋势。另外，战略性新兴产业贷款余额不断上升，增速也呈现波动特征，2015年增速较快。

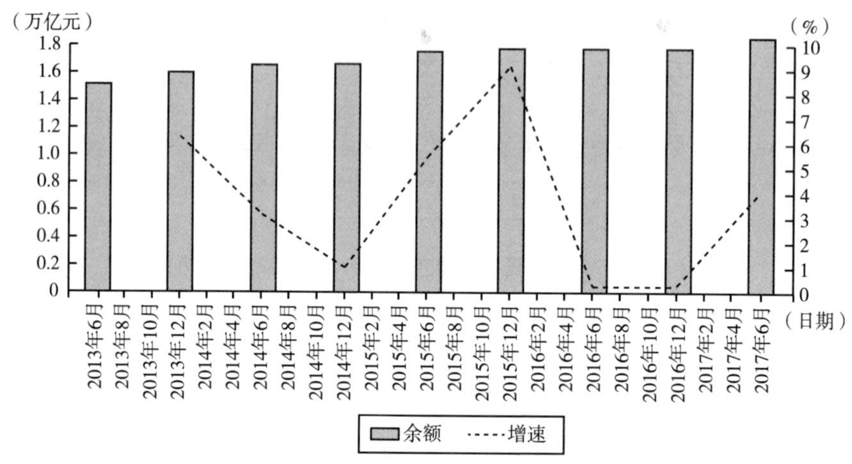

图3-3　21家主要银行战略性新兴产业贷款变化趋势

资料来源：2013年至2017年6月国内21家主要银行绿色信贷数据［EB/OL］.［2018-02-09］. https://www.cbirc.gov.cn/cn/view/pages/ItemDetail.html? docId=171047.

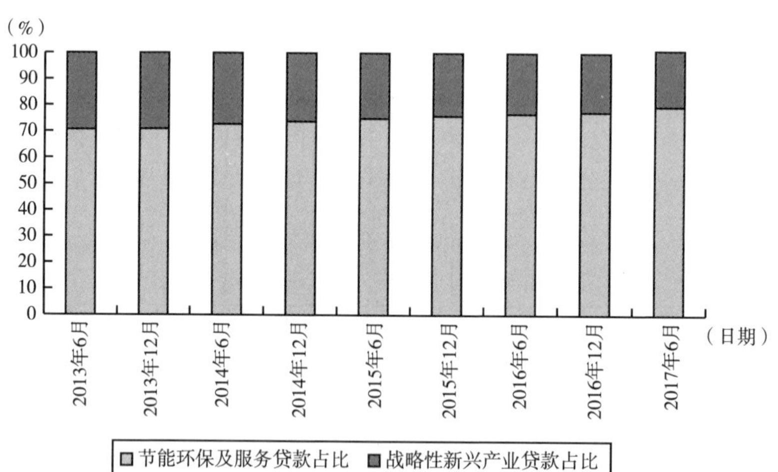

图3-4　21家主要银行两种类型绿色贷款占比

资料来源：2013年至2017年6月国内21家主要银行绿色信贷数据［EB/OL］.［2018-02-09］. https://www.cbirc.gov.cn/cn/view/pages/ItemDetail.html? docId=171047.

3.3.1.2 绿色项目贷款情况

原银监会还详细披露了2013年6月至2017年6月节能环保及服务贷款和战略性新兴产业贷款投向的绿色项目信息。通过整理这些数据可以更清楚绿色信贷支持的经济领域。

首先，通过对图3-1至图3-4的综合分析可知：一方面，绿色信贷主要投向了绿色交通运输项目、可再生能源及清洁能源项目、战略性新兴型节能环保项目、新能源项目；另一方面，绿色信贷在自然保护、生态修复及灾害防控项目、新能源汽车、建筑节能及绿色建筑的增长很快，平均增速均在15%以上。

其次，节能环保及服务项目贷款方面，从表3-9可以看出，贷款资金主要投向了绿色交通运输项目和可再生能源及清洁能源项目，其贷款余额均值分别为23138.13亿元和12938.77亿元，此外，投向工业节能节水环保项目，垃圾处理及污染防治项目，自然保护、生态修复及灾害防控项目、资源循环利用项目、农村及城市水项目的贷款余额均值也均在1000亿元以上。投向绿色农业开发项目、绿色林业开发项目、建筑节能及绿色建筑的贷款相对较少，贷款余额均值在1000亿元以下。

从表3-10可以看出，节能环保及服务项目贷款平均增速均为正，表明商业银行对各类节能环保及服务项目的资金支持力度总体而言是不断加大的。从贷款平均增速大小来看，贷款增长较快的项目有自然保护、生态修复及灾害防控项目，建筑节能及绿色建筑，绿色林业开发项目，农村及城市水项目，绿色农业开发项目。其中，绿色农业开发项目、绿色林业开发项目、建筑节能及绿色建筑属于贷款规模小，但贷款增速高的领域。相比之下，绿色交通运输项目、工业节能节水环保项目、可再生能源及清洁能源项目贷款规模大，不过增速相对较小。

最后，战略性新兴产业贷款方面，从表3-11可以看出，信贷资金主要投向了战略性新兴型节能环保①和新能源项目，投向新能源汽车的资金较少。从表3-12可以看出，在贷款增速方面，恰好相反，新能源汽车贷款平均增速最高（16.89%），

① 这里是指归属于战略性新兴产业方面的节能环保项目。

表 3 – 9　节能环保及服务项目贷款余额　单位：亿元

项目	13 – 06	13 – 12	14 – 06	14 – 12	15 – 06	15 – 12	16 – 06	16 – 12	17 – 06
绿色农业开发项目	216. 79	229. 3	242. 03	304. 64	344. 37	399. 71	376. 43	430. 89	536. 03
绿色林业开发项目	167. 24	193. 78	242. 05	251. 7	254. 31	273. 6	333. 88	391. 72	446. 98
工业节能节水环保项目	2899. 61	3180. 76	3470. 07	3496. 77	3668. 49	4076. 89	4040. 12	4305. 81	5056. 64
自然保护、生态修复及灾害防控项目	918. 51	998. 5	1275. 56	1642. 09	1769. 92	2161. 49	2150. 4	2192. 44	3378. 99
资源循环利用项目	750. 94	848. 52	938. 6	1110. 87	1194. 88	1318. 8	1436. 53	1612. 62	1603. 18
垃圾处理及污染防治项目	1695. 8	1834. 55	2016. 19	2361. 36	2628. 06	2695. 1	2901. 39	2785. 7	3722. 9
可再生能源及清洁能源项目	9970. 85	10407. 39	11615. 18	11722. 14	12907. 12	13973. 9	14686. 39	15062. 76	16103. 17
农村及城市水项目	738. 36	931. 94	1029	1025. 98	1071. 54	1257. 77	1353. 53	1472. 43	1921. 35
建筑节能及绿色建筑	426. 51	460. 11	565. 4	657. 72	719. 12	966. 79	1060. 36	1203. 03	1347. 79
绿色交通运输项目	15770. 39	17306. 91	19773. 21	21203. 54	24462. 14	25273. 71	26542. 71	27758. 91	30151. 67
节能环保服务	408. 84	361. 91	349. 27	405. 89	533. 16	595. 01	613. 14	643. 58	672. 18
采用国际惯例或国际标准的境外项目	329. 9	99. 82	93. 86	181. 18	181. 54	208. 79	233. 36	230. 46	371. 76

资料来源：2013 年至 2017 年 6 月国内 21 家主要银行绿色信贷数据［EB/OL］.［2018 – 02 – 09］. https://www.cbirc.gov.cn/cn/view/pages/ItemDetail.html? docId = 171047.

表3-10 节能环保及服务项目贷款余额增速

单位：%

项目	13-12	14-06	14-12	15-06	15-12	16-06	16-12	17-06
绿色农业开发项目	5.77	5.55	25.87	13.04	16.07	-5.82	14.47	24.40
绿色林业开发项目	15.87	24.91	3.99	1.04	7.59	22.03	17.32	14.11
工业节能节水环保项目	9.7	9.10	0.77	4.91	11.13	-0.90	6.58	17.44
自然保护、生态修复及灾害防控项目	8.71	27.75	28.73	7.78	22.12	-0.51	1.95	54.12
资源循环利用项目	12.99	10.62	18.35	7.56	10.37	8.93	12.26	-0.59
垃圾处理及污染防治项目	8.18	9.90	17.12	11.29	2.55	7.65	-3.99	33.64
可再生能源及清洁能源项目	4.38	11.61	0.92	10.11	8.27	5.10	2.56	6.91
农村及城市水项目	26.22	10.41	-0.29	4.44	17.38	7.61	8.78	30.49
建筑节能及绿色建筑	7.88	22.88	16.33	9.34	34.44	9.68	13.45	12.03
绿色交通运输项目	9.74	14.25	7.23	15.37	3.32	5.02	4.58	8.62
节能环保服务	-11.48	-3.49	16.21	31.36	11.60	3.05	4.96	4.44
采用国际惯例或国际标准的境外项目	-69.74	-5.97	93.03	0.20	15.01	11.77	-1.24	61.31

资料来源：2013年至2017年6月国内21家主要银行绿色信贷数据［EB/OL］.［2018-02-09］. https：//www.cbirc.gov.cn/cn/view/pages/ItemDetail.html? docId=171047.

新能源贷款也增长较快（10.26%），节能环保贷款平均增速为负（-2.92%）。贷款增速的大小与贷款规模基础有关，这也说明商业银行对新能源汽车的支持力度在快速加大。

表 3-11　战略性新兴产业贷款余额　单位：亿元

项目	13-06	13-12	14-06	14-12	15-06	15-12	16-06	16-12	17-06
节能环保	9692.5	9613.1	9238.63	8890.61	9093.58	8414.54	8020.49	7660.56	7619.05
新能源	4336.7	5294.5	6146.4	6647.25	7198.29	8037.95	8353.47	8799.28	9375.08
新能源汽车	203.9	222	221.82	226.58	334.8	412.06	533.08	496.67	649.88

资料来源：2013 年至 2017 年 6 月国内 21 家主要银行绿色信贷数据［EB/OL］.［2018-02-09］. https://www.cbirc.gov.cn/cn/view/pages/ItemDetail.html? docId=171047.

表 3-12　战略性新兴产业贷款余额增速　单位：%

项目	13-12	14-06	14-12	15-06	15-12	16-06	16-12	17-06
节能环保	-0.82	-3.90	-3.77	2.28	-7.47	-4.68	-4.49	-0.54
新能源	22.09	16.09	8.15	8.29	11.66	3.93	5.34	6.54
新能源汽车	8.88	-0.08	2.15	47.76	23.08	29.37	-6.83	30.85

资料来源：2013 年至 2017 年 6 月国内 21 家主要银行绿色信贷数据［EB/OL］.［2018-02-09］. https://www.cbirc.gov.cn/cn/view/pages/ItemDetail.html? docId=171047.

3.3.2　银行业绿色信贷投放：基于中国人民银行数据的分析

2018 年 1 月，中国人民银行发布《关于建立绿色贷款专项统计制度的通知》，并于 2018 年第四季度开始公布本外币绿色贷款投放情况，绿色贷款是指金融机构发放给企（事）业法人或国家规定可以作为借款人的其他组织用于支持环境改善、应对气候变化和资源节约高效利用，投向环保、节能、清洁能源、绿色交通、绿色建筑等领域项目的贷款。

3.3.2.1　绿色贷款总体情况

图 3-5 显示了绿色贷款的发展趋势，绿色贷款的规模从 2018 年第四季度的 8.23 万亿元增长至 2021 年第一季度的 13.03 万亿元。绿色贷款的同比增速始终维持在 10% 以上，最高达到 24.18%（2019 年第四季度）①，高于同期各

① 中国人民银行没有公布 2019 年第一季度至第三季度的绿色信贷的同比增速，仅公布了相比年初的增长率以及对应的折合年增长率，本书用折合年增长率替代同比增速指标。

项贷款同比增速。绿色贷款主要为对公贷款，占同期企事业单位贷款的比重基本都在10%左右，没有明显变化。

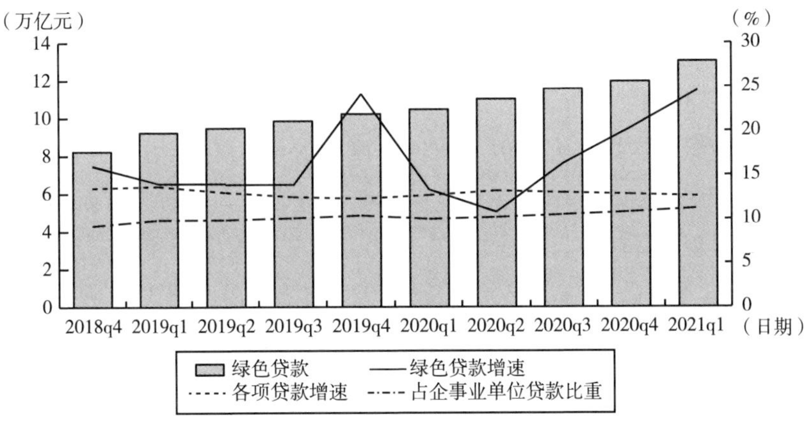

图3-5 绿色贷款变化趋势

资料来源：中国人民银行金融机构贷款投向统计报告。

3.3.2.2 绿色贷款分类型情况

由图3-6可知，分用途看，绿色信贷主要投向了两类贷款：一是基础设

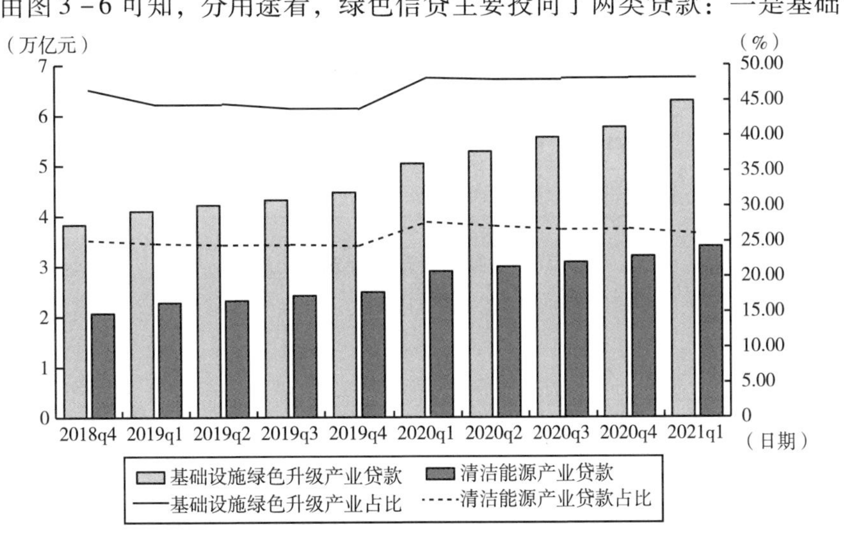

图3-6 绿色贷款分用途变化趋势

资料来源：中国人民银行金融机构贷款投向统计报告。

施绿色升级产业贷款，从2018年第四季度的3.83万亿元增长至2021年第一季度的6.29万亿元，占绿色贷款比重保持在44%以上。二是清洁能源产业贷款，从2018年第四季度的2.07万亿元增长至2021年第一季度的3.4万亿元，占绿色贷款比重保持在24%以上。两类贷款合计占到绿色贷款的68%以上。

由图3-7可知，分行业看，绿色信贷主要投向了两类贷款：一是交通运输、仓储和邮政业绿色贷款，从2018年第四季度的3.66万亿元增长至2021年第一季度的3.85万亿元，占绿色贷款比重保持在29%以上，不过整体而言，这类绿色贷款占比呈现下降趋势。二是电力、热力、燃气及水生产和供应业绿色贷款，从2018年第四季度的2.61万亿元增长至2021年第一季度的3.73万亿元，占绿色贷款比重保持在28%以上。两类贷款合计占绿色贷款的57%以上。

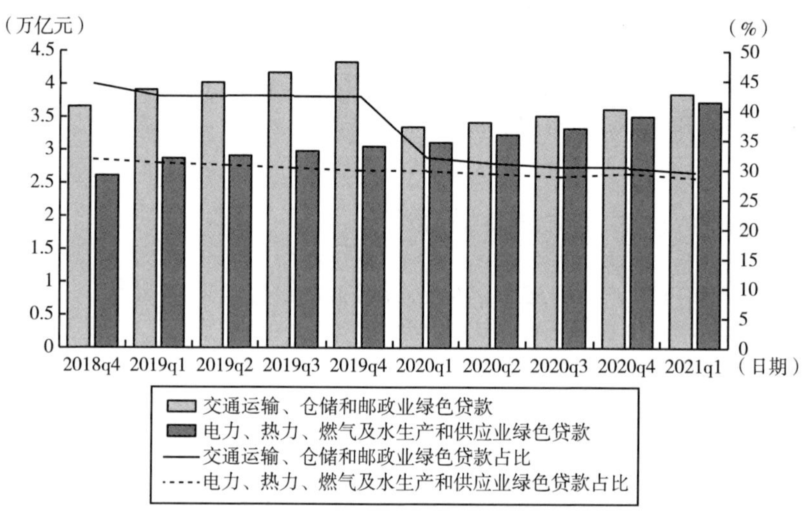

图3-7　绿色贷款分行业变化趋势

资料来源：中国人民银行金融机构贷款投向统计报告。

3.3.3　商业银行绿色信贷投放：基于商业银行公开数据的分析

为了从微观层面掌握商业银行绿色信贷发展情况，本书通过银行社会责任报告、年报、公告和新闻报道等公开资料收集了47家商业银行的绿色信贷年度余额，样本银行的最长时间段为2007~2019年。按照原银监会的分类标准，样本银行包括6家大型国有银行、11家全国性股份制银行、22家城市商业银行和8家农村商业银行。截至2019年底，样本银行总资产占中国商业银行的80.61%，因而具有较高的代表性。

3.3.3.1　绿色信贷余额

由图3－8样本银行绿色信贷平均余额变化趋势可知，中国商业银行绿色信贷规模基本呈逐年增长趋势，说明商业银行对环保领域的支持力度越来越大。由图3－9不同类型样本银行绿色信贷平均余额变化趋势可知，首先商业银行绿色信贷余额与其资产规模相匹配，大型商业银行的绿色信贷余额最高，其次是全国性股份制银行，再次是城市商业银行，最后是农村商业银行。不过各类银行的绿色信贷规模基本都是逐年上升的。

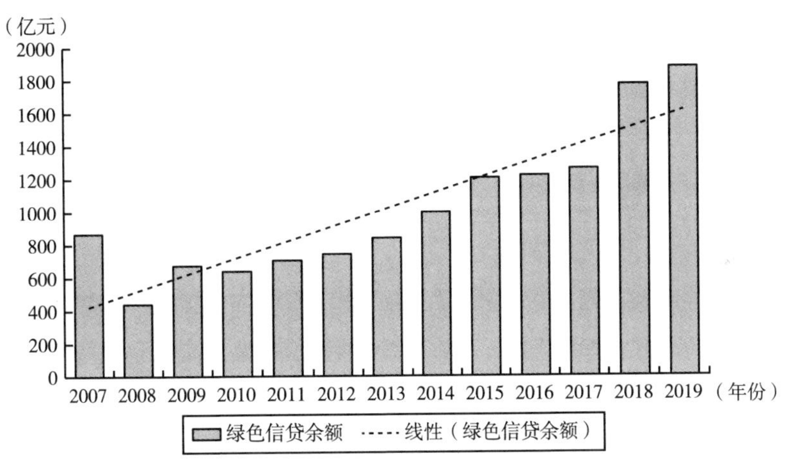

图3－8　商业银行绿色信贷平均余额变化趋势

资料来源：万得资讯。

3.3.3.2　绿色信贷增速

由图3－10银行绿色信贷平均增速变化趋势可知，在绿色信贷发展初期，商业银行由于绿色信贷基数较低，导致其增速很高，一度实现翻倍增长。随着绿色信贷规模增加，绿色信贷增速有所下降。另外，国有及股份制银行的绿色信贷增速低于城市及农村商业银行。

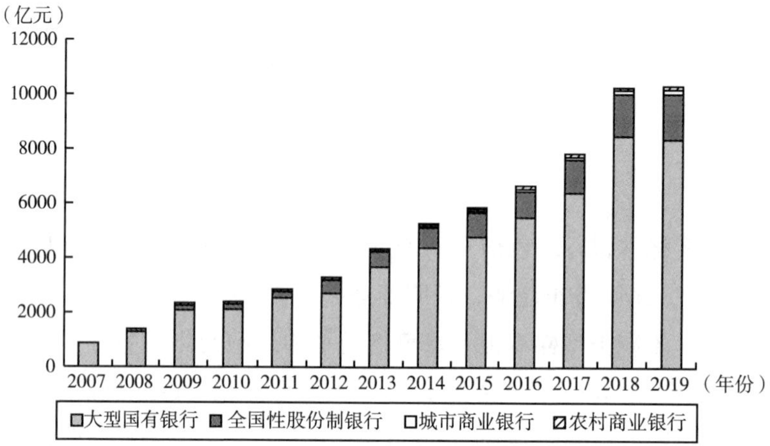

图 3－9　分银行类型绿色信贷平均余额变化趋势

资料来源：万得资讯。

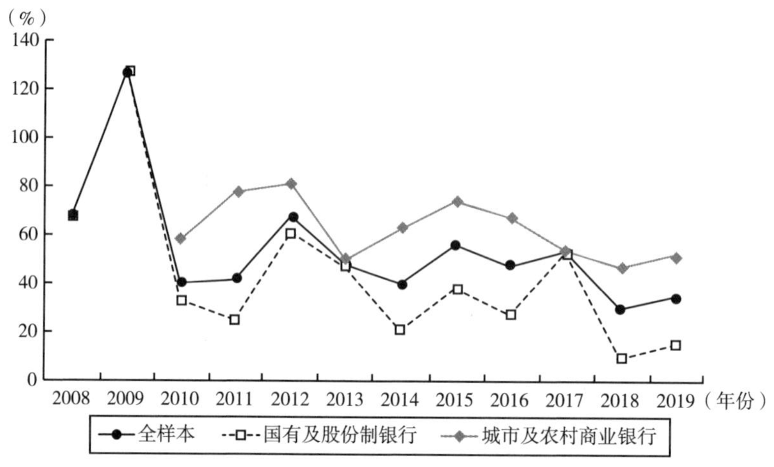

图 3－10　商业银行绿色信贷平均增速变化趋势

资料来源：万得资讯。

由图 3－11 和图 3－12 不同类型银行绿色信贷和贷款平均增速对比可知，绿色信贷的增速总体而言是大于银行贷款的总体增速的。国有及股份制银行绿色信贷增速和贷款增速的差距较小，并且呈缩减趋势，特别是 2017 年之后，两者增速较为接近。城市及农村商业银行绿色信贷增速和贷款增速的差距较大，虽然近年来也有缩减趋势，但依然保持在 30% 左右。

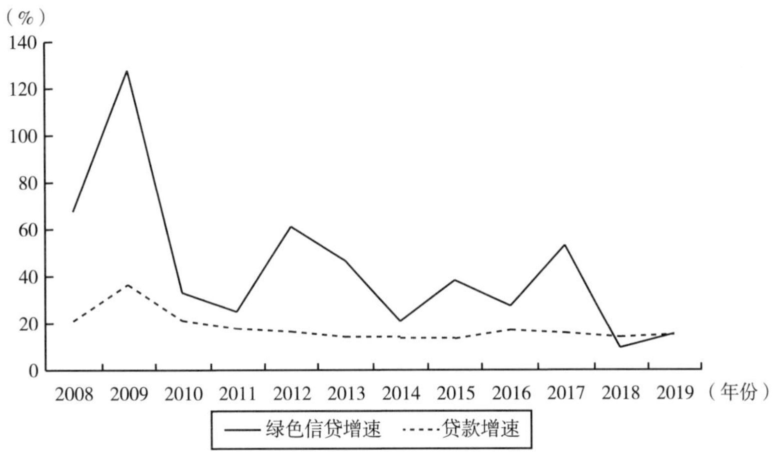

图3-11 国有及股份制银行绿色信贷和贷款平均增速变化趋势

资料来源：万得资讯。

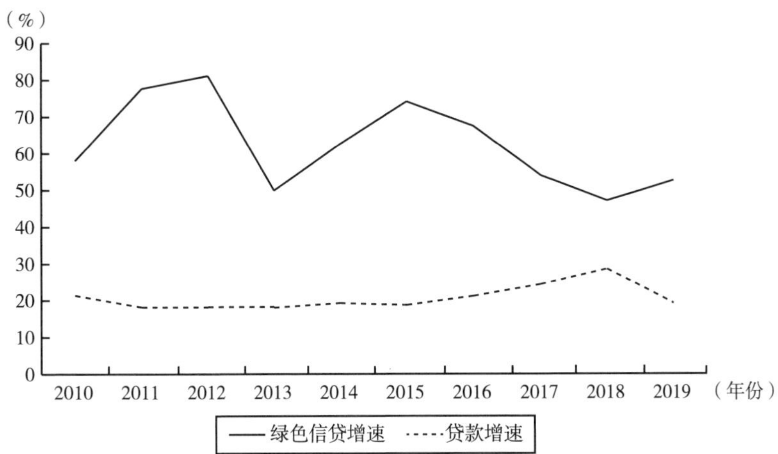

图3-12 城市及农村商业银行绿色信贷和贷款平均增速变化趋势

资料来源：万得资讯。

3.3.3.3 绿色信贷占比

由图3-13样本银行绿色信贷平均占比变化趋势可知，商业银行不仅绿色信贷规模逐年增加，由于其增速高于贷款总增速，因而绿色信贷占贷款的比重也呈逐渐上升的趋势。2012年之前绿色信贷占比变化不大，平均在2%左右，

2012 年《绿色信贷指引》颁布后，绿色信贷占比明显提高。不过绿色信贷占贷款比重的水平仍较低，平均占比在 5% 以下。由图 3－14 不同类型银行绿色信贷平均占比变化趋势可知，资产规模较大的银行不仅绿色信贷余额高，占比也较高。首先大型商业银行的绿色信贷占比最高，其次是全国性股份制银行，再次是城市商业银行，最后是农村商业银行。另外，各类银行的绿色信贷占比基本也是不断增加的。

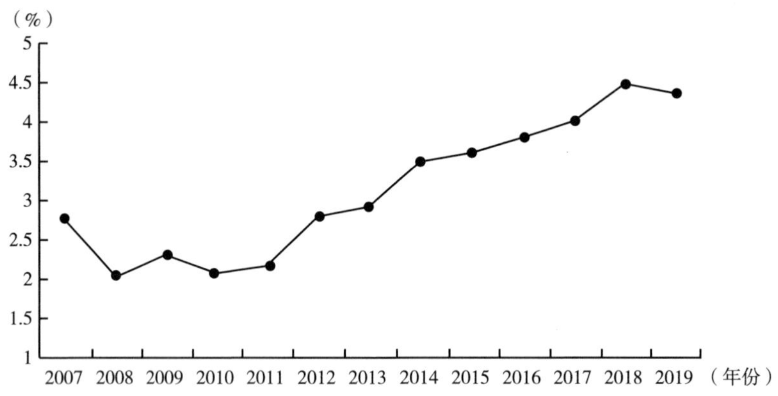

图 3－13　商业银行绿色信贷平均占比变化趋势

资料来源：万得资讯。

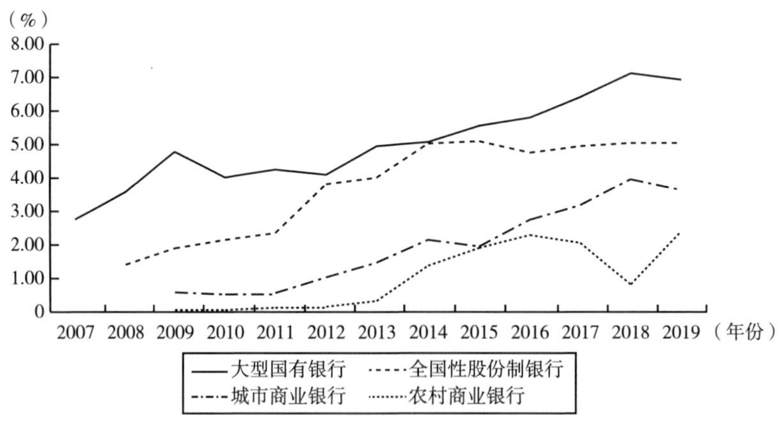

图 3－14　分类型银行绿色信贷平均占比变化趋势

资料来源：万得资讯。

3.4　绿色信贷典型案例

我们选择了不同梯队银行的代表性银行进行对比分析，从而更加明确中国银行业绿色信贷发展情况和差异。国有大型商业银行中选取中国工商银行，在绿色信贷制度规划建设、绿色信贷执行情况、相关信息披露、国际合作及绿色理念宣传等方面，不论是从数量上还是从内容上来说，工商银行相比于其他四大国有商业银行都显得更为丰富且更具经验。全国性股份制银行中选取兴业银行，兴业银行作为国内第一家赤道银行，在绿色金融领域多年来始终发挥“领头羊”优势，其绿色金融体系的完善度不仅在全国股份制银行中达到最优，在全国商业银行范围内都难以找出可与之匹敌的银行，其部分绿色业务甚至已达全球领先地位（如兴业银行目前是全球绿色金融债发行余额最大的商业金融机构）。区域性银行中选取江苏银行，江苏银行是除兴业银行以外的国内第二家采用“赤道原则”的商业银行，也有着多年开展绿色金融业务的经验，其绿色金融业务经营与管理在区域性银行中居于领先地位。

3.4.1　绿色信贷制度建设

3.4.1.1　绿色信贷政策规划

三家银行的绿色信贷政策建设情况见表3－13。从表3－13中可以看出，三家银行都颁布了自己的绿色信贷政策，其中，工商银行与兴业银行的制度建设力度相对较大，绿色金融政策制定与执行经验颇为丰富，且都在发展的战略层次上予以部署，大都涉及了信贷项目分类管理、社会和环境风险识别与防控、强化绿色信贷考核与专项审计、强调信贷支持节能减排环保工作等，有着比较完整的制度体系。江苏银行虽有着多年环保类金融实践，但是在2017年才正式宣布采用“赤道原则”，故其绿色信贷政策的建设规模相比于另外两家银行要小得多，但也不妨碍有自己的特色，比如通过多家企业调研，从100多项 ESG 指标中选取 37 项指标，构建了属于江苏银行自身的客户 ESG 评估模型，并开发上线专业客户 ESG 评级系统。

表 3 -13　　三家银行的绿色信贷政策建设情况

银行	绿色信贷政策	其中有关“两高一剩”行业的政策
中国工商银行	2007 年来先后制定并发布《关于推进绿色信贷建设的意见》《绿色信贷建设实施纲要》《节能领域信贷指导意见》《绿色信贷分类管理办法》等绿色信贷政策文件，同时对相关政策适时地进行修订。此外也安排了一系列绿色金融落地执行的配套措施：优化考核机制，加强绿色信贷考核；安排绿色贷款专项规模	对“两高一剩”行业实行绿色信贷一票否决制，对相关企业及时下发风险预警通知书，印发《关于加强涉霾相关行业绿色信贷工作的通知》，将绿色金融要求嵌入尽职调查、项目评估、评级授信等全流程各环节
兴业银行	实践“赤道原则”，高度重视气候变化和生物多样性保护等新内容，对相关制度进行全面修订完善，进一步细化赤道项目全流程管理规范，将气候变化和生物多样性保护等风险因素纳入“赤道原则”项目融资的环境和社会风险分类、环境和社会风险评审，进一步加强环境与社会风险防控。授信政策坚持顺应高质量、数字化和绿色化发展大趋势，进一步聚焦重点行业及重点区域，执行“有保、有控、有压”的区别授信政策，积极引导信贷资源投向符合 ESG 相关要求、低能耗、低排放、低污染、高效率、市场前景良好的业务领域	对于部分高耗能、高污染以及高环境和社会影响的行业，公司在授信环节严格执行相关能效、环境技术标准，推动所支持项目的绿色高质量发展。规定执行《火电厂大气污染物排放标准（GB 13223)》《煤炭工业污染排放标准（GB 20426)》等火电、水电、煤炭行业的授信政策环境要求。积极落实国家差异化信贷政策要求，对产能过剩行业执行“有保有压、限制增量、盘活存量”授信政策
江苏银行	启动“赤道原则”项目管理系统建设，编写《赤道原则评估报告》和制定《赤道原则项目行动方案》。修订《江苏银行赤道原则项目管理办法》。与中央财经大学绿色金融国际研究院合作开发赤道原则项目环境与社会风险自动识别系统，提升风险管理效能。强化非固定资产类融资业务的环境和与社会风险管理，经过近百家企业的调研，从 100 多项 ESG 指标中选取了 37 项指标，构建了江苏银行客户 ESG 评估模型，开发上线了专业客户 ESG 评级系统	将环境与社会风险管理结果作为制定差异化定价和授信政策的参考依据，优先支持 ESG 评级优、环境压力承压能力强的企业和项目，坚决退出环保不达标、严重污染环境且整改无望的企业

资料来源：根据中国工商银行、兴业银行、江苏银行社会责任报告与年报整理。

对于“两高一剩”行业，三家银行都积极落实国家差异化信贷政策要求，工商银行印发有涉霾相关行业的绿色信贷工作通知，兴业银行对火电、水电、煤炭等“两高”行业分别按照各自的排放标准规定执行授信政策环境要求，江苏银行将环境与社会风险管理结果作为授信政策的参考依据并坚决退出环保不达标或严重污染性企业。

3.4.1.2 环境风险管理流程

21 世纪以来，世界各国商业银行都开始关注企业环境与社会责任，逐渐在对市场风险、信用风险及操作风险这些传统的风险管理体系的构建基础上增加了对环境风险的管理体系建设。目前国际上最为广泛接受和借鉴采用的环境风险方面的管理准则包括 IFC 绩效标准和“赤道原则”，本章选取的三家银行就是对这两种准则进行了不同程度的借鉴和采纳。根据披露的社会责任报告显示，三家银行都对环境风险管理有所安排，兴业银行的环境风险管理内容构建相对另外两家银行会更加丰富完善，江苏银行对环境风险管理体系构建和发展的速度在三家银行中最为迅速。兴业银行在采用“赤道原则”以来，已形成一套环境与社会风险预警管理体系，包括环境与社会风险识别与分类、评估与核实（开展尽职调查）、控制与检测、信息披露与绩效评价。截至 2019 年，工商银行的环境风险管理方面在借鉴了“赤道原则”和 IFC 绩效标准的基础上也已基本形成了自己的一套相对完整的管理流程。江苏银行自 2017 年采用“赤道原则”后，短短几年也迅速建立起以“赤道原则”项目管理、客户 ESG 评级、环境压力测试为核心的环境风险管理体系。

3.4.1.3 专责机构或岗位设置

有关专责机构的设置很大程度上能够体现出银行对于绿色金融的重视程度和专业化水平，三家银行的专责机构设置情况见表 3－14。从三家银行披露的信息来看，工商银行和兴业银行都设有自己的绿色金融专职部门，江苏银行尚无明确的相关职能部门的安排。工商银行在 2017 年及以前一直将绿色信贷相关工作交由普通授信与信贷管理部门负责，这方面职能分散在银行的各个部门，于 2020 年在总行管理层设立绿色金融委员会，并分为 23 个成员部门，绿色金融工作统筹性和协调性得到进一步加强。兴业银行也设立有专门的环境金融部来统筹管理绿色金融业务。

表 3-14　　2018~2020 年度三家银行的绿色信贷专职机构设置及相关职能履行

银行	是否设置绿色信贷专职机构	绿色信贷相关职能机构现状
中国工商银行	是	在原信用风险管理委员会承担绿色金融政策审议及协调的基础上，于2020年在总行管理层设立绿色金融委员会、23个成员部门，进一步加强对绿色金融工作统筹领导和协调推动
兴业银行	是	设立了环境金融部，负责绿色金融管理，并组建了项目融资、碳金融、市场研究、技术服务、"赤道原则"审查五个专业团队
江苏银行	否	—

资料来源：根据中国工商银行、兴业银行、江苏银行社会责任报告与年报整理。

3.4.2 绿色信贷实施情况

3.4.2.1 绿色信贷投放

绿色信贷的规模可以一定程度上反映银行对绿色金融政策要求的落地情况与执行力度，表 3-15 是中国工商银行、兴业银行和江苏银行 2018~2020 年的绿色信贷余额及对信贷总额的占比情况。从绝对数上看，3 家银行的绿色信贷余额相比上一年都有较大幅度的增长，其中，中国工商银行作为国有银行，其资金和实力都更为雄厚，故其绿色信贷余额总量是最多的；从绿色信贷余额对企业贷款总额占比来看，3 家银行绿色信贷占比均变化不大，其中，兴业银行占比最高为 30% 左右①，中国工商银行和江苏银行都在 9% 左右。3 家银行虽然对绿色信贷的投放力度都有所增大，但绿色信贷量在贷款总额中的占比却不大，甚至有的已经出现了下降趋势。从投放规模来看，商业银行对于绿色金融的执行和对国家环保要求的响应都在切切实实地落地。此外，绿色信贷余额占比近年来并非呈现出明显的上升趋势，可能与各家银行信贷结构的调整有关。

① 兴业银行披露的是绿色金融数据，没有直接披露绿色信贷数据，考虑到绿色信贷是绿色金融的主体部分，本书使用绿色金融数据近似衡量兴业银行的绿色信贷水平。

表3-15 2018~2020年度三家银行的绿色信贷执行现状

银行	2018年			2019年			2020年		
	绿色信贷余额（万亿元）	贷款总额（万亿元）	占比（%）	绿色信贷余额（万亿元）	贷款总额（万亿元）	占比（%）	绿色信贷余额（万亿元）	贷款总额（万亿元）	占比（%）
中国工商银行	1.23	15.41	8.02	1.35	16.76	8.05	1.84	18.62	9.9
兴业银行	0.84	2.83	29.7	1.01	3.34	30.2	1.16	3.86	29.9
江苏银行	0.07	0.88	8.94	0.08	1.04	8.26	0.09	1.20	8.18

资料来源：根据中国工商银行、兴业银行、江苏银行社会责任报告与年报整理。

3.4.2.2 “两高一剩”贷款退出

近三年中国工商银行并未披露退出“两高”的具体额度，2019年只披露了其在5个产能过剩行业贷款余额较2019年初下降110.3亿元；2020年，中国工商银行在CSR报告中提及“两高”行业的贷款总量持续多年稳定或略有下降，此外并未有其他关于退出“两高一剩”贷款的披露情况。江苏银行近三年未披露“两高一剩”贷款退出的相关信息。兴业银行是三家银行中唯一一个详细披露退出“两高一剩”行业贷款余额的。在兴业银行的CSR报告披露的有关“两高一剩”行业业务数据中，包含了对皮革加工、造纸业、炼焦、电解铝等10个行业的信贷余额，其“两高一剩”行业贷款余额从2018年的652.82亿元下降到2019年的475.47亿元，再上升到2020年的519.99亿元，“两高一剩”行业贷款余额占对公贷款比重由2018年的3.90%下降到2019年的2.73%，再一直下降到2020年的2.62%。总的来说，兴业银行对“两高一剩”行业贷款的逐年退出幅度虽小但却是显而易见的；中国工商银行近三年只在2019年披露部分产能过剩行业贷款的下降额度，其并未明确公布的“两高一剩”行业贷款余额；江苏银行近三年都未披露有关退出“两高一剩”行业的贷款信息，同时结合该行近三年绿色信贷余额占比逐年下降的情况来看，该行投入“两高一剩”行业的信贷业务情况值得探讨。

2018～2020年度三家银行有关“两高一剩”贷款情况如表3－16所示。

表3－16　　2018～2020年度三家银行有关“两高一剩”贷款情况

银行	2018年	2019年	2020年
中国工商银行	—	5个产能过剩行业贷款较年初下降110.3亿元	—
兴业银行	对“两高一剩”行业的年末贷款余额652.82亿元，占对公贷款比重的3.9%	对“两高一剩”行业的年末贷款余额475.47亿元，占对公贷款比重的2.73%	对“两高一剩”行业的年末贷款余额519.99亿元，占对公贷款比重的2.62%
江苏银行	—	—	—

资料来源：根据中国工商银行、兴业银行、江苏银行社会责任报告与年报整理。

3.4.2.3　绿色信贷产品创新

中国工商银行相对于其他两家银行在绿色信贷产品创新方面稍微落后，创新内容较少，2019年，其广西分行将信贷资源积极向节能环保领域倾斜，采用保证担保方式及项下应收账款作为质押担保，累计向梧州市第三污水处理厂PPP项目承建单位放贷2.18亿元；2020年，其上海分行支持再生能源综合利用中心项目，预计项目总投资7.6亿元。江苏银行在绿色信贷产品创新方面积极性较高，于2018年推出“光伏贷”“固废贷”“排污权抵押贷款”“碳排放权质押贷款”等产品，并发放“光伏贷”24.4亿元，发放“固废贷”10.43亿元，发放“低排贷”10.8亿元，产品创新和落地方面效果显著；于2019年继续加大产品创新力度，推出土壤修复贷产品，提高环保风险分担金融，优化绿色创新投资业务模式，主动研究餐厨垃圾处理和污泥处置等行业，着力增强绿色金融服务供给能力；于2020年进一步丰富了绿色金融产品体系，与中国清洁发展机制基金管理中心、江苏省生态环境厅等合作开发“绿色创新组合贷”“环保贷”“节水贷”等特色化产品。兴业银行在绿色信贷产品创新方面一直是行业“领头羊”地位，近三年的产品创新力度和落地情况依然十分可观，这点可以从很多案例中看出，比如，2018年兴业银行泉州分行在泉州同业中首创推出碳排放配额抵押贷款；合肥分行以安徽区域环保信用评级较高的中小企业为借款对象发行“环保贷”；2019年，兴业银行与清洁基金共同构建“绿创贷”，并且于该年年末落地3笔清洁基金“绿创贷”业务，同年在国内率先制定发布《绿色供应链金融业务指引》，并在新能源汽车、锂电池生产、电力生产等多个绿色产业领域实现绿色供应链金融产品的应用落地；2020年，兴业银行实现了人民银行绿色贷款、绿色债券以及银保监会绿色融资等多口径绿色融资的属性认定和支撑材料的统一管理。

3.4.3 绿色信贷信息披露

经查阅相关资料，中国工商银行、兴业银行和江苏银行都会定期编制并发布社会责任报告，向公众披露绿色金融相关的数据和信息。除了江苏银行之外，中国工商银行与兴业银行发出的社会责任报告都会经过第三方中介机构的独立鉴证，例如，中国工商银行2020年的社会责任报告由毕马威华振会计师事务所审验，兴业银行2020年的社会责任报告由安永华明会计师事务所审验，但根据披露信息显示，兴业银行是2019年开始才拥有可持续发展报告独立鉴证报告的。

3.4.4 绿色信贷国际合作

绿色金融概念在中国的起步和发展相比国外较晚，国外银行的很多环保工作都为中国提供了丰富的借鉴，与国际准则接轨可以帮助银行自身更快更好地建设和发展绿色金融。兴业银行相比中国工商银行与江苏银行而言，有着更为丰富的国际合作经验，其2007年正式加入联合国环境署金融行动，2008年正式采用“赤道原则”，之后十年也参与了许多国际合作，再以近三年部分合作为例，2018年，兴业银行作为中英金融机构环境信息披露试点工作组主要成员，积极参与环境信息披露政策制定工作；2019年，兴业银行签署《“一带一路”绿色投资原则》并担任气候与环境信息披露工作组联合主席，成功申报美国基加利制冷能效项目。中国工商银行在2008年起加入碳披露项目，2015年加入联合国环境署金融行动机构，2019年又加入全球可持续发展投资者联盟的中资机构。江苏银行在这方面并未披露相关信息。

3.4.5 绿色理念倡导

在绿色信贷的理念倡导方面，中国工商银行、兴业银行以及江苏银行每年都会组织一些对内号召或对外宣传的环保活动，笔者摘录了三家银行在2018～2020年的部分绿色活动，见表3－17。三家银行的绿色宣传主要都是从两个方面来进行的。其一，是引导行内员工增强节能环保意识，强调绿色办公。比如，中国工商银行推广无纸化会议和培训，创新节能减排机制，建立绿色办公定期统计制度，聚焦节约型机关建设，通过多种形式深入开展节能降耗宣传工作；兴业银行聘请行外专业的公益讲师为员工讲授环保理念，帮助员工更高效利用办公、生活中的废弃物品；江苏银行推行业务和凭证电子化以及总行垃圾分类指引上墙等来实现低碳办公。其二，是对银行客户宣传绿色理念，树立自身绿色形象。比如，中国工商银行在2020年对江西银行、九江银行、赣州银行、上饶银行四家城商行开展金融机构环境信息披露专题培训讲座；兴业银行福州分行在2019年主办中小企业政府采购融资产品发布会，展示《赤道原则与银行环境可持续发展》系列丛书，分享十年“赤道原则”践行经验；江苏银行在采购过程中优先选取节能环保产品，严格执行采购供应商准入规定。总的来说，各家银行在绿色宣传工作上呈现出“对内引导多于对外宣传，书面倡议多于制度规定”的特点。

表3－17　2018～2020年度三家银行的绿色理念倡导部分相关活动

银行	绿色理念倡导部分相关活动
中国工商银行	为客户提供年度对账单，专项统计客户在融e行线上渠道办理的业务笔数，并综合出行、网点人力、凭证打印等成本估算了节约的碳排放量信息。 聚焦节约型机关建设，教育引导员工强化节能环保意识，创新节能减排机制，组织举办绿色金融公益系列讲座。对江西银行、九江银行等城商行开展金融机构环境信息披露专题培训讲座。 世界环境日期间，组织银行从业青年积极参与保护母亲河活动，开展垃圾分类、抵制污染活动，传播生态文明理念，倡导绿色生活方式
兴业银行	2018年，制作了“绿色办公”宣传视频、低碳办公小贴士，向员工普及绿色办公常识，倡导员工参与“绿色办公”。 2019年，无锡分行倡导低碳办公，节约使用水电和纸张；泰州分行新设立网点采用环保材料装修。镇江分行不定期发通报，提示未关电源人员等。 连续十年加入“地球一小时”活动，全行网点关闭照明。开展“亮主题、金点子、知识挑战赛”等“地球一小时”系列活动
江苏银行	倡导绿色低碳的办公方式，大力推广无纸化会议系统，减少纸质文件的印发。 积极推行柜面业务无纸化、凭证信息整体化、凭证归档智能化。 积极推进生活垃圾分类工作，做好总部大厦垃圾分类投放，分类宣传指引上墙，各楼层均设置分类垃圾投放点，确保垃圾投放规范有序

资料来源：根据中国工商银行、兴业银行、江苏银行社会责任报告与年报整理。

3.5　绿色信贷发展现状总结

综合对中国商业银行绿色信贷发展评估、绿色信贷投放规模和绿色信贷典型案例的分析，本书将中国银行绿色信贷现状归纳为以下几个方面。

第一，绿色信贷制度建设方面。首先，绿色信贷理念基本形成，但尚未成为银行的重要战略。在中国绿色信贷政策的指引下，商业银行基本都已知晓和了解绿色信贷理念，并制定了相应的贷款政策。但大部分银行只将绿色信贷作为银行的社会责任，并未将绿色信贷作为银行的重要业务来布局。其次，环境因素已被纳入信贷决策，但银行环境风险管理水平尚需提升。商业银行虽然将贷款业务流程进行了改进，嵌入了环境风险因素，但环境风险管理方法比较简单粗糙，形式大于实质，只有少数银行如中国工商银行采取了环境风险压力测试等更有效的手段。再次，商业银行普遍缺乏专职的绿色信贷业务部门。大部分银行没有设置专门的绿色信贷管理部门和职位，也没有高级别的管理人员专职负责绿色信贷业务，这也表明这些银行没有将发展绿色信贷上升到战略高度。而重视绿色信贷业务的兴业银行不仅有专门部门负责绿色金融业务，还配备了专门的董事或高管作为负责人。最后，大中型商业银行与国际准则接轨水平不断提升。中国商业银行通过和国内外金融机构进行绿色融资领域的合作，与国际准则接轨水平不断提升，甚至开始参与影响国际准则制定。

第二，绿色信贷业务实践方面。首先，商业银行绿色信贷规模增长，但增速放缓，占比较低。部分商业银行还出现绿色信贷余额降低的负增长情况。绿色信贷余额是商业银行绿色信贷政策执行情况最直接、最重要的体现，如果绿色信贷余额没有显著增长、占比没有显著提高，那么商业银行绿色信贷就会变得“雷声大、雨点小”。其次，“两高一剩”贷款有所减少，但整体投放情况不明朗。目前披露“两高一剩”贷款信息的银行较少，就已披露的信息来看，部分银行已减少了“两高一剩”贷款投放，但大部分银行“两高一剩”贷款情况不清晰。再次，绿色信贷业务不断创新，商业银行针对绿色环保新兴产业的特点，开发了碳排放权质押贷款、合同能源管理融资等创新业务，为开拓绿色信贷业务提供了多种方式。最后，商业银行绿色信贷业务合作有待加强。中国不同类型商业银行绿色信贷发展存在差异，如果能加强绿色信贷业务间的合作，将有助于带动银行业绿色信贷的整体发展，不过目前银行间绿色信贷合作项目较少。此外，中国银行的对外国际合作也很重要，部分银行通过加强和国际金融机构的绿色项目合作，提高了和国际环境融资准则的接轨程度，甚至参与和影响了国际准则的制定。

第三，绿色信贷信息披露方面。首先，绿色信贷信息比较完善，“两高一剩”信贷信息较为缺乏。较多商业银行都通过社会责任报告连续披露了绿色信贷发展的相关信息，包括信贷政策、管理流程、业务创新、自身表现等方面。但对“两高一剩”贷款的投放和退出等情况涉及较少。不过，商业银行基本只披露绿色信贷总体余额，对于绿色信贷的分行业、分地区，担保方式，绿色项目类型等具体信息鲜有介绍。其次，定性信息多，定量信息少。很多商业银行都没有披露或者连续披露绿色信贷投放数据，而对于“两高一剩”贷款数据进行披露的银行就更少，并且“两高一剩”行业的划分标准也在不断变化，导致不同年份的数据可比性较差。自愿型信息披露中经常存在“报喜不报忧”的做法，因而有可能未披露相应信息的银行绿色信贷投放很少甚至是减少的，或者“两高一剩”贷款余额仍较高，未能逐步退出相关领域。再次，信息认证和反馈机制需要完善。部分商业银行的社会责任报告尚未经过第三方机构的独立审验，其真实性和公允性有待提高。最后，大部分商业银行的环境风险信息沟通机制都还处于建设初期，没有建立公众质询机制，不利于公众反馈与监督。

第四，绿色信贷社会影响方面。首先，绿色信贷具有显著的环境绩效。绿色信贷支持的环保项目在促进煤炭等传统能源节约、二氧化碳减排、节约用水等方面具有明显成效。其次，银行将绿色环保理念积极融入日常运营中。商业银行不仅在对外业务中开展绿色金融服务，也积极在日常工作中推动绿色办公。最后，银行绿色声誉仍需提升。部分商业银行通过媒体宣传、荣誉获奖等方式提升了自身的绿色声誉，比如兴业银行已经打造出知名的绿色金融品牌，不过还有很多银行业务宣传有待增强，同时也需要提升公众对绿色信贷的了解。

第4章

绿色信贷对银行财务绩效的动态影响研究

4.1 绿色信贷影响银行财务绩效的现实背景及意义

改革开放以来，中国经济在快速发展的同时，环境污染问题也日益严重。党的十九大报告指出“建设生态文明是中华民族永续发展的千年大计”，并将污染防治作为“三大攻坚战”之一。治理污染不仅需要清洁技术、环保法规，更需要资金支持，而绿色信贷就是引导资金实现绿色配置的重要金融工具。商业银行通过实施绿色信贷政策，减少对“两高一剩”行业的信贷投入，增加对绿色环保行业的资金支持，可以同时促进环境保护和绿色经济发展，对于中国加快产业转型升级和提升经济发展质量具有重要意义。为此，中国监管部门陆续出台了《绿色信贷指引》《能效信贷指引》《关于构建绿色金融体系的指导意见》鼓励支持商业银行发展绿色信贷。外部的监管要求和政策支持固然重要，但更关键的是绿色信贷有利可图，从而激发商业银行的内生动力。在绿色经济迅速发展和环保产业日益壮大的情况下，绿色信贷不再仅仅是银行践行环境保护社会责任的体现，而将成为一项非常重要的盈利业务。那么，当前开展绿色信贷如何影响中国商业银行的财务绩效呢?

环保是一件功在当代、利在千秋的事情，经济主体承担环境保护责任短期来看会提高自身成本，但长期来看能提升经济社会可持续发展能力。在政策推动下，中国绿色信贷发展取得一定进展，但整体水平仍然偏低，无法满足日益增长的绿色融资需求①。一个主要原因在于商业银行构建绿色信贷业务体系需要投入新的成本，但收益情况尚不明晰，短期可能损害银行盈利。而绿色信贷作为可持续金融的一部分，其对银行绩效的积极影响可能需要一段时间后才能显现出来，那么绿色信贷对银行财务绩效的影响是否具有时滞效应呢？

理论上，绿色信贷对银行财务绩效存在正反两个方面的影响：一方面，商业银行开展绿色信贷有助于提高社会声誉、实现差异化竞争、管理环境风险，进而对银行绩效产生积极影响（何德旭和张雪兰，2007）；另一方面，商业银行开展绿色信贷会增加其经营成本，同时，由于绿色项目的正外部性特征导致其收益率可能偏低，不利于银行提升财务绩效（陶茜，2016）。既有实证研究对于中国商业银行开展绿色信贷如何影响财务绩效也没有得出统一结论，如李苏等（2017）、孙光林等（2017）、何凌云等（2018）发现绿色信贷能够提升财务绩效，而李程等（2016）、胡荣才和张文琼（2016）却发现商业银行实施绿色信贷政策后绩效有所下降。上述结论的分歧可能与研究样本和指标选取有关：一是既有文献研究样本偏小，往往只覆盖部分上市银行，由此得到的结论稳健性和代表性较弱；二是绿色信贷对银行财务绩效的影响可能随时间推移而有所变化；三是现有文献选取的银行财务绩效指标有所差异。因此，本章将使用更为全面的样本考察绿色信贷对银行财务绩效的影响，并注意分析绿色信贷影响银行财务绩效的时滞性。

具体而言，本章利用2007～2019年中国47家商业银行数据，实证检验了绿色信贷对银行财务绩效的影响。研究结果显示：首先，当期绿色信贷占比对银行财务绩效指标没有影响，滞后期绿色信贷占比对银行财务绩效具有显著正向影响。表明绿色信贷对银行财务绩效的改善效应具有时滞性。另外，绿色信贷对银行财务绩效的改善效应随时间推移逐渐增强和增大，绿色信贷充分发挥积极作用需要时间。其次，绿色信贷余额占总贷款的比重上升能提高银行资产收益率，说明绿色信贷有助于改善银行综合财务绩效。再次，绿色信贷提升了银行净利差和净息差，但对银行非利息收入占比没有影响，说明绿色信贷目前主要通过改善银行净利息收入水平发挥作用。最后，从净利息收入结构来看，

① 从绝对数看，21家主要银行绿色信贷规模从2013年末的5.2万亿元增长至2020年末的超11万亿元；但从占比来看，2020年末绿色信贷余额仅占各项贷款的9%。

绿色信贷提升了银行生息率，而对付息率没有影响。说明绿色信贷主要通过利息收入渠道发挥作用。

与既有文献相比，本章研究具有如下特色：首先，采用了更为全面的样本研究绿色信贷对银行绩效的影响。现有实证文献样本较少、结论缺乏代表性，而本章广泛收集银行社会责任报告、财务报告等资料，筛选出详细披露绿色信贷信息的商业银行，包括大型国有银行、全国性股份制银行、城市商业银行、农村商业银行，研究结论更具说服力和普遍性。其次，通过分解银行绩效指标考察了商业银行开展绿色信贷对财务绩效的影响路径，研究结论更丰富。最后，考察了绿色信贷对银行财务绩效的时滞效应，揭示了可持续金融发挥影响的长短期特征。

4.2 绿色信贷影响银行财务绩效的文献回顾

对于绿色信贷如何影响银行财务绩效，国内实证研究形成以下三种观点。

一是开展绿色信贷对银行财务绩效有正向影响。李苏等（2017）以2011～2015年16家上市银行为样本发现绿色信贷余额与银行资产收益率正相关。孙光林等（2017）利用2008～2016年5大国有银行季度数据发现商业银行开展绿色信贷能够降低不良贷款率、提高净利润和非利息收入。何凌云等（2018）基于9家上市银行数据发现，商业银行绿色信贷能够有效提高总资产收益率。志学红等（2018）发现绿色信贷水平的提高对商业银行盈利能力具有显著的正向影响。宋亚伟等（2019）发现商业银行绿色信贷与其财务绩效存在正相关关系，有助于减少银行信贷风险，提高绿色声誉。张晖等（2021）发现绿色信贷对国有银行财务绩效具有显著的正向影响。

二是开展绿色信贷对银行财务绩效无明显影响或者有负向影响。胡荣才和张文琼（2016）以2009～2014年14家商业银行为样本发现，银行开展绿色信贷会增加单位营业成本、降低单位营业利润；周再清等（2017）基于16家上市银行在2010年和2013年的绿色信贷综合表现指标进行研究，结果发现，当期绿色信贷发展好的银行后期财务绩效并没有明显改善，反而是当期财务绩效高的银行后期绿色信贷发展更好。

三是绿色信贷对财务绩效的影响随时间推移而改变。郝清民等（2016）以2007~2014年中国12家上市银行为样本利用灰色关联度和相关分析发现，多数银行发展绿色信贷可提高经营业绩，且部分银行绿色信贷与第二年的资产收益率的关联度要比第一年高；李程等（2016）利用2005~2012年16家上市银行数据的研究表明，商业银行实施绿色信贷政策后绩效有所下降，但这种负向影响随时间推移而减弱。

国外实证研究中，部分文献考察了商业银行采纳“赤道原则”① 对其财务绩效的影响。朔尔滕斯和丹姆（2007）对比分析了27家赤道银行和57家非赤道银行的财务数据，发现采纳“赤道原则”的银行需要承担额外成本，因而营业利润更低。芬格等（Finger et al.，2017）基于2003~2015年全球78家赤道银行样本，考察了在不同经济发展水平的国家中，商业银行采纳“赤道原则”与其财务绩效的关系。结果表明，在发达国家，绩效较差的银行更愿意成为赤道银行，且在成为赤道银行后利息收入和净资产回报率都有所上升；而在发展中国家，绩效较好的银行更愿意成为赤道银行，但在成为赤道银行后贷款增速和利息收入增速均有所下滑。

4.3 绿色信贷影响银行财务绩效的理论分析与假设提出

4.3.1 绿色信贷对银行财务绩效的积极影响

第一，获取差异化竞争优势。差异化经营是最主要的竞争战略之一，而承担社会责任可以帮助企业实现与同行业内其他企业的差异化（Siegel and Vitaliano，2007）。绿色信贷确实有助于商业银行树立环境友好形象，增强其特色。但从商业的角度看，开展绿色信贷更有助于商业银行抓住绿色产业的发展机遇，获

① 赤道原则要求，金融机构在为项目融资时要综合评估项目可能产生的环境和社会影响，从而促使该项目在环境保护以及周边社区和谐发展等方面发挥积极作用。

取差异化竞争优势。随着环境保护政策的强化以及公众环保意识不断加强，绿色低碳产业作为中国战略性新兴产业将迎来快速发展期①。因此绿色信贷具有很大的发展潜力，特别是在“两高一剩”企业贷款逐步缩减后，有望成为商业银行新的利润增长点。而目前银行业同质化竞争严重、绿色信贷发展不足，商业银行在合同能源管理融资、碳资产抵押融资等新领域开拓市场可以获得先发优势、增强绿色金融品牌知名度，从而抢占优质绿色项目，提升绿色信贷收益。

第二，树立良好社会声誉。利益相关者理论认为，企业承担社会责任可以提高声誉，并有助于和各利益相关者保持良好合作关系以实现长远发展（Freeman and Evan，1990）。商业银行投放绿色信贷是承担环境保护社会责任的主要体现，能够提升社会声誉，特别是树立绿色声誉，从而广泛争取关注环保的利益相关者的支持和资源（Vantrang，2016）。一是获取具有较强环保意识的客户支持。随着经济社会发展，公众环保意识不断提升，具有良好绿色声誉的银行能更便利地开展各类绿色金融业务，如绿色理财、低碳信用卡等，从而吸纳更为重视生态环境质量的客户资源。二是获取资本市场绿色投资者的支持。银行通过增加绿色信贷投放向外界传达了其重视环保融资业务且业务能力较强的信号，从而有助于吸引绿色投资者，并更易以较低利率发行绿色债券，从而降低融资成本（Cai and He，2014）。三是获取政府监管部门的支持。张兆国等（2013）指出承担社会责任有助于获取政府监管部门的支持，银行投放绿色信贷支持了国家绿色发展战略，会受到政府部门的财政鼓励和资金支持。比如政府会对部分绿色项目贴息从而提升了绿色信贷的资产收益；央行将优质绿色贷款纳入中期借贷便利担保品范围，从而增加银行获得低成本资金的渠道。

第三，降低环境风险。企业因环境问题引发的法律制裁和不良社会影响会对企业造成经济损失，间接导致向该企业发放贷款的商业银行风险暴露增加。具体表现为以下三方面风险：一是信用风险，企业排污不达标，会受到停业整

① 中国环保产业协会发布的《中国环保产业状况发展报告（2017）》指出中国环保产业发展速度较快，2012~2016年营业收入总额增长了85.4%，年均增长率达到13.1%，同时，2016年所调查的6566家环保企业平均利润率为12.4%，高于同期全国规模以上工业企业主营业务收入利润率（5.92%）。

顿、赔偿损失等制裁，由此引起的资金额外支出和经营活动受阻可能会增加企业违约率。二是担保风险，如企业用作担保的土地受到污染后价值会降低。三是责任风险，即银行为企业的污染项目提供融资、咨询等服务而被追究连带责任的风险（苗建青和苗建春，2008；Aintablian et al.，2010）。商业银行开展绿色信贷需要在贷前、贷中和贷后对企业环保信息进行定期追踪和检测，可以尽量减少环境风险问题对银行的不利影响。何德旭和张雪兰（2007）指出，向“两高一剩”企业发放贷款短期内可能回报较高，但若企业发生污染事件，银行不仅社会形象受到影响，还将面临较高信用风险，特别是在环保执法趋严的背景下，这类企业的盈利空间被严重压缩，银行面临的环境风险将不断加大。相比之下，商业银行将信贷资源转移到前景良好的绿色环保产业则有助于控制环境风险、提高资产质量。

总之，绿色信贷业务发展带来的差异化竞争优势、社会声誉提升和环境风险管理能力增强会提升银行财务绩效。因此，本章提出如下假说。

H1a：商业银行绿色信贷投放的增加会提升财务绩效。

4.3.2 绿色信贷对银行财务绩效的消极影响

一是绿色信贷增加营业成本但却无法带来较高收益。成本方面，商业银行监测企业的环保达标情况需要付出额外甄别成本，并且绿色信贷支持的节能减排项目大多期限较长，管理成本高。收益方面，为了支持环境保护，商业银行存在以优惠利率发放绿色信贷的情况，而绿色项目本身也具有较强的正外部性，在外部性没有充分内部化的情况下，经济效益可能欠佳。

二是绿色信贷政策的实施会使商业银行丧失部分客源。一方面，被限制贷款的企业很可能成为竞争对手的新客户，导致采取绿色信贷政策的银行短期利益受损。另一方面，对于前期投资较高的“两高一剩”行业，银行信贷存在被动续借问题，如若即刻停止对其放款可能会使企业资金链断裂，导致银行难以回收前期贷款，从而遭受严重损失。

三是绿色信贷挤占了银行核心业务资源。目前大部分商业银行的绿色信贷业务处于探索起步阶段，还未成长为银行的核心业务和主要盈利来源。为了满足不同利益相关者的诉求，商业银行在对有限的资源进行使用和分配时需要进行权衡，而承担环境保护的社会责任会强化其资源约束，导致银行将资金和人力用于绿色信贷等非核心业务活动，减少了可用于增强核心竞争力的资源，从而对银行财务绩效产生消极影响。

总之，绿色信贷业务发展带来的成本提升、客户流失和资源占用会降低银行财务绩效。因此，本章提出假说 H1a 的竞争性假说。

H1b：商业银行绿色信贷投放的增加会损害财务绩效。

4.3.3 绿色信贷影响财务绩效的时滞效应

绿色信贷对财务绩效存在正负两方面影响，但两种影响发挥作用的时间并不完全同步。其中，正向影响机制的发挥是一个逐渐增强的过程：首先是竞争优势方面，商业银行在合同能源管理融资、碳资产抵押融资等新业务领域开拓市场、建立客户关系，进而打造知名度较高的绿色金融品牌需要较长时间。但随着公众环保意识不断加强，绿色产业成为新的经济增长点，长期来看，积极发展绿色信贷的银行将拥有日益增长的市场空间。其次是社会声誉方面，银行履行环境保护责任的信息被各利益相关方获知、接受和认可需要一个过程。只有商业银行常态化地践行绿色信贷，持续将其承担社会责任的信息传递给利益相关方，才能稳固地树立起良好社会形象。最后是环境风险方面，向“两高一剩”企业发放贷款短期回报可能较高，但随着环保执法趋严，这类企业的盈利空间被严重压缩，银行面临的环境风险会不断加大（Wang et al.，2019）。商业银行将信贷资源转移到前景良好的绿色产业，对于提高信贷资产质量、降低信贷风险的作用也会越来越大。

相比之下，绿色信贷对财务绩效的负向影响可能在初期比较明显，但随着绿色金融业务的增加，绿色信贷体系建设成本会被摊薄，因放弃污染项目而流失的客户也会被绿色项目客户所替代，绿色信贷对银行盈利的不利影响会逐渐减弱。因此，长期来看，绿色信贷对财务绩效的提升效应更强。因此，本章提出如下假说。

H2：商业银行增加绿色信贷投放对未来财务绩效的正向影响更大。

4.4 绿色信贷影响银行财务绩效的研究设计

4.4.1 模型设定和变量选择

为了检验银行绿色信贷对财务绩效的影响，本章参考孙光林等（2017）、何凌云等（2018），采用普通最小二乘法（OLS）运行如下计量模型：

$$FP_{i,t} = \alpha_0 + \alpha_1 GL + \alpha_2 SIZE + \alpha_3 CAR + \alpha_4 NPL + \alpha_5 LD + \alpha_6 NII + \alpha_7 LIST + ydummy + \varepsilon_{i,t} \quad (4-1)$$

其中，$\varepsilon_{i,t}$为随个体和时间而改变的扰动项，为减少扰动项不规则带来的问题，本章所有回归均采用了银行层面聚类稳健的标准误。模型中各变量解释如下。

（1）因变量：银行财务绩效 FP。本章选取两方面指标衡量银行财务绩效：一是综合绩效指标总资产收益率 ROA，即净利润与银行总资产的比值，反映银行的总体盈利水平。二是衡量银行息差水平的净利差 NRM，其为银行生息率与付息率的差值，其中，生息率为利息收入与生息资产之比，付息率为利息支出与计息负债之比。净利息收入是商业银行的主要收入来源，绿色信贷对财务绩效的影响一方面直接反映在利息收入上，另一方面，也可能因为声誉效应而影响银行的融资成本间接反映在利息支出上。在后续稳健性检验和进一步分析中，还将采取其他银行财务绩效指标：净资产收益率 ROE、净息差 NIM、非利息收入占总收入比重 NII、非利息收入占总资产比重 NIA、生息率 IIEA、付息率 IEBL。

（2）核心解释变量：银行绿色信贷 GL。本章采用绿色信贷余额占总贷款的比重衡量商业银行的绿色信贷实施情况。绿色信贷是商业银行投向清洁能源、绿色交通、资源循环利用、工业节能节水等节能环保项目与服务领域的贷款。

（3）控制变量。参考吴晓云和王峰（2012）、刘信群和刘江涛（2013），选取如下可能影响银行财务绩效的银行微观特征变量：银行规模 SIZE，以资产总额的自然对数衡量；资本充足率 CAR，为监管资本与风险加权资产的比值，反映银行以自有资本吸收风险的能力；不良贷款率 NPL，为次级、可疑和损失三种贷款占总贷款的比重，反映银行资产质量；存贷比 LTD，为贷款总额与存款总额的比值，反映银行流动性状况①；非利息收入占比 NII，为银行非利息收入与营业收入的比值，反映银行的收入结构；上市虚拟变量 LIST，银行上市当年及之后 list 取 1，其他取 0。此外，宏观经济环境和其他未考虑到的时变因素也可能影响银行绩效，对此，本章统一在模型中加入年度固定效应予以控制。

4.4.2 样本选择与描述性统计

本章研究样本为中国 2007 ~ 2019 年 47 家商业银行的年度非平衡面板数据。按照银监会的分类标准，其中包括 6 家大型国有银行、11 家全国性股份制银行、22 家城市商业银行和 8 家农村商业银行（见表 4 - 1）。截至 2019 年底，样本银行总资产占中国商业银行的 80.61%，因而具有较高的代表性。选择这一样本区间的原因在于：一方面，2007 年，国家环保总局、中国人民银行总行和银监会联合发布了《关于落实环保政策法规防范信贷风险的意见》，同年，商业银行开始在社会责任报告中披露绿色信贷相关信息，因此，本章选取 2007 年为样本时间起点；另一方面，笔者手工收集了 2007 年以来所有发布社会责任报告的商业银行，其中，47 家银行披露了详细的绿色信贷余额数据。数据来源方面，绿色信贷数据根据商业银行社会责任报告手工收集得到，其余银行财务数据均取自 Wind 数据库。

表 4 - 1　　样本银行分类

银行类型	银行名称
大型国有银行	中国工商银行、中国农业银行、中国建设银行、中国银行、交通银行、中国邮政储蓄银行
全国性股份制银行	招商银行、平安银行、广发银行、兴业银行、光大银行、华夏银行、上海浦发银行、民生银行、渤海银行、中信银行、浙商银行

---

① 存贷比指标直观地显示了银行流动性水平对贷款业务的约束，虽然 2015 年通过的《商业银行法修正案（草案）》删除了存贷比不得超过 75% 的规定，但其仍是商业银行重要的流动性监测指标，并且存贷比施行时间较长，数据也更为完备。

续表

银行类型	银行名称
城市商业银行	北京银行、天津银行、南京银行、江苏银行、杭州银行、上海银行、宁波银行、厦门国际银行、中原银行、贵阳银行、哈尔滨银行、盛京银行、柳州银行、东莞银行、厦门银行、郑州银行、苏州银行、青岛银行、长沙银行、贵州银行、锦州银行、华融湘江银行
农村商业银行	上海农村商业银行、重庆农村商业银行、张家港农村商业银行、苏州农村商业银行、合肥科技农村商业银行、紫金农村商业银行、广州农村商业银行、常熟农村商业银行

表4-2列示了主要变量的描述性统计结果。绩效指标方面，ROA的均值为0.925%，反映了中国商业银行的综合盈利水平。ROA的最大值为1.568%，最小值为0.068%，不同银行的盈利能力存在一定差异。NRM和NIM的均值分别为2.842%和2.640%，标准差分别为0.488和0.694，中国商业银行业务模式同质化程度较高，因此，净利差和净息差差异也不大。NII的均值为21.500%，表明净利息收入仍然是中国商业银行最主要的收入来源，不过部分银行中间业务发展水平较高，NII最大值为65.180%。此外，NIA平均为0.571%。IIEA的均值为4.975%，反映了银行生息资产的平均收益水平；IEBL的均值为2.306，反映了银行计息负债的平均资金成本。

核心解释变量GL的均值为3.462%，表明用于节能环保项目的贷款占总贷款的比重较低，中国商业银行绿色信贷发展不足。GL的最小值为0.061%，说明部分银行的绿色信贷投放比例非常低，对环保产业的支持力度很弱；GL的最大值为23.771%，说明部分银行绿色信贷业务发展较快，对绿色经济发展提供了有力的资金支持。

其他主要变量方面，CAR的均值为12.708%，高于《商业银行资本管理办法》中要求的2018年底达标标准10.5%（系统性重要银行为11.5%），但是最小值为9%，表明一些银行的资本补充压力较大。NPL的均值为1.247%，虽然2008年金融危机之后，中国商业银行的不良贷款率有所攀升，但信贷风险整体而言处于可控范围。LTD的均值为69.689%，低于监管部门曾经设置的75%红线。

表4－2　变量描述性统计

变量	观测值	均值	标准差	最小值	下四分位数	中位数	上四分位数	最大值
ROA	324	0.925	0.227	0.068	0.774	0.917	1.069	1.568
ROE	324	14.464	3.930	0.779	11.695	14.413	17.055	30.013
NRM	324	2.842	0.878	1.093	2.291	2.694	3.235	6.752
NIM	324	2.640	0.694	1.116	2.241	2.627	2.970	7.268
NII	324	21.500	11.519	－1.322	13.286	19.720	28.653	65.180
NIA	324	0.571	0.330	－0.253	0.334	0.504	0.771	1.857
IIEA	324	4.975	1.194	2.589	4.137	4.758	5.578	11.623
IEBL	324	2.306	0.545	1.202	1.898	2.351	2.715	3.830
GL	324	3.462	3.673	0.061	0.786	2.747	4.912	23.771
SIZE	324	28.023	1.487	23.901	26.874	27.960	29.279	30.541
CAR	324	12.708	1.527	9.000	11.625	12.450	13.595	17.520
NPL	324	1.247	0.478	0.110	0.890	1.270	1.525	3.120
LTD	324	69.689	11.881	38.970	62.375	70.300	74.115	96.490
LIST	324	0.571	0.496	0.000	0.000	1.000	1.000	1.000

注：除SIZE和LIST外，各变量单位为%。

表4－3汇报了各变量之间的相关系数，各解释变量之间相关系数的绝对值多数在0.4以下，可以认为模型中的多重共线性问题并不严重。值得注意的是，GL和ROA的相关系数在10%显著性水平上为正，这意味着在不控制其他因素影响的前提下，绿色信贷和财务绩效具有正相关关系，不过GL和NRM的相关系数显著性较弱，因而更为准确的结论还有待深入地实证分析。

表4－3　变量相关系数

变量	ROA	NRM	GL	SIZE	CAR	NPL	LTD	NII	LIST
ROA	1	0.161*	0.120*	0.231*	0.136*	－0.280*	－0.187*	－0.099*	0.310*
NRM	0.144*	1	－0.054	－0.250*	－0.140*	0.026	－0.353*	－0.398*	－0.194*
GL	0.118*	0.007	1	0.526*	0.174*	0.203*	0.120*	0.244*	0.427*
SIZE	0.216*	－0.246*	0.414*	1	0.035	0.193*	0.375*	0.499*	0.673*
CAR	0.130*	－0.119*	0.116*	0.061	1	0.225*	0.004	0.086	0.038

续表

变量	ROA	NRM	GL	SIZE	CAR	NPL	LTD	NII	LIST
NPL	-0.241*	0.069	0.129*	0.163*	0.228*	1	0.324*	0.238*	0.005
LTD	-0.173*	-0.407*	0.116*	0.350*	0.042	0.282*	1	0.456*	0.383*
NII	-0.117*	-0.421*	0.172*	0.383*	0.055	0.127*	0.472*	1	0.340*
LIST	0.292*	-0.234*	0.347*	0.657*	0.034	-0.001	0.367*	0.251*	1

注：(1) 相关矩阵的下半部分为皮尔逊相关系数，上半部分为斯皮尔曼相关系数。(2) *表示相关系数在10%的显著性水平上显著。

4.5 绿色信贷影响银行财务绩效的实证结果及分析

4.5.1 绿色信贷对银行财务绩效的动态影响

表4-4中第(1)~(4)列显示了当期和不同滞后期绿色信贷占比对银行ROA的影响。GL的系数表现出如下特征：首先，系数始终为正，其中，L2. GL和L3. GL系数显著为正，表明绿色信贷占比提升可以改善未来期银行财务绩效。其次，系数的显著性逐渐增强，当期和滞后1期GL和L. GL对当期资产收益率的影响不显著，滞后2期和滞后3期L2. GL和L3. GL对当期资产收益率的影响分别在5%和1%水平上显著为正。最后，系数的大小也逐渐增加，当期、滞后1期、滞后2期、滞后3期绿色信贷占比对当期资产收益率的影响依次为0.003、0.003、0.005和0.007。第(5)~(8)列显示了绿色信贷占比对银行净利差的时滞影响。绿色信贷系数也始终为正，不过当期绿色信贷占比的系数同样不显著，滞后期绿色信贷系数显著为正，且随时间推移，绿色信贷占比对银行净利差的影响逐渐增大。

综合而言，一方面，绿色信贷对银行财务绩效表现为改善效应，假说H1a成立。绿色信贷业务帮助商业银行获取了绿色经济领域的新客户，拓展了盈利来源。目前绿色信贷额度也较小，银行能够优先选择其中发展前景较好的绿色项目。此外，政府对积极投放绿色信贷的银行也有财政贴息、财政业务倾斜等奖励，有助于提升银行盈利能力。此外，对比第（1）~（4）列和第（5）~（8）列的回归结果发现，被解释变量为NRM时，绿色信贷系数更大，即银行增加绿色信贷投放能最大限度提升银行的净利差。

另一方面，绿色信贷对银行财务绩效的积极影响具有滞后性，对未来期财务绩效的改善效应更加明显、更大，假说H2成立。随着时间推移，银行的绿色信贷业务更加成熟，表现出更好的盈利水平；国家对生态文明建设日益重视，绿色产业的发展前景更好，"两高一剩"行业的风险加大，银行积极调整贷款结构在避免损失的同时增加了新的盈利点；商业银行绿色声誉的建立和获取利益相关者的正向反馈也需要一定的时间。因此，绿色信贷对未来期财务绩效的改善效应表现出明显的动态变化特征。

表4-4　　绿色信贷对银行财务绩效的时滞影响

项目	(1)	(2)	(3)	(4)	(5)	(6)	(7)	(8)
	ROA				NRM			
GL	0.003 (1.19)				0.015 (0.95)			
L. GL		0.003 (1.29)				0.030* (1.87)		
L2. GL			0.005** (2.31)				0.048*** (2.84)	
L3. GL				0.007*** (3.10)				0.050** (2.31)
SIZE	0.018 (1.08)	0.017 (1.57)	0.004 (0.35)	-0.003 (-0.23)	-0.047 (-1.05)	-0.066 (-1.20)	-0.122** (-2.50)	-0.113** (-2.00)
CAR	0.047*** (6.22)	0.043*** (5.58)	0.052*** (6.01)	0.053*** (5.40)	-0.153*** (-3.66)	-0.150*** (-3.41)	-0.139*** (-3.71)	-0.141*** (-3.44)
NPL	-0.024 (-0.58)	0.012 (0.26)	0.039 (0.81)	0.053 (1.43)	0.325** (2.36)	0.418*** (2.74)	0.468*** (2.73)	0.537*** (2.66)
LTD	-0.003** (-2.37)	-0.003** (-2.56)	-0.002* (-1.87)	-0.001 (-1.08)	-0.024*** (-4.01)	-0.021*** (-3.89)	-0.021*** (-3.80)	-0.024*** (-3.80)
NII	0.001 (0.44)	0.001 (0.44)	0.000 (0.20)	-0.001 (-0.55)	-0.029*** (-5.54)	-0.032*** (-5.24)	-0.025*** (-4.97)	-0.020*** (-3.55)

续表

项目	(1)	(2)	(3)	(4)	(5)	(6)	(7)	(8)
	ROA				NRM			
LIST	0. 053 ** (2. 22)	0. 072 ** (2. 54)	0. 108 *** (3. 67)	0. 123 *** (4. 15)	-0. 085 (-0. 66)	-0. 049 (-0. 30)	0. 106 (0. 75)	0. 003 (0. 02)
截距项	0. 573 ** (2. 24)	0. 443 (1. 49)	0. 521 * (1. 82)	0. 598 * (1. 96)	9. 193 *** (7. 61)	8. 939 *** (8. 06)	9. 376 *** (7. 45)	9. 813 *** (6. 54)
年度效应	Yes	Yes	Yes	Yes	Yes	Yes	Yes	Yes
样本量	324	275	239	203	324	275	239	203
Adj. R^2	0. 545	0. 533	0. 557	0. 612	0. 403	0. 407	0. 425	0. 411

注：括号内为 t 统计量值，*** 、** 和 * 分别表示估计系数在 1%、5% 和 10% 的显著性水平上显著。

在明确绿色信贷对银行财务绩效具有显著正向影响的基础上，进一步分析这一影响在经济意义上的显著性。第一，根据第（4）列和第（8）列中 L3. GL 的系数大小和 GL 与 ROA、NRM 的数据统计特征计算可得，在其他变量不变的情况下，绿色信贷占比增加一个标准差会分别导致未来 3 期银行总资产收益率和净利差 0. 11 个和 0. 21 个标准差的变动。

第二，将影响银行总资产收益率和净利差的因素分为绿色信贷因素、银行微观特征因素和时间因素，借鉴 Israeli（2007）采取基于夏普里分解的方法量化了表 4 - 5 各列回归中各影响因素对模型拟合优度的贡献，具体结果如表 4 - 5 所示。一方面，绿色信贷对银行未来期财务绩效的解释力度更大。绿色信贷因素对 R^2 的贡献度都随着绿色信贷占比滞后期的增加而增加。以被解释变量 ROA 为例，当期绿色信贷对 R^2 的贡献度仅为 2. 60%，滞后 3 期绿色信贷占比对 R^2 的贡献则提高至 3. 90%。另一方面，相比总资产收益率，绿色信贷对净利差的解释力度更大。当被解释变量为 ROA 时，当期和不同滞后期绿色信贷因素对 R^2 的贡献均不超过 4%，贡献度较低。而当被解释变量为 NRM 时，当期和不同滞后期绿色信贷因素对 R^2 的贡献均在 5% 以上，滞后 3 期绿色信贷占比对 R^2 的贡献大约占到 11. 44%。这与绿色信贷作为银行的生息资产，对净利差有更直接的影响有关。

表 4-5 银行财务绩效不同影响因素的贡献度 单位:%

项目	ROA				NRM			
	(1)	(2)	(3)	(4)	(5)	(6)	(7)	(8)
	GL	L. GL	L2. GL	L3. GL	GL	L. GL	L2. GL	L3. GL
绿色信贷占比	2.60	2.59	3.84	3.90	5.01	7.55	10.22	11.44
银行微观特征因素	56.01	53.79	56.42	46.38	76.85	76.24	69.98	67.66
年度效应	41.39	43.62	39.74	49.72	18.13	16.21	19.80	20.91

控制变量方面，当被解释变量为 ROA 时，SIZE 的系数在第（1）列中显著为正；当被解释变量为 NRM 时，SIZE 的系数在第（7）列和第（8）列中显著为负。系数符号差异的原因可能在于，大型银行的综合实力更强，因此，其综合财务绩效更好，但大型银行的客户主要是大型国企、央企、上市公司，因此净利差较小；中小银行的客户主要是小微企业，风险水平较高，因此，银行在发放贷款时收取的风险溢价更高，获取的净利差更大。与 SIZE 系数类似，CAR 对银行 ROA 具有显著正向影响，对银行 NRM 具有显著负向影响。资本充足水平较高的银行，有更大的空间开拓各类业务，综合盈利能力更强。另外，银行开拓业务需要资金支持，导致银行需要高息揽储或者借入负债成本较高的同业负债，因而会降低银行的净利差。NPL 对银行 NRM 具有显著正向银行，不良贷款率高的银行可能风险偏好更强，获得了更高的利息收入。LTD 系数始终显著为负，在商业银行负债成本不断上升、资产质量有所下降的背景下，保持较高存贷比反而降低了银行的盈利水平。NII 对银行净利差有显著负向影响，显示了银行在净利息收入较少的情况下，会积极发展非利息收入，银行的两类营业收入呈现出替代关系。LIST 系数显著为正，表明银行上市后作为公共企业面临更大的业绩压力，会努力提升自身盈利水平，同时，上市银行在筹集资本方面更具优势，也具有更大的规模扩张潜力。

4.5.2 稳健性检验

第一，替换被解释变量的度量指标。一是将 ROA 替换为 ROE，ROE 为银行净利润与总资产的比值，反映了银行给股东创造盈利的能力。二是将 NRM 替换为 NIM，即净利息收入与生息资产之比。回归结果如表 4-6 所示，各列回归系数均为正，除第（5）~（6）列外，均在 10% 及更高水平上显著。此外，当被解释变量为 ROE 时，随 GL 滞后期增加，绿色信贷占比对银行净资产收益率的影响逐渐增大。当被解释变量为 NIM 时，当期和滞后 1 期绿色信贷占比对银行净息差没有显著影响，而滞后 2 期和滞后 3 期绿色信贷占比对银行净息差具有显著正向影响，同时，绿色信贷占比的回归系数依然逐渐增大。因此，综合而言，替换财务绩效指标的回归结果依然支持本章基本结论，即绿色信贷占比对银行财务绩效有积极影响，并且这种影响随时间推移而增强或增大。

表 4-6　　　　替换财务绩效指标的稳健性检验

项目	(1)	(2)	(3)	(4)	(5)	(6)	(7)	(8)
	ROE				NIM			
GL	0.130*** (4.19)				0.008 (1.01)			
L.GL		0.133*** (3.31)				0.012 (1.55)		
L2.GL			0.163*** (4.10)				0.018** (2.14)	
L3.GL				0.170*** (4.04)				0.021* (1.88)
SIZE	0.390*** (2.72)	0.341** (2.03)	0.175 (1.16)	0.240* (1.71)	-0.037 (-1.39)	-0.055* (-1.65)	-0.083*** (-2.64)	-0.082** (-2.43)
CAR	-0.269** (-2.17)	-0.311*** (-2.64)	-0.234* (-1.89)	-0.340*** (-2.64)	-0.029 (-1.20)	-0.031 (-1.25)	-0.020 (-0.87)	-0.024 (-0.96)
NPL	-1.818*** (-3.23)	-1.485*** (-3.08)	-1.193*** (-2.60)	-0.960** (-2.22)	0.300*** (3.88)	0.369*** (4.76)	0.418*** (4.86)	0.452*** (4.31)
LTD	-0.057*** (-3.15)	-0.071*** (-4.02)	-0.072*** (-4.21)	-0.077*** (-4.55)	-0.011*** (-2.92)	-0.009*** (-2.85)	-0.009** (-2.49)	-0.009** (-2.23)

续表

项目	(1)	(2)	(3)	(4)	(5)	(6)	(7)	(8)
	ROE				NIM			
NII	-0.017 (-0.89)	-0.009 (-0.45)	0.003 (0.16)	0.000 (0.02)	-0.031*** (-9.36)	-0.031*** (-8.28)	-0.028*** (-10.21)	-0.025*** (-8.24)
LIST	0.771** (2.14)	1.027*** (2.69)	1.107*** (2.82)	1.054*** (2.61)	0.160** (2.22)	0.221** (2.45)	0.283*** (3.37)	0.232*** (2.60)
截距项	15.277*** (3.86)	17.085*** (3.74)	19.730*** (4.86)	19.477*** (5.37)	4.955*** (6.90)	5.345*** (7.39)	5.487*** (7.14)	5.579*** (6.68)
年度效应	Yes	Yes	Yes	Yes	Yes	Yes	Yes	Yes
样本量	324	275	239	203	324	275	239	203
Adj. R^2	0.635	0.664	0.701	0.744	0.455	0.504	0.566	0.552

注：括号内为t统计量值，***、**和*分别表示估计系数在1%、5%和10%的显著性水平上显著。

第二，删除绿色信贷占比过高和过低样本。为使结论更具普遍性，本章删除了绿色信贷占比均值处于上5分位数以上和下5分位数以下的样本，回归结果如表4-7所示。各列中绿色信贷占比的系数依然表现出随滞后期增加，系数显著性增强、系数大小增加的趋势，因此，基准回归的结论依然成立。

表4-7　　　　删除部分样本的稳健性检验

项目	(1)	(2)	(3)	(4)	(5)	(6)	(7)	(8)
	ROA				NRM			
GL	0.009 (1.57)				0.018 (0.84)			
L. GL		0.009 (1.64)				0.035 (1.44)		
L2. GL			0.010* (1.89)				0.059** (2.18)	
L3. GL				0.011** (2.30)				0.069** (2.30)

续表

项目	(1)	(2)	(3)	(4)	(5)	(6)	(7)	(8)
	ROA				NRM			
SIZE	0.018** (1.99)	0.024** (2.16)	0.016 (1.33)	0.013 (1.06)	-0.085** (-2.21)	-0.114** (-2.49)	-0.150*** (-2.74)	-0.155** (-2.52)
CAR	0.047*** (6.74)	0.040*** (5.50)	0.043*** (5.17)	0.042*** (4.48)	-0.099*** (-3.33)	-0.113*** (-3.44)	-0.136*** (-3.48)	-0.136*** (-3.18)
NPL	-0.045 (-1.13)	-0.035 (-0.83)	-0.020 (-0.44)	0.005 (0.14)	0.408*** (2.82)	0.529*** (3.21)	0.550*** (2.88)	0.606*** (2.81)
LTD	-0.002** (-2.09)	-0.003*** (-2.82)	-0.003** (-2.30)	-0.002* (-1.94)	-0.018*** (-3.99)	-0.019*** (-3.74)	-0.021*** (-3.78)	-0.024*** (-3.72)
NII	0.001 (1.04)	0.001 (1.00)	0.001 (0.53)	0.000 (0.17)	-0.024*** (-5.13)	-0.027*** (-5.36)	-0.024*** (-4.59)	-0.019*** (-3.03)
LIST	0.062*** (2.63)	0.078*** (2.82)	0.101*** (3.45)	0.114*** (3.72)	0.018 (0.16)	0.057 (0.43)	0.105 (0.75)	0.002 (0.02)
截距项	0.494* (1.83)	0.305 (0.95)	0.352 (1.13)	0.364 (1.19)	8.095*** (6.87)	8.843*** (7.34)	10.070*** (7.28)	10.828*** (6.73)
年度效应	Yes	Yes	Yes	Yes	Yes	Yes	Yes	Yes
样本量	304	258	225	190	304	258	225	190
Adj. R^2	0.573	0.563	0.574	0.635	0.388	0.415	0.419	0.409

注：括号内为 t 统计量值，***、** 和 * 分别表示估计系数在 1%、5% 和 10% 的显著性水平上显著。

第三，增加银行类型控制变量。中国商业银行根据资产规模、产权属性以及经营区域的差异大致可以分为四个梯队：一是大型国有商业银行；二是全国性股份制商业银行；三是城市商业银行；四是农村商业银行。我们在基准模型的基础上参考郭晔等（2018）控制了与银行所属梯队对应的虚拟变量 Type34。如果是城商行或农商行 Type34 取 1，否则取 0。回归结果如表 4-8 所示，在以 ROA 为被解释变量的回归中，绿色信贷占比滞后 2 期后系数开始显著为正；以 NRM 为被解释变量的回归中，绿色信贷占比滞后 3 期后系数开始显著为正，表明绿色信贷占比提升对未来期银行财务绩效的影响更明显，与基准回归结果一致。

表4-8　　加入银行类型控制变量的稳健性检验

项目	(1)	(2)	(3)	(4)	(5)	(6)	(7)	(8)
	ROA				NRM			
GL	0.003 (1.15)				0.000 (0.01)			
L. GL		0.003 (1.19)				0.015 (0.92)		
L2. GL			0.005** (2.20)				0.029 (1.48)	
L3. GL				0.007*** (3.04)				0.032** (2.06)
SIZE	0.018 (1.51)	0.013 (0.92)	0.003 (0.19)	-0.001 (-0.06)	-0.322*** (-6.73)	-0.348*** (-6.39)	-0.466*** (-7.16)	-0.402*** (-6.79)
CAR	0.047*** (6.09)	0.044*** (5.39)	0.052*** (5.77)	0.053*** (5.10)	-0.102*** (-2.65)	-0.092** (-2.23)	-0.067* (-1.76)	-0.083** (-2.25)
NPL	-0.024 (-0.58)	0.011 (0.24)	0.039 (0.81)	0.054 (1.42)	0.264* (1.88)	0.323** (2.09)	0.339* (1.67)	0.339** (1.97)
LTD	-0.003** (-2.11)	-0.003** (-2.52)	-0.002* (-1.81)	-0.001 (-1.03)	-0.037*** (-5.57)	-0.033*** (-5.87)	-0.033*** (-5.70)	-0.031*** (-5.97)
NII	0.001 (0.43)	0.001 (0.42)	0.000 (0.20)	-0.001 (-0.53)	-0.031*** (-6.01)	-0.034*** (-5.65)	-0.023*** (-4.70)	-0.027*** (-5.67)
LIST	0.053** (2.21)	0.072** (2.54)	0.108*** (3.68)	0.122*** (4.11)	-0.096 (-0.79)	-0.040 (-0.27)	0.115 (0.83)	0.144 (1.14)
Type34	0.002 (0.04)	-0.015 (-0.39)	-0.004 (-0.12)	0.007 (0.20)	-1.212*** (-6.82)	-1.183*** (-7.23)	-1.300*** (-7.27)	-1.113*** (-6.94)
截距项	0.561 (1.39)	0.565 (1.27)	0.557 (1.28)	0.539 (1.19)	18.567*** (9.29)	18.397*** (10.51)	21.300*** (10.77)	18.846*** (10.64)
年度效应	Yes	Yes	Yes	Yes	Yes	Yes	Yes	Yes
样本量	324	275	239	203	324	275	239	203
Adj. R^2	0.545	0.533	0.557	0.612	0.484	0.494	0.544	0.523

注：括号内为t统计量值，***、**和*分别表示估计系数在1%、5%和10%的显著性水平上显著。

第四，控制变量滞后1期。基准回归中为减少样本损失，控制变量取当期值。将除上市变量LIST以外的银行微观财务特征取滞后1期值重新回归，结果如表4－9所示，绿色信贷占比系数依然呈现随滞后期增加、系数显著性增强或者大小增加的特征，表明绿色信贷对银行财务绩效的改善效应动态增强，因此，本章结论是稳健的。

表4－9　　控制变量滞后1期的稳健性检验

项目	(1)	(2)	(3)	(4)	(5)	(6)	(7)	(8)
	ROA				NRM			
GL	0.002 (0.72)				0.015 (0.92)			
L. GL		0.003 (1.26)				0.028 (1.64)		
L2. GL			0.005* (1.89)				0.045** (2.54)	
L3. GL				0.006** (2.44)				0.047* (1.96)
L. SIZE	0.027*** (2.97)	0.022** (1.99)	0.012 (0.99)	0.005 (0.40)	−0.120** (−2.49)	−0.125** (−2.40)	−0.169*** (−3.11)	−0.151** (−2.22)
L. CAR	0.034*** (4.54)	0.041*** (5.06)	0.043*** (5.14)	0.050*** (5.17)	−0.157*** (−3.59)	−0.139*** (−3.29)	−0.103*** (−2.95)	−0.129*** (−3.01)
L. NPL	−0.025 (−0.77)	−0.010 (−0.26)	0.022 (0.48)	0.057 (1.32)	0.297** (2.38)	0.335** (2.38)	0.357** (2.10)	0.392** (2.10)
L. LTD	−0.003*** (−2.72)	−0.002** (−1.97)	−0.002* (−1.93)	−0.002 (−1.53)	−0.031*** (−4.39)	−0.026*** (−3.85)	−0.024*** (−3.97)	−0.027*** (−4.18)
L. NII	0.001 (0.72)	0.000 (0.27)	0.000 (0.37)	0.000 (0.06)	−0.011 (−1.50)	−0.015** (−1.99)	−0.008 (−0.97)	−0.003 (−0.34)
LIST	0.042 (1.61)	0.063** (2.20)	0.092*** (2.95)	0.114*** (3.57)	−0.072 (−0.52)	0.005 (0.03)	0.082 (0.53)	−0.038 (−0.21)
截距项	0.592** (2.07)	0.369 (1.18)	0.376 (1.27)	0.508 (1.56)	11.988*** (7.39)	10.767*** (7.17)	10.012*** (6.63)	10.759*** (6.22)
年度效应	Yes	Yes	Yes	Yes	Yes	Yes	Yes	Yes
样本量	312	275	236	200	312	275	236	200
Adj. R^2	0.534	0.524	0.537	0.608	0.359	0.345	0.342	0.364

注：括号内为t统计量值，***、**和*分别表示估计系数在1%、5%和10%的显著性水平上显著。

4.6 绿色信贷影响银行财务绩效的机制分析

4.6.1 绿色信贷对银行非利息收入的影响

前述回归结果显示，绿色信贷对银行未来期综合绩效和净利息收入有显著正向影响，即绿色信贷可以通过提升银行净利息收入水平改善银行未来期综合绩效。商业银行营业收入包括净利息收入和非利息收入，那么绿色信贷对银行非利息收入有何影响呢？绿色信贷是否也会通过增加银行非利息收入来改善银行综合绩效呢？

一方面，绿色信贷对银行收入的直接贡献是贷款利息收入，对银行非利息收入的影响可能较小。另外，“两高一剩”客户相比绿色信贷业务带来的新客户与银行的合作时间更长，除信贷业务外，在其他业务领域也会有更多的合作，从而给银行带来更为持续和稳定的非利息收入。银行提高绿色信贷占比的同时流失了部分“两高一剩”行业的客户资源，会对自身的非利息收入造成不利影响。

另一方面，商业银行在投放绿色信贷的同时，也会抓住机会为企业提供其他附加服务，从而获取非利息收入。例如，目前许多商业银行在进行“商行+投行”转型，通过两条途径为企业提供投融资服务：一是发挥商业银行职能，为企业提供信贷资金；二是开展投资银行业务，协助企业发行绿色债券、为企业提供投融资咨询等（Colombage and Nanayakkara，2020）。此外，商业银行在开展绿色信贷的同时也能带动绿色基金、绿色保险、碳金融等其他中间业务的发展，从而获取非利息收入。孙光林等（2017）发现绿色信贷投放规模的增加会提升银行的非利息收入。

综合而言，绿色信贷可能通过挤出“两高一剩”行业客户而降低银行非利息收入，也可能通过带来新客户以及助推银行绿色金融综合业务发展而提高银行非利息收入。因此，绿色信贷对银行非利息收入的实际效果需要实证分析予以检验。本书选取非利息收入占营业收入的比重 NII 和非利息收入占资产总额的比重 NIA 来衡量银行的收入结构，回归结果如表 4 - 10 所示。第（1）~（4）列中，绿色信贷占比各期系数为负，但均不显著；第（5）~（8）列中，GL 和 L. GL 系数显著为负，L2. GL 和 L3. GL 系数为负但不显著。虽然绿色信贷占比对 NII 和 NIA 的影响存在差异，但回归结果均表明首先绿色信贷对银行非利息收入还没有显现出改善效应，这可能因为商业银行绿色信贷规模较小，尚不能弥补"两高一剩"行业客户流失造成的负向影响，同时，银行的绿色金融业务仍集中于绿色信贷，其他绿色金融中间业务发展不足。此外，从第（5）~（8）列来看，不同期绿色信贷对银行 NIA 负向影响的显著性逐渐减弱，表明随着时间推移，绿色信贷对银行非利息收入的消极影响逐渐减弱、积极影响逐渐增强，不过积极影响还没有占据主导地位。

表 4 - 10　　绿色信贷对银行非利息收入比重的影响

项目	(1)	(2)	(3)	(4)	(5)	(6)	(7)	(8)
	被解释变量：NII				被解释变量：NIA			
GL	-0.125 (-0.83)				-0.008** (-2.04)			
L. GL		-0.055 (-0.37)				-0.007* (-1.80)		
L2. GL			-0.017 (-0.10)				-0.007 (-1.49)	
L3. GL				-0.086 (-0.45)				-0.008 (-1.58)
SIZE	0.506 (0.48)	0.369 (0.29)	0.985 (0.65)	2.077 (1.35)	0.020 (0.68)	0.017 (0.50)	0.038 (0.96)	0.060 (1.46)
CAR	-0.139 (-0.30)	-0.562 (-1.07)	-0.575 (-0.99)	-0.371 (-0.60)	0.013 (0.92)	0.003 (0.22)	0.008 (0.47)	0.013 (0.72)
NPL	-4.491** (-2.57)	-5.019** (-2.45)	-4.178* (-1.77)	-2.583 (-1.05)	-0.040 (-0.88)	-0.053 (-1.01)	-0.029 (-0.47)	0.012 (0.18)
LTD	0.383*** (5.50)	0.393*** (4.91)	0.364*** (3.86)	0.281*** (2.78)	0.008*** (4.64)	0.008*** (3.98)	0.007*** (3.09)	0.006** (2.15)

续表

项目	(1)	(2)	(3)	(4)	(5)	(6)	(7)	(8)
	被解释变量：NII				被解释变量：NIA			
LIST	-0.318 (-0.23)	-1.488 (-0.94)	-2.305 (-1.26)	-2.632 (-1.30)	0.048 (1.25)	0.026 (0.63)	0.003 (0.07)	-0.005 (-0.09)
截距项	-10.096 (-0.31)	8.638 (0.22)	-11.797 (-0.27)	-44.421 (-1.04)	-0.705 (-0.76)	-0.146 (-0.14)	-0.919 (-0.82)	-1.576 (-1.36)
年度效应	Yes	Yes	Yes	Yes	Yes	Yes	Yes	Yes
样本量	324	275	239	203	324	275	239	203
Adj. R^2	0.402	0.407	0.409	0.441	0.413	0.416	0.414	0.442

注：括号内为t统计量值，***、**和*分别表示估计系数在1%、5%和10%的显著性水平上显著。

4.6.2 绿色信贷对银行生息率和付息率的影响

基准回归显示滞后期绿色信贷占比对银行净利差有显著正向影响，而银行净利差是生息率和付息率之差，那么绿色信贷是通过提升银行生息率还是降低银行付息率而发挥作用呢？为此，本书将进一步分析绿色信贷对银行生息率和付息率的影响，从而明确绿色信贷对银行净利差的影响渠道。

4.6.2.1 绿色信贷对银行生息率的影响

表4-11显示了以生息率IIEA为被解释变量的回归结果，生息率为利息收入与生息资产之比。第（1）~（4）列中，当期GL对IIEA的正向影响不显著，滞后期绿色信贷占比的系数在10%及更高水平上显著为正。另外，绿色信贷占比系数随滞后期增加基本表现为逐渐增大的特点。综合而言，绿色信贷对银行生息率具有改善效应，并且绿色信贷对银行的未来期生息率改善效应更明显，在本章回归结果中，绿色信贷占比提高对未来两期生息率的积极影响最大。

绿色产业近年来发展迅速，但仍属于新兴经济领域，其中，环保企业大多成立时间短、规模较小、民营企业较多①，尚未建立完备的财务信息（刘志红和曹俊文，2018），并且绿色项目周期较长，银行在发放贷款时应该要求较高的风险和期限溢价。虽然对于一些公益性强、收益欠佳的绿色项目，银行需要采取优惠利率予以支持，但在绿色发展政策的大力支持下，中国环保企业已展现出较高的成长性和盈利能力，例如，中国环保产业协会发布的《中国环保产业发展状况报告（2017）》指出其统计的2016年中国6566家环保企业平均利润率为12.4%，高于同期全国规模以上工业企业主营业务收入利润率（5.92%）。这些业绩表现良好的环保企业能支付较高的财务成本，给银行带来更多的利息收入，因此，银行投放绿色信贷有助于提升资产生息能力。另外，政府对部分绿色项目的贷款贴息政策也有助于保证商业银行的收益率。

表4-11　绿色信贷对银行生息率的影响

项目	(1)	(2)	(3)	(4)
GL	0.021 (1.18)			
L. GL		0.033* (1.73)		
L2. GL			0.047** (2.31)	
L3. GL				0.042* (1.77)
SIZE	-0.252*** (-2.99)	-0.292*** (-2.92)	-0.440*** (-4.48)	-0.458*** (-3.92)
CAR	-0.088* (-1.93)	-0.125** (-2.43)	-0.122** (-2.27)	-0.096* (-1.66)
NPL	0.563*** (3.80)	0.438** (2.31)	0.472** (2.21)	0.408 (1.50)
LTD	-0.028*** (-3.79)	-0.021*** (-2.99)	-0.024*** (-3.25)	-0.030*** (-3.56)

① 通过对腾讯财经推出的中国环保产业链大数据进行解读发现，2010年后新注册成立的环保企业占近五成，规模50人以下的环保小微企业占比92%。2016年，中国6566家环保企业中，营业收入在200万元以下的小微型企业数量占比达68.4%。

续表

项目	(1)	(2)	(3)	(4)
NII	-0.028*** (-4.12)	-0.032*** (-4.18)	-0.025*** (-3.59)	-0.022*** (-2.88)
LIST	0.054 (0.40)	0.038 (0.24)	0.200 (1.25)	0.088 (0.47)
截距项	13.969*** (5.74)	16.038*** (5.59)	19.232*** (6.56)	20.305*** (5.92)
年度效应	Yes	Yes	Yes	Yes
样本量	324	275	239	203
Adj. R^2	0.505	0.525	0.562	0.561

注：括号内为t统计量值，***、**和*分别表示估计系数在1%、5%和10%的显著性水平上显著。

4.6.2.2 绿色信贷对银行付息率的影响

表4-12显示了以付息率IEBL为被解释变量的回归结果，付息率为利息支出与计息负债之比。各列回归中，当期和滞后期绿色信贷占比对银行付息率均没有显著影响。表明绿色信贷对银行融资成本无明显影响。现有研究表明非金融企业承担社会责任能够降低债务融资成本（周宏等，2016），但本章没有发现银行承担环境保护责任有降低利息成本的效应。一方面可能因为绿色声誉虽然会吸引具有环保意识的客户，但并不是绝大多数客户选择存款银行的主要原因，另外，商业银行绿色品牌宣传更多的是针对具有绿色项目融资需求的企业，大众对银行绿色信贷情况了解甚微，也无法根据绿色声誉差异进行选择；另一方面，绿色信贷投放较多的银行更有资质和需求发行绿色债券，在其他条件相同的情况下，绿色债券的票面利率相对较低（姚明龙，2017），但是绿色金融债发行量小，对降低银行债务融资成本的作用有限，并且并非所有的绿色债券都能以较低利率发行①。

① 中债资信发布的《2017年绿色债券年度总结》指出，AAA级别3年期绿色金融债发行的6个月份中，仅10月和11月平均发行利差小于同月份AAA级别3年期普通金融债，绿色标识并未对绿色债券的发行利率产生明显利好。

表4-12　绿色信贷对银行付息率的影响

项目	(1)	(2)	(3)	(4)
GL	0.002 (0.36)			
L. GL		0.004 (0.63)		
L2. GL			0.008 (1.47)	
L3. GL				0.008 (1.29)
SIZE	-0.067* (-1.82)	-0.091** (-2.18)	-0.151*** (-3.53)	-0.162*** (-3.26)
CAR	-0.065*** (-3.21)	-0.087*** (-4.02)	-0.101*** (-4.71)	-0.103*** (-4.42)
NPL	0.064 (1.22)	-0.036 (-0.57)	-0.061 (-0.92)	-0.157** (-2.24)
LTD	0.004 (1.54)	0.007** (2.23)	0.006** (2.08)	0.005 (1.37)
NII	0.002 (0.75)	-0.001 (-0.38)	0.001 (0.21)	0.002 (0.54)
LIST	-0.002 (-0.04)	-0.020 (-0.38)	0.017 (0.29)	-0.034 (-0.56)
截距项	4.181*** (3.69)	5.480*** (4.32)	6.641*** (5.22)	7.276*** (4.94)
年度效应	Yes	Yes	Yes	Yes
样本量	324	275	239	203
Adj. R^2	0.619	0.642	0.682	0.688

注：括号内为t统计量值，***、**和*分别表示估计系数在1%、5%和10%的显著性水平上显著。

4.6.2.3　绿色信贷对银行存款增速的影响

前述研究显示，绿色信贷对银行付息率没有影响，即绿色信贷没有表现出降低资金成本的作用，那么绿色信贷是否有增加资金规模的效应呢？一方面，绿色信贷业务客户会在银行开设存款账户；另一方面，银行树立的绿色声誉可能会吸引社会责任感较强的客户在本行办理业务、开设账户。表4－13检验了绿色信贷占比对银行存款增速 GDepo 的影响，其中，GDepo = ($Depo_{i,t}$ − $Depo_{i,t-1}$)/$Depo_{i,t-1}$，$Depo_{i,t}$为 i 银行在 t 年的存款规模。各列回归中，绿色信贷占比的系数符号表现出随滞后期增加先负后正的特点，即当期绿色信贷对未来期银行存款增速有正向影响，不过系数的显著性较差。综合而言，绿色信贷对银行存款的影响并不明显，考虑到存款是银行最主要的直接来源，并且存款的资金成本相比同业负债更低，因此，绿色信贷对银行存款增速没有明显影响和对付息率没有明显影响的结论相一致。

表4－13　　绿色信贷对银行存款增速的影响

项目	(1)	(2)	(3)	(4)
GL	−0.002 (−1.35)			
L. GL		−0.000 (−0.12)		
L2. GL			0.001 (0.99)	
L3. GL				0.001 (0.36)
SIZE	−0.025*** (−4.02)	−0.026*** (−3.77)	−0.035*** (−4.12)	−0.035*** (−3.31)
CAR	0.001 (0.29)	−0.001 (−0.14)	0.006 (1.27)	0.004 (0.95)
NPL	−0.067*** (−5.63)	−0.064*** (−4.86)	−0.063*** (−4.49)	−0.067*** (−3.36)
LTD	−0.003*** (−5.35)	−0.003*** (−4.85)	−0.003*** (−3.88)	−0.002*** (−3.16)
NII	0.001 (1.25)	0.001 (1.63)	0.001 (1.27)	0.001 (1.35)
LIST	0.006 (0.52)	0.004 (0.31)	0.007 (0.46)	0.000 (0.02)

续表

项目	(1)	(2)	(3)	(4)
截距项	1.216*** (6.30)	1.277*** (6.07)	1.501*** (5.79)	1.322*** (4.10)
年度效应	Yes	Yes	Yes	Yes
样本量	319	273	238	203
Adj. R^2	0.556	0.557	0.501	0.459

注：括号内为 t 统计量值，*** 表示估计系数在 1% 的显著性水平上显著。

4.7 本章小结

本章利用 2007 ~ 2019 年中国 47 家商业银行数据，实证检验绿色信贷对银行财务绩效的影响。研究结果发现，绿色信贷余额占总贷款的比重上升能提高银行资产收益率、净利差和净息差，但对银行非利息收入占比没有影响。从净利息收入结构来看，绿色信贷提升了银行生息率，而对付息率没有影响。此外，绿色信贷对提升银行存款增速没有影响。最后，绿色信贷对银行财务绩效的改善效应具有滞后性，并且随时间推移逐渐增强和增大。综合而言，绿色信贷有助于改善银行综合财务绩效，并且主要通过生息资产收益渠道发挥作用，但是绿色信贷的声誉效应尚未明显体现，在吸引客户资金和降低资金成本方面作用不大。绿色信贷对财务绩效的积极影响短期不明显，长期来看更大。上述研究结论对于商业银行绿色信贷实践具有重要启示意义。

第一，提升对绿色信贷经济回报的认识。绿色信贷有助于提升财务绩效，意味着绿色信贷是银行新的利润增长点。在当前银行业“内忧”（银行业务同质化严重、竞争加剧）“外患”（环境保护政策趋严、传统客户环境风险上升）背景下，商业银行积极寻找绿色经济发展机遇，尽早开展绿色信贷相关业务，有助于获取绿色金融领域的先发优势，抢占更大的市场份额。因此，商业银行不能仅把绿色信贷作为树立良好社会形象的工具，而应将其纳入发展战略，加强绿色信贷体系建设，提高绿色信贷投放力度，充分收获绿色信贷带来的经济效益。

第二，树立可持续金融理念。商业银行不应只注重短期利益，还应立足长期发展制定业务战略。开展绿色信贷业务短期会增加银行营业成本，造成部分客户流失，对银行产生不利影响。但商业银行应根据经济发展的变化前瞻性调整资产配置，随着绿色经济发展和环保法规趋严，投放绿色信贷的积极效应会越来越大。同时，金融是为实体经济服务的，经济可持续发展离不开商业银行践行绿色金融。另外，实体经济也是金融发展的基础，商业银行为企业提供资金支持并分享企业利润，经济在可持续发展的情况下，商业银行才能实现持续的盈利。

第三，依托绿色信贷构建综合化的绿色金融产品体系，提升收入多元化水平。目前，商业银行的绿色金融业务以绿色信贷为主，主要增加了利息收入，收入来源较为单一。经过十余年的发展，商业银行在绿色信贷业务领域已经积累了大量客户资源、构建了相关业务渠道，完善了环境风险管理技术，有条件也有必要在绿色信贷的基础上延伸绿色金融服务链条，丰富绿色金融产品体系，开展碳交易财务顾问、低碳信用卡、绿色理财产品等业务，在满足企业多样化绿色金融服务需求的同时，增加银行非利息收入来源。

第四，开发利用多样化绿色债务融资工具，降低绿色信贷业务资金成本。一是加大绿色金融零售业务投入，开发针对关注环保公益的个人和组织的产品，拓宽低成本负债来源；二是借助绿色结构性存款等产品为环保企业进行现金管理，稳定负债资金；三是充分利用绿色金融债、绿色信贷资产支持证券等金融市场融资工具。另外，商业银行可以加强自身发展绿色信贷、践行环保责任的媒体宣传，提升绿色金融品牌知名度，树立良好社会形象，以增加对公众和投资者的吸引力。

第5章

绿色信贷对银行效率的动态影响研究

5.1 绿色信贷影响银行效率的现实背景

上一章关注的是绿色信贷对银行盈利的影响，银行效率相比盈利能更全面地反映银行对金融资源的合理配置程度，能更好体现银行的可持续发展能力，而绿色信贷作为可持续金融的重要组成部分对提升银行可持续发展能力具有重要作用。第4章通过研究绿色信贷对银行盈利的影响，发现绿色信贷占比的提升有助于改善银行盈利，那么绿色信贷对银行效率有何影响呢？

理论上，一方面绿色信贷通过为银行增加新的盈利来源、提升银行的环境风险管理水平以及帮助银行获取良好的社会声誉而对银行效率产生积极影响。另一方面，绿色信贷通过增加银行的成本，包括直接的业务成本和间接的机会成本而对银行效率产生不利影响。实证研究方面，廖筠等（2019）基于VAR模型发现绿色信贷对银行经营效率有长期促进作用。张文中和窦瑞（2020）发现短期内实施绿色信贷降低了银行经营效率，但从中长期看，银行经营效率呈现明显的改善趋势。丁宁和任亦侬（2020）发现商业银行实施绿色信贷政策对成本效率有负向影响，但绿色信贷的信用风险管理机制和声誉机制可以减弱这种负向影响。综合而言，现有文献对绿色信贷影响银行财务绩效的研究较多，绿色信贷影响银行经营效率的研究较少，并且没有把利润效率和成本效率区分后进行对比分析。另外，现有文献更多考察的是绿色信贷规模或者实施绿色信贷政策行为的影响，没有分析绿色信贷配置比例变化对银行效率的影响，另外，对绿色信贷影响银行效率的时滞性和动态特征分析也有可完善之处。

基于此，本章利用中国商业银行数据考察绿色信贷对银行效率的影响。研究结果发现，绿色信贷占比增加会提升银行的利润效率，并且这一提升效应长期来看更大；绿色信贷占比对银行成本效率没有显著影响。本章研究进一步丰富了银行绿色信贷经济后果和银行效率影响因素的文献，为商业银行站在长远视角发展绿色信贷以及加强绿色信贷业务的成本管理提供了参考依据。

5.2　绿色信贷影响银行效率的文献综述

5.2.1　银行效率的影响因素

既有文献关于银行效率的影响因素主要从银行的微观特征、银行业竞争、宏观经济状况和技术进步等方面进行探讨。银行微观特征中，一些学者发现银行的资产规模、不良贷款率、资本充足率、杠杆率等财务指标对银行效率具有显著的影响（Banker et al.，2010；谭政勋和庹明轩，2016；夏琼等，2019）。伯杰和德扬（Berger and Deyoung，1997）、阿尔通巴斯等（Altunbas et al.，2000）发现银行风险与效率有明显关联。银行公司治理指标中，克拉克等（Clark et al.，2005）认为通过外资银行参股、引进战略投资者、减少政府行政干预等渠道可以显著提高银行效率。陈其安和刘艾萍（2015）研究发现银行股权结构、董事会规模、高管薪酬等公司治理表现在改善银行效率方面同样具有重要作用。从宏观环境来看，赖明勇等（2004）研究发现中国银行效率与GDP存在长期稳定的关系。央行在不同宏观经济形势下采取的货币政策会影响银行的风险承担，进而对银行效率产生作用（谭政勋和李丽芳，2016；周晶和陶士贵，2019）。从技术层面来看，刘孟飞和蒋维（2020）基于2008～2017年中国商业银行数据研究发现，金融科技发展提升了银行利润效率，但降低了银行的成本效率。

5.2.2 绿色信贷与银行效率的相关研究

近年来，越来越多的学者开始关注商业银行实施绿色信贷政策的经济后果。从商业银行视角出发，现有文献多探究绿色信贷对银行财务绩效的影响（Scholtens and Dam，2007；胡荣才和张文琼，2016；孙光林等，2017；Finger et al.，2018），较少关注绿色信贷与银行效率之间的关系。银行财务指标、信贷风险在衡量银行经营状况方面具有一定局限性，进一步考察银行利用资源的有效程度具有更加深远和重要的意义。现有涉及银行效率的研究起步较晚，进一步研究绿色信贷与银行效率关系的文献更是屈指可数，而且关于两者之间的关系并不明晰。廖筠等（2019）发现绿色信贷对银行经营效率的正向影响在短时间内会逐渐增大，长期将趋于平稳。王晓宁和朱广印（2017）、张文中和窦瑞（2020）发现短期内实施绿色信贷会降低银行经营效率，但从中长期看，银行经营效率呈现明显的改善趋势。高彤等（2019）发现绿色信贷规模对国有银行效率的正向影响不显著。丁宁和任亦侬（2020）得出了相反的结论，他们研究发现绿色信贷对商业银行成本效率有负向影响，但是绿色信贷的信用风险管理机制和声誉机制会减弱这种负向影响。

5.2.3 文献评述

综上所述，目前对银行效率的研究，主要从银行自身特征、行业特征、宏观经济和金融科技角度入手，少有研究将国家发展绿色金融战略的大背景以及商业银行将环境因素纳入信贷决策的行为考虑在内。关于绿色信贷与商业银行的探讨，多集中在绿色信贷对银行财务绩效的影响，研究绿色信贷与银行效率的文献较少。事实上，如果仅以财务指标来评估银行经营状况，如银行年利润越高，则片面认为银行发展能力越强，就会忽视银行为追求高利润可能导致的不良贷款增多、存贷比过高等资源配置低效的问题。银行作为多投入与多产出的金融机构，效率指标有助于全面考察其金融资源的合理配置程度，在评估银行经营状况和可持续发展能力方面更具优势。因此，本章将绿色信贷与银行效率纳入同一分析框架，考察银行是否能够通过提升绿色信贷占比而提升自身效率，从而增强可持续发展能力。

5.3 绿色信贷影响银行效率的研究设计

5.3.1 模型设定和变量选择

为了检验银行绿色信贷对银行效率的影响，本章采用普通最小二乘法（OLS）运行如下计量模型：

$$PE(CE) = \alpha_0 + \alpha_1 GL + \alpha_2 SIZE + \alpha_3 NPL + \alpha_4 LTD + \alpha_5 NII + \alpha_6 LIST + ydummy + \varepsilon_{i,t} \tag{5-1}$$

其中，$\varepsilon_{i,t}$为随个体和时间而改变的扰动项，为减少扰动项不规则带来的问题，本章所有回归均采用了银行层面聚类稳健的标准误。模型中各变量解释如下：

（1）因变量：银行效率是指银行在业务活动中实现最优投入或者产出组合的能力。本书选择基于 SFA 方法分析银行的利润效率 PE（Profit Efficiency）和成本效率 CE（Cost Efficiency）。借鉴阿里斯（Ariss，2010）、申创和赵胜民（2017），本书构建如下超越对数成本（利润）函数：

$$\begin{aligned}\log(TC_{it}) \text{ or } \log(TP_{it}) = {} & \alpha + \beta_1\log(Q_{it}) + \beta_2(\log(Q_{it}))^2 + \beta_3\log(W_{1,it}) \\ & + \beta_4\log(W_{2,it}) + \beta_5\log(W_{3,it}) + \beta_6\log(Q_{it})\log(W_{1,it}) \\ & + \beta_7\log(Q_{it})\log(W_{2,it}) + \beta_8\log(Q_{it})\log(W_{3,it}) \\ & + \beta_9(\log(W_{1,it}))^2 + \beta_{10}(\log(W_{2,it}))^2 \\ & + \beta_{11}(\log(W_{3,it}))^2 + \beta_{12}\log(W_{1,it})\log(W_{2,it}) \\ & + \beta_{13}\log(W_{1,it})\log(W_{3,it}) + \beta_{14}\log(W_{2,it})\log(W_{3,it}) \\ & + \lambda_t + \varepsilon_{it}\end{aligned} \tag{5-2}$$

其中，i=1，2，…，N 为商业银行的个体标识，t=1，2，…，T 为年度时间标识。TC_{it}为总成本，等于利息支出、手续费及佣金支出、业务及管理费。TP 为商业银行的税前利润。产出指标方面：Q_{it}总产出，为银行总资产。投入指标方面：$W_{1,it}$为银行资金成本，以利息支出除以总资产得到；$W_{2,it}$为银行人力成本，用人事费用（支付给职工以及为职工支付的现金）除以总资产得到；$W_{3,it}$为银行固定成本，以其他运营和管理费用（业务和管理费减去人事费用）除以总资产得到①。此外，回归中还加入了时间虚拟变量 λ_t。假定复合扰动项 $\varepsilon_{it}=\nu_{it}-s\psi_{it}$（s =1 针对利润方程，s = -1 针对成本方程），其中，ν_{it}为常规意义上的随机干扰项 $\nu_{it}\sim iid\ N(0,\ \sigma_v^2)$，$\psi_{it}$代表偏离最优前沿对应的成本增加或利润减少程度，因而具有单边分布特征，假定其服从非负的阶段性半正态分布，即 $\omega_{it}\sim N^+(0,\sigma_\omega^2)$。银行 i 在 t 时刻的效率 $\exp(-s\psi_{it})$（s =1 针对利润效率 PE，s = -1 针对成本效率 CE）。

（2）核心解释变量：银行绿色信贷 GL。本章采用绿色信贷余额占总贷款的比重衡量商业银行的绿色信贷实施情况。绿色信贷是商业银行投向清洁能源、绿色交通、资源循环利用、工业节能节水等节能环保项目与服务领域的贷款。

（3）控制变量。选取如下可能影响银行经营效率的银行微观特征变量：银行规模 SIZE，以资产总额的自然对数衡量；不良贷款率 NPL，为次级、可疑和损失三种贷款占总贷款的比重，反映银行资产质量；存贷比 LTD，为贷款总额与存款总额的比值，反映银行流动性状况；非利息收入占比 NII，为银行非利息收入与营业收入的比值，反映银行的收入结构；上市虚拟变量 LIST，银行上市当年及之后 LIST 取 1，其他取 0。此外，宏观经济环境和其他未考虑到的时变因素也可能影响银行绩效，对此本章统一在模型中加入年度固定效应予以控制。

5.3.2 样本选择与描述性统计

本章研究样本为中国 2007 ~2019 年 47 家商业银行的年度非平衡面板数据。数据来源方面，绿色信贷数据根据商业银行社会责任报告手工收集得到，其余银行财务数据均取自 Wind 数据库。表 5 -1 列示了主要变量的描述性统计结果。利润效率的均值为 0.859，标准差为 0.125；成本效率的均值为 0.992，

① 回归过程中，对所有取对数后的变量在其分布的 1% 和 99% 的位置上进行缩尾处理，以防止异常值对估计结果的干扰。

标准差为0.006，表明银行的利润效率相比成本效率差异更大。核心解释变量GL的均值为3.462%，中国商业银行投向绿色环保领域的信贷相对较少，不过GL的最大值为23.771%，部分银行绿色信贷业务发展势头迅猛。

表5－1　　变量描述性统计

变量	观测值	均值	标准差	最小值	下四分位数	中位数	上四分位数	最大值
PE	324	0.859	0.125	0.323	0.839	0.910	0.936	0.974
CE	324	0.992	0.006	0.913	0.992	0.994	0.995	0.998
GL（%）	324	3.462	3.673	0.061	0.786	2.747	4.912	23.771
SIZE	324	28.023	1.487	23.901	26.874	27.960	29.279	30.541
CAR（%）	324	12.708	1.527	9.000	11.625	12.450	13.595	17.520
NPL（%）	324	1.247	0.478	0.110	0.890	1.270	1.525	3.120
LTD（%）	324	69.689	11.881	38.970	62.375	70.300	74.115	96.490
NII（%）	324	21.500	11.519	－1.322	13.286	19.720	28.653	65.180

表5－2显示了各变量之间的相关系数，各解释变量之间相关系数的绝对值多数在0.4以下，可以认为模型中的多重共线性问题并不严重。值得注意的是，GL和PE的相关系数为正，和CE的相关系数为负，这意味着在不控制其他因素影响的前提下，绿色信贷和利润效率具有正相关关系，和成本效率具有负相关关系，不过更为准确的结论还有待深入地实证分析。

表5－2　　变量相关系数

变量	PE	CE	GL	SIZE	CAR	NPL	LTD	NII	LIST
PE	1	－0.429*	0.166*	0.145*	0.288*	0.171*	0.145*	0.320*	0.042
CE	－0.189*	1	－0.178*	－0.263*	－0.280*	0.038	0.084	－0.083	－0.042
GL	0.187*	－0.063	1	0.526*	0.174*	0.203*	0.120*	0.244*	0.427*
SIZE	0.128*	－0.220*	0.414*	1	0.035	0.193*	0.375*	0.499*	0.673*
CAR	0.312*	－0.184*	0.116*	0.061	1	0.225*	0.004	0.086	0.038
NPL	0.134*	0.090	0.129*	0.163*	0.228*	1	0.324*	0.238*	0.005
LTD	0.092*	0.172*	0.116*	0.350*	0.042	0.282*	1	0.456*	0.383*
NII	0.260*	0.029	0.172*	0.383*	0.055	0.127*	0.472*	1	0.340*
LIST	－0.024	0.073	0.347*	0.657*	0.034	－0.001	0.367*	0.251*	1

注：（1）相关矩阵的下半部分为皮尔逊相关系数，上半部分为斯皮尔曼相关系数。（2）*表示相关系数在10%的显著性水平上显著。

5.4 绿色信贷影响银行效率的实证结果及分析

5.4.1 基准回归结果

表5-3列示了绿色信贷影响银行效率的回归结果。第（1）~（4）列中，被解释变量为利润效率PE，当期及滞后期绿色信贷占比均在5%及更高水平上显著为正，并且随滞后期增加，绿色信贷占比的系数逐渐增大，表明绿色信贷有助于提升银行的利润效率，并且绿色信贷对未来期银行利润效率的提升效应更大，即绿色信贷的提升效应随时间推移而逐渐增加。第（5）~（8）列中，被解释变量为成本效率CE，当期及滞后期绿色信贷占比为正，但显著性较弱，表明绿色信贷对银行成本效率的提升效应不明显。控制变量方面，资产规模较大的银行利润效率较低，但成本效率较高，这一结果与封思贤和郭仁静（2019）的结果一致。此外，上市银行、非利息收入占比较高的银行利润效率也较高。

表5-3　绿色信贷影响银行效率的回归结果

项目	(1)	(2)	(3)	(4)	(5)	(6)	(7)	(8)
	PE				CE			
GL	0.016*** (3.24)				0.100 (1.34)			
L. GL		0.017*** (3.78)				0.027 (0.31)		
L2. GL			0.017*** (3.27)				0.042 (0.62)	
L3. GL				0.021** (2.32)				0.048 (0.70)
SIZE	-0.285*** (-3.64)	-0.254*** (-5.64)	-0.399*** (-3.43)	-0.433*** (-2.79)	0.850** (2.26)	1.408*** (3.48)	1.019*** (2.68)	0.557* (1.95)

续表

项目	(1)	(2)	(3)	(4)	(5)	(6)	(7)	(8)
	PE				CE			
CAR	-0.011 (-0.48)	-0.006 (-0.31)	0.045 (0.98)	0.060 (0.98)	0.933 *** (3.00)	0.263 (1.02)	0.117 (0.48)	-0.033 (-0.13)
NPL	0.335 *** (2.76)	0.244 ** (2.40)	0.278 ** (2.03)	0.308 ** (2.32)	-0.760 (-0.34)	-0.555 (-0.27)	0.590 (0.36)	1.096 (1.13)
LTD	0.016 *** (3.27)	0.014 *** (4.23)	0.023 *** (3.16)	0.024 *** (2.65)	0.024 (0.50)	0.023 (0.57)	0.019 (0.53)	0.037 (1.08)
NII	0.009 ** (2.53)	0.007 *** (3.19)	0.015 ** (2.52)	0.017 ** (2.26)	0.044 (0.90)	-0.020 (-0.37)	-0.038 (-0.69)	-0.056 * (-1.81)
LIST	0.425 *** (2.79)	0.366 *** (4.02)	0.673 *** (2.98)	0.746 *** (2.63)	-1.085 (-1.04)	-0.812 (-0.79)	0.120 (0.12)	0.648 (0.66)
截距项	105.815 *** (69.61)	105.094 *** (120.17)	107.873 *** (49.73)	108.524 *** (37.50)	43.026 *** (3.12)	27.577 *** (2.61)	27.952 *** (2.71)	50.935 *** (6.77)
年度效应	Yes	Yes	Yes	Yes	Yes	Yes	Yes	Yes
样本量	324	275	239	203	324	275	239	203
Adj. R^2	0.385	0.441	0.456	0.471	0.703	0.715	0.633	0.472

注：括号内为 t 统计量值，***、** 和 * 分别表示估计系数在 1%、5% 和 10% 的显著性水平上显著。

5.4.2 稳健性检验

第一，轮流剔除不同梯度银行样本。第（1）、第（5）列剔除了大型国有商业银行样本，第（2）、第（6）列剔除了全国性股份制银行样本，第（3）、第（7）列剔除了城市商业银行样本，第（4）、第（8）列剔除了城市商业银行样本。回归结果如表 5-4 所示，绿色信贷提升了银行利润效率，对银行成本效率的提升效应不明显。另外，滞后 1 期绿色信贷占比对当期利润效率的影响最大，不过总体而言，结果仍然支持绿色信贷对未来期利润效率的提升效应更大这一结论。

表 5-4　　轮流剔除不同梯度银行样本的回归结果

项目	(1)	(2)	(3)	(4)	(5)	(6)	(7)	(8)
	PE				CE			
GL	0.014 *** (3.44)				0.122 (1.43)			
L. GL		0.025 * (1.68)				0.009 (0.03)		
L2. GL			0.021 *** (3.50)				0.032 (0.72)	
L3. GL				0.022 ** (2.46)				0.056 (0.81)
SIZE	-0.116 *** (-4.76)	-0.284 *** (-5.48)	-0.401 ** (-2.46)	-0.555 *** (-3.07)	0.740 (0.97)	1.129 *** (2.62)	0.415 (0.95)	0.651 (1.55)
CAR	-0.002 (-0.10)	-0.009 (-0.32)	0.085 (1.11)	0.122 (1.55)	1.110 ** (2.39)	0.164 (0.42)	0.116 (0.59)	-0.189 (-0.56)
NPL	0.175 * (1.87)	0.285 ** (2.25)	0.038 (0.19)	0.582 *** (3.41)	-2.638 (-0.91)	-2.636 (-1.08)	2.498 ** (2.06)	1.546 (1.33)
LTD	0.007 *** (3.79)	0.015 *** (3.10)	0.032 *** (3.59)	0.029 *** (2.86)	0.089 (1.26)	0.064 (1.17)	-0.070 (-1.29)	0.023 (0.63)
NII	0.004 ** (2.07)	0.006 ** (2.21)	0.027 * (1.85)	0.017 ** (2.41)	0.011 (0.22)	-0.012 (-0.18)	-0.008 (-0.14)	-0.044 (-1.32)
LIST	0.173 *** (3.36)	0.494 *** (4.21)	0.605 * (1.68)	0.884 *** (2.97)	-1.610 (-1.45)	0.289 (0.21)	0.497 (0.34)	1.013 (0.96)
截距项	101.818 *** (156.42)	105.746 *** (104.23)	107.013 *** (36.59)	110.625 *** (33.46)	27.684 (1.24)	38.448 *** (2.88)	47.772 *** (3.65)	49.811 *** (5.55)
年度效应	Yes	Yes	Yes	Yes	Yes	Yes	Yes	Yes
样本量	262	178	155	189	262	178	155	189
Adj. R^2	0.262	0.449	0.522	0.558	0.680	0.575	0.824	0.481

注：括号内为 t 统计量值，***、** 和 * 分别表示估计系数在 1%、5% 和 10% 的显著性水平上显著。

第二，增加银行类型控制变量。在基准模型的基础上参考郭晔等（2018）控制了与银行所属梯队对应的虚拟变量 Type34。样本为城市商业银行或农村商业银行时，Type34 取 1，否则取 0。回归结果如表 5-5 所示，被解释变量为利润效率 PE 时，绿色占比显著为正，滞后 3 期绿色信贷占比系数最大；被解释变量为成本效率 CE 时，仅当期绿色信贷占比在 10% 显著性水平上为正。综合而言，绿色信贷对利润效率具有更强的提升效应，并且绿色信贷的利润效率提升效应长期更大。

表 5－5　　　　增加银行类型控制变量的回归结果

项目	(1)	(2)	(3)	(4)	(5)	(6)	(7)	(8)
	PE				CE			
GL	0.018*** (3.37)				0.131* (1.68)			
L. GL		0.018*** (3.81)				0.047 (0.56)		
L2. GL			0.019*** (3.39)				0.049 (0.71)	
L3. GL				0.023** (2.31)				0.056 (0.81)
SIZE	−0.228*** (−4.21)	−0.221*** (−5.95)	−0.332*** (−3.61)	−0.364*** (−2.93)	1.717*** (2.86)	2.081*** (3.62)	1.278*** (2.61)	0.787** (2.00)
CAR	−0.024 (−1.25)	−0.014 (−0.69)	0.030 (0.74)	0.045 (0.83)	0.731** (2.38)	0.105 (0.38)	0.059 (0.22)	−0.084 (−0.32)
NPL	0.347*** (2.78)	0.256** (2.45)	0.310** (2.13)	0.355** (2.44)	−0.570 (−0.26)	−0.297 (−0.15)	0.716 (0.45)	1.252 (1.28)
LTD	0.018*** (3.11)	0.016*** (4.05)	0.025*** (3.11)	0.026*** (2.61)	0.059 (1.15)	0.050 (1.16)	0.027 (0.73)	0.042 (1.23)
NII	0.010** (2.53)	0.008*** (3.20)	0.015** (2.54)	0.018** (2.25)	0.054 (1.07)	−0.013 (−0.23)	−0.036 (−0.64)	−0.053* (−1.73)
LIST	0.413*** (2.86)	0.358*** (4.11)	0.649*** (3.05)	0.712*** (2.69)	−1.262 (−1.18)	−0.976 (−0.92)	0.027 (0.03)	0.535 (0.53)
Type34	0.246* 0.246*	0.136 0.136	0.247 0.247	0.247 0.247	3.720** 3.720**	2.759* 2.759*	0.970 0.970	0.819 0.970
截距项	104.104*** (108.41)	104.096*** (137.47)	105.893*** (64.51)	106.488*** (49.04)	17.160 (0.89)	7.401 (0.49)	20.177 (1.53)	44.181*** (4.18)
年度效应	Yes	Yes	Yes	Yes	Yes	Yes	Yes	Yes
样本量	324	275	239	203	324	275	239	203
Adj. R^2	0.395	0.446	0.464	0.478	0.709	0.719	0.633	0.473

注：括号内为 t 统计量值，***、** 和 * 分别表示估计系数在 1%、5% 和 10% 的显著性水平上显著。

第三，控制变量滞后 1 期。基准回归中为减少样本损失，控制变量取当期值。将除上市变量 LIST 以外的银行微观财务特征取滞后 1 期值重新回归，结果如表 5 -6 所示，绿色信贷对银行利润效率有显著正向影响，并且滞后期绿色信贷的影响更大，绿色信贷对成本效率的影响依然不显著。

表 5 -6　控制变量滞后 1 期的回归结果

项目	(1)	(2)	(3)	(4)	(5)	(6)	(7)	(8)
	PE				CE			
GL	0.015 *** (3.09)				0.071 (0.98)			
L. GL		0.017 *** (3.71)				0.006 (0.07)		
L2. GL			0.019 *** (3.76)				0.029 (0.45)	
L3. GL				0.018 *** (3.61)				0.051 (0.74)
L. SIZE	-0.241 *** (-6.47)	-0.228 *** (-5.47)	-0.251 *** (-5.60)	-0.272 *** (-4.88)	1.312 *** (3.08)	1.592 *** (3.74)	1.130 *** (3.09)	0.585 * (1.77)
L. CAR	-0.027 (-1.43)	-0.022 (-1.61)	-0.013 (-0.77)	-0.009 (-0.37)	0.725 ** (2.59)	0.424 (1.46)	0.149 (0.75)	0.149 (0.78)
L. NPL	0.224 * (1.89)	0.275 *** (3.34)	0.305 *** (3.30)	0.263 ** (2.46)	0.077 (0.04)	-0.238 (-0.12)	0.652 (0.41)	0.633 (0.73)
L. LTD	0.012 *** (4.17)	0.011 *** (3.54)	0.011 *** (3.36)	0.014 *** (3.39)	-0.034 (-0.77)	-0.003 (-0.07)	-0.020 (-0.50)	0.034 (1.21)
L. NII	0.009 *** (2.89)	0.006 *** (2.89)	0.007 *** (3.12)	0.009 *** (2.93)	0.048 (1.07)	-0.034 (-0.74)	-0.028 (-0.65)	-0.071 (-1.58)
LIST	0.459 *** (4.85)	0.343 *** (4.07)	0.387 *** (4.22)	0.474 *** (3.91)	-1.642 (-1.52)	-0.951 (-0.90)	0.166 (0.16)	0.598 (0.60)
截距项	105.118 *** (121.45)	104.480 *** (134.69)	104.976 *** (123.78)	105.445 *** (103.03)	22.943 * (1.88)	21.394 * (1.83)	25.710 *** (2.63)	48.982 *** (5.52)
年度效应	Yes	Yes	Yes	Yes	Yes	Yes	Yes	Yes
样本量	312	275	236	200	312	275	236	200
Adj. R^2	0.381	0.404	0.415	0.405	0.703	0.720	0.633	0.470

注：括号内为 t 统计量值，***、** 和 * 分别表示估计系数在 1%、5% 和 10% 的显著性水平上显著。

5.5 本章小结

本章基于中国商业银行数据考察了绿色信贷业务对银行效率的影响，其中，银行效率分为利润效率和成本效率。研究结果显示，银行提高绿色信贷占比会改善利润效率，但对成本效率没有明显影响；当期和滞后期绿色信贷对利润效率均有正向影响，即绿色信贷对利润效率的积极影响具有延续性；滞后期绿色信贷对利润效率的影响更大，即绿色信贷对利润效率的提升效应长期更大。

基于本章的研究结论可以得出如下启示：一方面，商业银行应积极发展绿色信贷，提升银行效率。本章研究显示，绿色信贷不仅能提升银行利润效率，这一提升效应还有一定的时间延续性，并且长期作用更大。因而在传统产业增长乏力的情况下，向节能环保、新能源等绿色领域投放资金可以成为银行解决“资产荒”难题、开拓新的盈利点、改善利润效率的重要方式。另一方面，商业银行要加强绿色信贷业务中的成本管理。商业银行开展新业务的一个主要障碍就是新增成本较高，因此，控制绿色信贷业务成本、提升成本效率对于推动绿色信贷业务发展具有重要作用。绿色信贷业务虽然是专门针对绿色环保项目的资金投放，但其主要业务流程仍在传统信贷业务的框架下，因而商业银行可以充分调动和利用现有信贷业务资源，对原先框架进行改良，降低业务成本。此外，商业银行也要充分利用绿色信贷政策加强银行间业务合作交流，提高运营效率。

第6章

绿色信贷对银行风险的动态影响研究

6.1 绿色信贷影响银行风险的现实背景

风险管理是商业银行永恒的话题，它对保障商业银行资产质量和安全性至关重要。随着中国对生态文明建设的日益重视，环保政策和法规也愈发严格，企业可能因为环保不达标影响生产经营，进而影响其还款能力。因此，对于商业银行而言，环境信息成为其风险管理必须考虑的重要因素。在“碳达峰、碳中和”的背景下，环保产业具有广阔的发展前景，同时也需要大量资金支持。在中国间接融资为主的金融体系下，银行信贷是企业的主要外部融资来源，绿色信贷也就构成了绿色金融的主体。中国绿色信贷发展初期主要是由政策驱动的，但是随着环境风险管理的必要性逐渐增加，商业银行投放绿色信贷的积极性将会明显提升。那么商业银行增加信贷资产中绿色信贷的配置比例是否已经发挥降低风险的作用了呢？绿色信贷影响银行风险的渠道是怎样的呢？

理论上，绿色信贷影响银行风险的效果并不确定。一方面，绿色信贷可以降低企业因环境问题导致的违约风险、规避企业环保违规后银行的连带责任、为银行赢得绿色声誉发挥一定保险效应，从而降低银行的风险承担水平。另一方面，环保新兴产业尚未成熟、企业环保信息披露不完善、“两高一剩”企业资金链断裂带来的风险提前暴露等因素，导致银行发展绿色信贷业务也可能增加银行的风险承担水平。实证研究方面，李苏等（2017）发现绿色信贷会降低银行的破产风险，孙光林等（2017）、孙红梅和姚书淇（2021）发现绿色信贷会降低银行的不良贷款率。不过，邵传林和闫永生（2020）发现商业银行发展绿色信贷业务初期会增加银行的破产风险。综合而言，现有研究绿色信贷与银行风险关系的文献较少，并且绿色信贷影响银行风险的路径没有展开分析，同时对绿色信贷影响银行风险的动态特征涉及较少。

基于此，本章一是通过选取多个银行风险指标以及分解银行破产风险指标，充分考察了绿色信贷影响银行风险的路径；二是通过分析多期滞后绿色信贷占比对银行不同风险指标的影响来解释绿色信贷对银行风险的时滞影响和动态影响。研究结果显示：关于绿色信贷对银行风险的影响效果和影响路径方面，本章发现银行增加绿色信贷占比降低了银行的破产风险；分解破产风险发现，绿色信贷降低了银行的杠杆风险和资产组合风险；分解夏普比值（资产组合风险）发现，绿色信贷增加了银行的资产收益率，降低了银行的资产收益波动；区分主动风险承担和被动风险承担发现，绿色信贷降低了银行的主动风险承担水平（即风险加权资产比率）和被动风险承担水平（即不良贷款率）。关于绿色信贷对银行风险的时滞影响方面，本章发现绿色信贷占比对银行破产风险、杠杆风险的负向影响具有时滞性，即当期绿色信贷占比提升对当期风险没有影响，但能明显降低未来期风险。不过绿色信贷对银行资产组合风险、资产收益波动、风险加权资产比率、不良贷款率的影响没有时滞性，即绿色信贷占比提升在当期就能起到明显的风险降低效应。关于绿色信贷对银行风险的动态影响方面，绿色信贷对银行破产风险、杠杆风险、资产组合风险、风险加权资产比率、不良贷款率的影响随时间推移而逐渐增强、增大。另外，滞后期越大，绿色信贷对银行资产收益率的影响越明显、越大，但滞后期越大，绿色信贷对银行资产收益波动的影响大小没有变动，影响强度反而有所减弱。

与现有文献相比，本章研究特色主要体现在：第一，通过分解银行破产风险指标，更细致地考察了绿色信贷影响银行风险的路径。第二，通过考察绿色信贷对银行主动风险承担和被动风险承担指标的影响，区分了绿色信贷对银行风险承担意愿和风险承担后果的影响差异。第三，通过考察当期和不同滞后期绿色信贷对银行风险的影响，揭示了绿色信贷影响银行风险的时滞特征和动态特征，为商业银行站在长远角度规划绿色信贷业务发展提供了参考依据。

6.2 绿色信贷影响银行风险的文献综述和研究假设

6.2.1 文献综述

现有研究银行投放绿色信贷的经济后果的文献多集中于绿色信贷对银行财务绩效的影响（颜廷峰等，2019；张琳等，2020；高晓燕，2020；张晖等2021），直接研究绿色信贷如何影响银行风险的研究相对较少。现有关于绿色信贷风险的研究主要包括以下三个方面。

第一，绿色信贷对银行总体风险状况的影响。郝清民等（2016）基于2007~2014年12家上市银行数据利用灰色关联度发现，大部分银行绿色信贷产生的风险小于“两高一剩”贷款。雷博雯和时波（2020）基于2010~2018年16家商业银行样本发现，绿色信贷余额增加短期来看对银行流动性风险没有影响，但中长期来看可以降低银行流动性风险。邵传林和闫永生（2020）利用60家商业银行2005~2017年的年度面板数据发现，商业银行开展绿色信贷业务初期会增加其破产风险，随着绿色信贷业务的发展，绿色信贷逐渐显现出降低银行破产风险的作用。异质性分析还显示，政治级别高的银行和上市银行开展绿色信贷对银行风险的影响更大。孙红梅和姚书淇（2021）以2005~2018年24家上市银行为样本发现，银行更好地开展绿色信贷会提升其资产负债率、降低其不良贷款率，从而降低银行经营风险；银行经营风险增加会损害其财务绩效，不过绿色信贷业务可以减弱经营风险和财务绩效间的负向关系。

第二，绿色信贷风险评估。符森和谭小波（2011）设计了银行信贷的环境风险评估体系，包括自然环境因素和社会环境因素。马晓微和陈慧圆（2015）在一般银行信贷评估指标的基础上结合绿色项目的特别属性设计了绿色信贷的风险评估体系，包括偿债能力、财务效益、营运能力等一般性财务指标，经营风险、行业风险、区域风险等一般性非财务指标，社会环境风险、自然环境风险等专门性非财务指标。陶黎等（2017）将波特钻石模型和网络分析法相结合，构建了企业绿色项目风险评估体系，设计了技术、生产要素、项目需求条件、相关及支持性产业等若干指标，从而综合测度银行发展绿色金融业务面临的风险。刘庆富等（2020）以新能源汽车行业为样本，利用修正的KMV模型分析银行投放绿色信贷的风险，发现新能源汽车行业信用风险在部分时段低于传统行业，因此，银行发展绿色信贷业务可以降低整体风险。

第三，商业银行环境风险管理研究。陈伟光和卢丽红（2011）设计了银行环境风险管理体系流程，依次进行风险的识别、评估和应对。常杪和任昊（2011）构建了四组成部分的银行业环境风险控制体系。马秋君和刘文娟（2013）分析借鉴花旗银行环境风险管理经验，从贷前审批、贷中确认、贷后管理三方面构建了全过程的环境风险管理体系。李云燕和殷晨曦（2017）通过构建绿色信贷信用风险转移模型，发现商业银行通过和非银行金融机构合作将信用风险转移给对方可以大幅降低绿色信贷业务中的信用风险、提升信贷资产质量。

综合而言，现有文献一方面从环境风险管理角度分析了银行投放绿色信贷的必要性，并设计了银行环境风险管理流程和环境风险评估体系，为研究绿色信贷与银行风险的关系提供了现实和理论依据；另一方面利用实证方法考察了绿色信贷对银行风险指标的影响，对绿色信贷与银行风险的关系进行了定量分析。既有文献的不足主要包括：一是选取的风险指标比较单一，主要是不良贷款率或破产风险指标，没有考虑银行风险承担意愿和后果的差异；二是没有考察绿色信贷影响银行风险的路径；三是没有详细分析绿色信贷影响银行风险的时滞特征和动态特征。本章在现有文献的基础上对绿色信贷影响银行风险进行更细致的分析。

6.2.2　研究假设

6.2.2.1　绿色信贷降低银行风险的理论分析

商业银行提高绿色信贷占比、减少“两高一剩”信贷投放对于降低经营风险具有积极意义。第一，有助于降低信用风险。一方面，从企业盈利角度看，随着环保要求提高、执法力度加强，污染类企业要达到环保标准，需要付出更高成本，既减少了企业利润，又增加了企业还款难度（Chao，2020）。如果企业未能达标，将面临严峻的处罚，包括罚款、整改甚至停业，从而直接损害企业的盈利能力，引发企业违约。产能过剩类企业资金利用效率低，随着产业转型升级，部分企业会最终淘汰、破产清算，违约风险较高（苗建青和苗建春，2008）。相比之下，在可持续发展理念推动下，环保产业具有更好的发展前景。政府为加强生态文明建设也出台了多项政策，包括为绿色项目贴息、担保等，政府的支持和背书起到了信用增级作用，降低了绿色项目的违约风险。此外，银行为“两高一剩”企业节能减排提供资金也有助于这些企业实现转型升级，改善绩效水平，避免陷入困境，降低银行面临的风险。另一方面，从企业抵押品角度看，银行发放贷款一般需要企业提供土地、厂房设备等抵押品，这些抵押品构成了企业的“第二还款来源”，当企业财务状况出现问题，无法偿还本息时，银行可以通过拍卖抵押品来减少损失。对于“两高一剩”企业来说，其抵押品在生产经营过程中更容易被污染，从而价值受损，或者由于行业产能过剩原因，抵押品市场需求低，无法获得较高价格。这样银行通过处置“两高一剩”企业抵押品只能较低程度减少损失。

第二，商业银行提升绿色信贷占比还能降低法规风险和声誉风险。一是法规风险方面，商业银行为企业的污染项目提供融资、咨询等服务可能会被追究连带责任，面临行政处罚、法律诉讼等风险（Thompson and Cowton，2004）。二是声誉风险方面，商业银行投放绿色信贷、承担环境保护责任可以提升自身的社会声誉，积累更多道德资本，从而发挥保险效应。社会公众对声誉好的银行包容度更高，当银行出现负面新闻时，利益相关者更愿意相信这是偶发事件，源于失误而非恶意为之，因此，不会对银行施以严厉的处罚，这给了银行纠偏的机会和时间，避免产生巨额经济损失；反之，商业银行为污染类项目提供资金支持，当出现严重的环境污染或社会风险事件后，银行的声誉会受损，利益相关者的不满会转变为银行的客户流失，从而增加银行的运营风险。

综合以上分析，银行提高绿色信贷占比有助于降低银行的信用风险、法律风险和声誉风险，因此，本章提出如下研究假设。

H1a：银行提高绿色信贷占比能够降低自身的风险承担水平。

6.2.2.2　绿色信贷增加银行风险的理论分析

绿色信贷作为银行开展的新业务也存在一定风险性：第一，环保产业虽然蓬勃发展，具有良好的前景，但作为新兴产业，尚没有形成成熟的盈利模式。特别是部分环保项目具有较强的正外部性，在正外部性无法充分内部化为项目收益时，环保项目获取盈利的保障性较低（Deng et al.，2021）。另外，环保项目周期较长，不确定性更大。第二，银行和企业间的环境信息不对称较为严重。目前企业的环境信息不是强制披露的，并且也没有统一完善的披露标准，导致部分企业没有公布详尽的环境信息，或者“报喜不报忧”，进行选择性的信息披露。银行获取企业真实完整环境信息的难度加大、成本较高，这降低了银行绿色信贷投放中的风险识别能力，增加了银行环境风险管理的难度（Wang et al.，2019）。第三，银行发展绿色信贷会挤占其他业务资源，在绿色信贷业务发展成熟之前，绿色信贷对其他业务的挤占效应可能会影响银行核心竞争力。另外，银行对“两高一剩”企业抽贷、断贷会加速这些企业的风险暴露。综合以上分析，提出研究假设 H1a 的竞争假设。

H1b：银行提高绿色信贷占比会增加自身的风险承担水平。

6.2.2.3　绿色信贷影响银行风险的动态特征

根据上述分析，绿色信贷对银行风险具有正负两方面的影响，不过随着时间推移，绿色信贷对银行风险的降低效应将逐渐增强，提升效应将逐渐减弱。首先，随着实践经验增加和数据资料积累，银行绿色信贷业务将逐渐成熟，环境风险管理体系也将不断完善。商业银行最初开展绿色信贷可能会被认为是“作秀”行为，只要持续地践行环保责任才能树立可信的社会声誉，获取利益相关者的充分认可。其次，“两高一剩”企业很多盈利水平较差，需要银行不断“输血”才能维持生存，商业银行退出“两高一剩”企业初期，会导致不具有自身造血能力的“两高一剩”企业陷入困境而引发违约风险，但当这些企业的风险充分暴露之后，银行开展绿色信贷业务的潜在风险和阻力将大大降低。再次，随着“两高一剩”企业在绿色信贷的支持下推进节能减排改造，这些企业的环境风险也会明显减小（Hu et al.，2021）。最后，随着环保政策的完善和公众环保意识增强，绿色产业的市场空间将不断扩大，盈利水平会进一步提升并更加稳定。此外，随着环境信息披露制度完善和利益相关者对企业环境信息知情权的要求，企业的环境信息披露质量也将不断提升，从而减弱由于信息不对称导致的银行风险（Campbell and Slack，2011）。综合以上分析，提出如下假设。

H2：银行提高当期绿色信贷占比对未来期银行风险的减弱效应更大。

6.3 绿色信贷影响银行风险的研究设计

6.3.1 模型设定和变量选择

为了检验银行绿色信贷对银行风险的影响，本章参考孙光林等（2017）、邵传林和闫永生（2020），采用普通最小二乘法（OLS）运行如下计量模型：

$$\begin{aligned}RISK = \alpha_0 + \alpha_1 GL + \alpha_2 SIZE + \alpha_3 NPL + \alpha_4 LTD + \alpha_5 NII \\ + \alpha_6 LIST + ydummy + \varepsilon_{i,t}\end{aligned} \tag{6-1}$$

其中，$\varepsilon_{i,t}$为随个体和时间而改变的扰动项，为减少扰动项不规则带来的问题，本章所有回归均采用了银行层面聚类稳健的标准误。模型中各变量解释如下。

（1）因变量：银行风险 RISK，本章选取 Zscore 度量银行的风险承担。

$$Zscore_{i,t} = \frac{CAR_{i,t} + ROA_{i,t}}{ROA\_SD_{i,t}} = \frac{CAR_{i,t} + ROA_{i,t}}{SD(ROA_{i,t-2}, ROA_{i,t-1}, ROA_{i,t})} \tag{6-2}$$

其中，CAR 为银行资本充足率；ROA 为银行总资产收益率；ROA_SD 为 ROA 的标准差，反映了银行盈利的稳定性。借鉴贝克等（Beck et al.，2013），采用 3 年滚动窗口计算 ROA_SD，以增加 Zscore 分母的变动幅度。需要说明的是，Zscore是银行风险承担的反向指标，即Zscore值越大，银行破产风险越小。由于Zscore的高度有偏性，对其取自然对数进行处理。

(2) 核心解释变量：银行绿色信贷GL。本章采用绿色信贷余额占总贷款的比重衡量商业银行的绿色信贷实施情况。绿色信贷是商业银行投向清洁能源、绿色交通、资源循环利用、工业节能节水等节能环保项目与服务领域的贷款。

(3) 控制变量。参考徐明东和陈学彬（2012）、马勇和李振（2019），选取如下可能影响银行风险承担的银行微观特征变量：银行规模SIZE，以资产总额的自然对数衡量；不良贷款率NPL，为次级、可疑和损失三种贷款占总贷款的比重，反映银行资产质量；存贷比LTD，为贷款总额与存款总额的比值，反映银行流动性状况；非利息收入占比NII，为银行非利息收入与营业收入的比值，反映银行的收入结构；上市虚拟变量LIST，银行上市当年及之后LIST取1，其他取0。此外，宏观经济环境和其他未考虑到的时变因素也可能影响银行绩效，对此本章统一在模型中加入年度固定效应予以控制。

6.3.2　样本选择与描述性统计

本章研究样本为中国2007～2019年47家商业银行的年度非平衡面板数据。数据来源方面，绿色信贷数据根据商业银行社会责任报告手工收集得到，其余银行财务数据均取自Wind数据库。表6－1列示了主要变量的描述性统计结果。风险指标Zscore的均值为5.429，最大值为8.790，最小值为3.399，反映了中国商业银行的风险水平存在一定差异。核心解释变量绿色信贷占比GL的均值为3.482%，中国商业银行绿色信贷发展的平均水平较低，不过GL的最大值为23.771%，部分银行绿色信贷业务发展势头迅猛。

表6－1　　变量描述性统计

变量	观测值	均值	标准差	最小值	下四分位数	中位数	上四分位数	最大值
Zscore	320	5.429	0.913	3.399	4.772	5.351	5.972	8.790
GL（%）	320	3.482	3.689	0.061	0.786	2.757	4.939	23.771

续表

变量	观测值	均值	标准差	最小值	下四分位数	中位数	上四分位数	最大值
SIZE	320	28.012	1.485	23.901	26.874	27.930	29.217	30.541
NPL（%）	320	1.236	0.460	0.110	0.890	1.270	1.520	2.870
LTD（%）	320	69.844	11.850	38.970	62.615	70.417	74.307	96.490
NII（%）	320	21.575	11.569	-1.322	13.286	20.010	28.691	65.180
LIST	320	0.575	0.495	0.000	0.000	1.000	1.000	1.000

表6-2列示了各变量之间的相关系数，各解释变量之间相关系数的绝对值多数在0.4以下，可以认为模型中的多重共线性问题并不严重。值得注意的是，GL和Zscore的相关系数为正，这意味着在不控制其他因素影响的前提下，绿色信贷和破产风险具有负相关关系，不过更为准确的结论还有待深入地实证分析。

表6-2　变量相关系数

变量	Zscore	GL	SIZE	CAR	NPL	LTD	NII	LIST
Zscore	1	0.255*	0.253*	0.335*	0.105*	0.217*	0.221*	0.134*
GL	0.214*	1	0.530*	0.172*	0.206*	0.115*	0.243*	0.429*
SIZE	0.248*	0.419*	1	0.032	0.176*	0.389*	0.510*	0.687*
CAR	0.320*	0.114*	0.062	1	0.227*	-0.001	0.088	0.032
NPL	0.080	0.141*	0.140*	0.237*	1	0.344*	0.253*	0.009
LTD	0.263*	0.110*	0.358*	0.037	0.311*	1	0.456*	0.377*
NII	0.196*	0.171*	0.391*	0.054	0.148*	0.471*	1	0.338*
LIST	0.111*	0.347*	0.669*	0.029	0.002	0.360*	0.249*	1

注：（1）相关矩阵的下半部分为皮尔逊相关系数，上半部分为斯皮尔曼相关系数。（2）*表示相关系数在10%的显著性水平上显著。

6.4　绿色信贷影响银行风险的实证结果及分析

6.4.1　基准回归结果

表6-3列示了绿色信贷占比对银行风险承担指标Zscore的回归结果。

Zscore是银行风险承担水平的反向指标，即Zscore越大，表明银行的风险越小。从系数的符号来看，当期和不同滞后期绿色信贷占比的系数均为正，表明绿色信贷占比提升会降低银行的风险承担水平，从而证实了假说H1a。从系数的显著性来看，当期绿色信贷占比GL和滞后1期绿色信贷占比L. GL系数显著性较差，表明商业银行投放更多的绿色信贷对当期和未来1期的银行风险没有明显影响；滞后2期绿色信贷占比L2. GL的系数在10%水平上显著，滞后3期绿色信贷占比L3. GL的系数在5%水平上显著，表明商业银行投放更多的绿色信贷在2年之后开始发挥降低银行风险的作用，并且随时间推移，绿色信贷的风险减弱效应更加明显。从系数的大小来看，绿色信贷对当期银行风险的影响随绿色信贷滞后期增加而增大，表明银行提高绿色信贷配置比例的风险减弱效应从长期来看更大。综合而言，绿色信贷对银行风险承担的影响表现出一定的动态特征，银行提高绿色信贷比重虽然短期内（如1年之内）对银行风险影响不大，但长期来看（最多2年之后）会降低银行风险，并且风险降低效应会逐渐增强和增大，从而证实了假说H2。

表6-3　绿色信贷对银行风险的影响

项目	(1)	(2)	(3)	(4)
GL	0.011 (1.12)			
L. GL		0.017 (1.55)		
L2. GL			0.021* (1.91)	
L3. GL				0.023** (2.03)
SIZE	0.196*** (4.17)	0.244*** (4.66)	0.191*** (4.06)	0.195*** (3.51)
NPL	-0.419*** (-3.19)	-0.425*** (-3.15)	-0.349** (-2.39)	-0.448*** (-2.63)
LTD	0.009* (1.86)	0.006 (1.22)	0.009 (1.57)	0.014** (2.33)

续表

项目	(1)	(2)	(3)	(4)
NII	-0.009** (-2.14)	-0.011** (-2.53)	-0.011** (-2.16)	-0.015*** (-2.78)
LIST	-0.208 (-1.61)	-0.297** (-1.99)	-0.312** (-2.04)	-0.287* (-1.71)
截距项	-0.476 (-0.42)	-1.092 (-0.84)	0.018 (0.01)	-0.267 (-0.18)
年度效应	Yes	Yes	Yes	Yes
样本量	320	275	239	203
Adj. R^2	0.419	0.422	0.415	0.435

注：括号内为t统计量值，***、**和*分别表示估计系数在1%、5%和10%的显著性水平上显著。

控制变量方面，SIZE系数显著为正，与“大而不倒”观点认为大银行因道德风险问题会承担更高的风险不同，中国银行业中，大银行客户资质更好、风控制度更完善、风控技术水平更高，因而规模较大的银行风险水平较低。NPL系数显著为负，不良贷款率高的银行更容易出现资产减值、盈利下降，从而破产风险水平更高。NII系数显著为负，非利息收入占比可以反映银行的运营模式，非利息收入占比低表明银行更依赖传统的存贷利差收入，虽然银行业务模式更传统，创新不足，但可以避免新的风险，从而降低银行的整体风险水平。LIST系数显著为负，表明银行上市以后风险水平增加。上市银行虽然可以公开募集资金，增强资本实力，但也需要对广大投资者负责，从而面临更高的盈利压力，因此，需要拓展风险更高的业务。

6.4.2 稳健性检验

第一，变换被解释变量计算方式。基准回归中，银行风险指标Zscore = (ROA + CAR)/ROA_SD。一方面，将资本充足率CAR替换为资本资产比ETA，ETA为银行股东权益和总资产的比值，是衡量银行资本充足情况更简单的指标，从而得到新的银行风险指标Zscore2。另一方面，我们利用ROA和CAR的滚动3期均值ROA_mean和CAR_mean替换原计算公式中的ROA和

CAR，从而得到新的银行风险指标 Zscore3。将 Zscore2 和 Zscore3 代入模型（1）重新回归，表6-4第（1）~（4）列中，当滞后3期时，绿色信贷占比 L3. GL 系数开始在10%水平上显著；第（5）~（8）列中，当滞后2期时，绿色信贷占比 L2. GL 系数开始在10%水平上显著。这一回归结果与基准回归一致，即绿色信贷对银行风险的减弱效应需要多期以后才能发挥作用。

表6-4　　替换银行风险指标度量方式

项目	(1)	(2)	(3)	(4)	(5)	(6)	(7)	(8)
	Zscore2				Zscore3			
GL	0.009 (0.87)				0.011 (1.11)			
L. GL		0.015 (1.32)				0.017 (1.56)		
L2. GL			0.017 (1.51)				0.021* (1.88)	
L3. GL				0.021* (1.70)				0.023** (2.03)
SIZE	0.177*** (3.78)	0.230*** (4.41)	0.173*** (3.59)	0.174*** (3.09)	0.190*** (4.11)	0.236*** (4.55)	0.184*** (3.96)	0.188*** (3.44)
NPL	-0.287** (-2.21)	-0.292** (-2.13)	-0.218 (-1.46)	-0.336** (-1.97)	-0.424*** (-3.24)	-0.429*** (-3.17)	-0.350** (-2.42)	-0.446*** (-2.67)
LTD	0.011** (2.20)	0.008 (1.60)	0.011** (2.03)	0.017*** (2.95)	0.009* (1.88)	0.006 (1.21)	0.009 (1.59)	0.014** (2.42)
NII	-0.009** (-2.15)	-0.011** (-2.59)	-0.011** (-2.17)	-0.016*** (-2.91)	-0.010** (-2.18)	-0.011** (-2.53)	-0.011** (-2.14)	-0.016*** (-2.81)
LIST	-0.136 (-1.04)	-0.238 (-1.59)	-0.233 (-1.49)	-0.209 (-1.23)	-0.193 (-1.52)	-0.284* (-1.93)	-0.305** (-2.02)	-0.281* (-1.71)
截距项	-0.980 (-0.87)	-1.750 (-1.35)	-0.442 (-0.34)	-0.630 (-0.42)	-0.316 (-0.29)	-0.848 (-0.66)	0.305 (0.24)	-0.103 (-0.07)
年度效应	Yes	Yes	Yes	Yes	Yes	Yes	Yes	Yes
样本量	320	275	239	203	320	275	239	203
Adj. R^2	0.437	0.435	0.424	0.447	0.418	0.419	0.415	0.438

注：括号内为t统计量值，***、**和*分别表示估计系数在1%、5%和10%的显著性水平上显著。

第二，增加控制变量。Zscore 指标的分子部分包括 CAR 和 ROA，为避免机械相关性，基准回归中没有控制资本充足率 CAR 和资产收益率 ROA。将这两个变量加入控制变量集合，表6－5第（1）~（4）列仅加入 CAR，第（5）~（8）列同时加入 CAR 和 ROA，CAR 系数显著为正，表明资本更充足的银行的风险抵御能力更强，ROA 系数显著性较弱。GL 的系数和基准回归一致，增加控制变量不改变本章主要结论。

表6－5　　增加控制变量的稳健性检验

项目	(1)	(2)	(3)	(4)	(5)	(6)	(7)	(8)
	增加 CAR				增加 CAR 和 ROA			
GL	0.012 (1.19)				0.013 (1.29)			
L. GL		0.017 (1.59)				0.017 (1.55)		
L2. GL			0.021* (1.90)				0.020* (1.73)	
L3. GL				0.023* (1.97)				0.024* (1.97)
SIZE	0.187*** (3.97)	0.231*** (4.15)	0.159*** (3.33)	0.142** (2.50)	0.189*** (3.95)	0.230*** (4.04)	0.159*** (3.34)	0.142** (2.47)
ROA					-0.163 (-0.56)	0.051 (0.17)	0.176 (0.60)	-0.130 (-0.33)
CAR	0.087** (2.53)	0.059 (1.59)	0.092** (2.32)	0.101** (2.28)	0.095*** (2.67)	0.056 (1.55)	0.083* (1.96)	0.108** (2.21)
NPL	-0.471*** (-3.74)	-0.464*** (-3.50)	-0.415*** (-2.89)	-0.514*** (-3.07)	-0.475*** (-3.72)	-0.464*** (-3.51)	-0.421*** (-2.92)	-0.508*** (-2.92)
LTD	0.012** (2.34)	0.008 (1.52)	0.012** (2.23)	0.018*** (3.03)	0.012** (2.23)	0.009 (1.47)	0.013** (2.24)	0.018*** (2.96)
NII	-0.009** (-2.04)	-0.010** (-2.35)	-0.009* (-1.82)	-0.013** (-2.32)	-0.009** (-2.05)	-0.010** (-2.34)	-0.009* (-1.83)	-0.013** (-2.36)

续表

项目	(1)	(2)	(3)	(4)	(5)	(6)	(7)	(8)
	增加 CAR				增加 CAR 和 ROA			
LIST	-0.230 * (-1.83)	-0.296 ** (-2.00)	-0.295 ** (-1.99)	-0.238 (-1.45)	-0.215 * (-1.73)	-0.301 ** (-2.07)	-0.318 ** (-2.10)	-0.221 (-1.30)
截距项	-1.351 (-1.18)	-1.495 (-1.16)	-0.281 (-0.22)	-0.332 (-0.23)	-1.331 (-1.17)	-1.498 (-1.16)	-0.345 (-0.27)	-0.268 (-0.19)
年度效应	Yes	Yes	Yes	Yes	Yes	Yes	Yes	Yes
样本量	320	275	239	203	320	275	239	203
Adj. R^2	0.434	0.429	0.431	0.453	0.435	0.429	0.432	0.454

注：括号内为 t 统计量值，***、** 和 * 分别表示估计系数在 1%、5% 和 10% 的显著性水平上显著。

第三，控制变量滞后 1 期。基准回归中为减少样本损失，控制变量取当期值。将除上市变量 LIST 以外的银行微观财务特征取滞后 1 期值重新回归，结果如表 6-6 所示，绿色信贷占比系数随滞后期增加，系数显著性增强，系数大小增大，表明绿色信贷对银行风险的降低效应动态增强，因此，本章结论是稳健的。

表 6-6　银行微观财务特征滞后 1 期的稳健性检验

项目	(1)	(2)	(3)	(4)
GL	0.006 (0.62)			
L. GL		0.014 (1.21)		
L2. GL			0.019 * (1.70)	
L3. GL				0.021 * (1.71)
L. SIZE	0.230 *** (4.42)	0.256 *** (4.74)	0.228 *** (5.41)	0.216 *** (4.23)
L. NPL	-0.338 *** (-2.72)	-0.359 *** (-2.72)	-0.317 ** (-2.59)	-0.373 ** (-2.55)

续表

项目	(1)	(2)	(3)	(4)
L. LTD	0.007 (1.44)	0.006 (1.25)	0.007 (1.32)	0.011 * (1.86)
L. NII	-0.013 *** (-2.92)	-0.013 *** (-2.93)	-0.014 *** (-3.12)	-0.016 *** (-3.27)
LIST	-0.221 (-1.65)	-0.311 ** (-2.14)	-0.333 ** (-2.26)	-0.344 ** (-1.99)
截距项	-1.286 (-1.07)	-1.461 (-1.13)	-0.576 (-0.50)	-0.519 (-0.39)
年度效应	Yes	Yes	Yes	Yes
样本量	313	275	235	200
Adj. R^2	0.420	0.424	0.424	0.431

注：括号内为 t 统计量值，***、** 和 * 分别表示估计系数在 1%、5% 和 10% 的显著性水平上显著。

6.5 绿色信贷影响银行风险的机制分析

6.5.1 基于 Zscore 分解的实证分析

为进一步分析绿色信贷对银行风险的影响路径，参考李明辉（2014）将 Zscore 指标分为两部分，其中，Z_sharpe 为资产组合风险，即银行风险调整后的收益率；Z_lev 为杠杆风险，两者构成了银行破产风险的来源。

$$\begin{aligned} Zscore &= (CAR + ROA)/ROA\_SD = CAR/ROA\_SD + ROA/ROA\_SD \\ &= Z\_lev + Z\_sharpe \end{aligned} \quad (6-3)$$

将 Z_lev 和 Z_sharpe 作为被解释变量重新回归，结果如表 6-7 所示。第(1)~(4) 列以 Z_lev 为被解释变量时，为避免机械相关，没有控制资本充足率①。笔者

① 表 6-7 回归中除 Z_lev，被解释变量均不包括 CAR，因此，和表 6-5 增加控制变量的稳健性检验一致，都增加了 CAR 控制变量，以减弱遗漏变量问题，不加入 CAR 也不影响主要变量的回归结果。

最为关心的绿色信贷占比系数始终为正，大小逐渐增大，当期和滞后1期绿色信贷占比系数显著性较弱，滞后2期和滞后3期绿色信贷占比系数分别在10%和5%水平上显著，表明银行提高绿色信贷占比可以降低银行杠杆风险，不过这一效应要两年以后才能明显显现，并逐渐增强。

表6-7　　分解Zscore的回归结果

项目	(1)	(2)	(3)	(4)	(5)	(6)	(7)	(8)
	Z_lev = CAR/ROA_SD				Z_sharpe = ROA/ROA_SD			
GL	0.011 (1.08)				0.019* (1.83)			
L. GL		0.016 (1.51)				0.025** (2.17)		
L2. GL			0.020* (1.86)				0.029** (2.59)	
L3. GL				0.023** (1.97)				0.032*** (2.78)
SIZE	0.195*** (4.14)	0.244*** (4.64)	0.192*** (4.08)	0.196*** (3.53)	0.207*** (4.30)	0.247*** (4.59)	0.156*** (3.02)	0.134** (2.23)
CAR					0.078** (2.14)	0.037 (1.02)	0.078* (1.93)	0.087* (1.93)
NPL	-0.417*** (-3.19)	-0.425*** (-3.17)	-0.351** (-2.42)	-0.450*** (-2.65)	-0.604*** (-3.13)	-0.531*** (-2.88)	-0.426** (-2.44)	-0.481*** (-2.76)
LTD	0.009* (1.87)	0.006 (1.24)	0.009 (1.59)	0.014** (2.34)	0.012** (2.18)	0.007 (1.24)	0.011** (1.98)	0.017*** (2.84)
NII	-0.009** (-2.12)	-0.011** (-2.52)	-0.011** (-2.17)	-0.015*** (-2.77)	-0.009** (-1.98)	-0.010** (-2.17)	-0.010* (-1.74)	-0.015** (-2.54)
LIST	-0.215* (-1.66)	-0.305** (-2.04)	-0.323** (-2.11)	-0.298* (-1.78)	-0.120 (-0.94)	-0.169 (-1.16)	-0.142 (-0.92)	-0.081 (-0.47)
截距项	-0.549 (-0.49)	-1.161 (-0.89)	-0.083 (-0.06)	-0.378 (-0.26)	-4.208*** (-3.48)	-4.135*** (-3.32)	-2.567* (-1.94)	-2.474* (-1.69)

续表

项目	(1)	(2)	(3)	(4)	(5)	(6)	(7)	(8)
	Z_lev = CAR/ROA_SD				Z_sharpe = ROA/ROA_SD			
年度效应	Yes	Yes	Yes	Yes	Yes	Yes	Yes	Yes
样本量	320	275	239	203	320	275	239	203
Adj. R^2	0. 423	0. 426	0. 419	0. 438	0. 379	0. 381	0. 367	0. 418

注：括号内为 t 统计量值，*** 、** 和 * 分别表示估计系数在 1% 、5% 和 10% 的显著性水平上显著。

第（5）~（8）列以 Z_sharpe 为被解释变量时，绿色信贷占比系数同样为正，并逐渐增大，不过与第（1）~（4）列不同的是，当期和不同滞后期绿色信贷占比的系数始终显著，并且显著性逐渐增强。这一结果表明银行提高绿色信贷配置比例，不仅有助于降低资产组合风险，而且提高风险调整后的资产收益。同时，绿色信贷对银行资产组合风险的减弱效应不存在时滞性，当期绿色信贷占比 GL 的系数在 10% 水平上显著，即银行提高绿色信贷占比当年就能降低资产组合风险。不过，绿色信贷对银行资产组合风险的减弱效应依然具有动态增强的特征。

综合而言，通过分解 Zscore 可以发现，绿色信贷占比提升通过降低银行杠杆风险和资产组合风险而减弱银行破产风险；绿色信贷对银行破产风险的时滞影响主要来源于杠杆风险；绿色信贷对银行破产风险的动态影响在杠杆风险和资产组合风险上都有所体现。

6. 5. 2　基于夏普指数分解的实证分析

表 6 - 8 显示绿色信贷会提高银行的风险调整后收益 ROA/ROA_SD，这一比值又被称为夏普指数，反映了单位风险创造的利润（Stiroh，2004）。那么绿色信贷对夏普指数的正向影响主要来源是提升了资产收益率还是降低了资产收益波动呢？为此，分别以 ROA 和 ROA_SD 作为被解释变量进行回归，结果如表 6 - 8 所示。第（1）~（4）列以 ROA 为被解释变量时，当期和滞后 1 期绿色信贷占比系数不显著，滞后 2 期和滞后 3 期绿色信贷占比系数显著为正，并且随滞后期增加，系数的数值逐渐增大，显著性逐渐增强，表明随时间推移，

绿色信贷对银行资产收益率呈现逐渐增强的改善效应。第（5）~（8）列以ROA_SD 为被解释变量时，绿色信贷占比系数始终为负，但是随滞后期增加，系数大小没有变化，系数显著性反而有所减弱，当期和滞后 1 期绿色信贷占比在 10% 水平上显著，滞后 2 期和滞后 3 期绿色信贷占比显著性较弱。总之，结果表明，提高绿色信贷占比可以降低银行的资产收益波动，不过这一效应随时间推移而减弱。

表 6－8　　分解夏普指数的回归结果

项目	(1)	(2)	(3)	(4)	(5)	(6)	(7)	(8)
	ROA				ROA_SD			
GL	0.003 (1.19)				-0.001* (-1.74)			
L. GL		0.003 (1.29)				-0.001* (-1.74)		
L2. GL			0.005** (2.31)				-0.001 (-0.81)	
L3. GL				0.007*** (3.10)				-0.001 (-0.69)
SIZE	0.018 (1.08)	0.017 (1.57)	0.004 (0.35)	-0.003 (-0.23)	-0.014*** (-5.03)	-0.014*** (-5.03)	-0.010*** (-4.09)	-0.010*** (-3.33)
CAR	0.047*** (6.22)	0.043*** (5.58)	0.052*** (6.01)	0.053*** (5.40)	-0.002 (-0.70)	-0.001 (-0.18)	-0.003 (-1.21)	-0.003 (-1.14)
NPL	-0.024 (-0.58)	0.012 (0.26)	0.039 (0.81)	0.053 (1.43)	0.046*** (3.24)	0.036*** (2.83)	0.034*** (3.20)	0.044*** (3.45)
LTD	-0.003** (-2.37)	-0.003** (-2.56)	-0.002* (-1.87)	-0.001 (-1.08)	-0.001*** (-2.64)	-0.001 (-1.62)	-0.001** (-2.35)	-0.001*** (-2.65)
NII	0.001 (0.44)	0.001 (0.44)	0.000 (0.20)	-0.001 (-0.55)	0.001** (2.33)	0.001** (2.47)	0.001*** (3.27)	0.001*** (2.85)
LIST	0.053** (2.22)	0.072** (2.54)	0.108*** (3.67)	0.123*** (4.15)	0.008 (0.90)	0.008 (0.85)	0.010 (1.13)	0.006 (0.62)

续表

项目	(1)	(2)	(3)	(4)	(5)	(6)	(7)	(8)
	ROA				ROA_SD			
截距项	0.573** (2.24)	0.443 (1.49)	0.521* (1.82)	0.598* (1.96)	0.529*** (6.51)	0.451*** (5.87)	0.397*** (5.37)	0.416*** (4.90)
年度效应	Yes	Yes	Yes	Yes	Yes	Yes	Yes	Yes
样本量	324	275	239	203	320	275	239	203
Adj. R^2	0.545	0.533	0.557	0.612	0.375	0.377	0.394	0.440

注：括号内为t统计量值，***、** 和 * 分别表示估计系数在1%、5%和10%的显著性水平上显著。

综合而言，绿色信贷占比对银行夏普指数当年和1年以后的提升效应主要来源于资产收益波动的降低，绿色信贷占比对银行夏普指数2~3年以后的提升效应则主要来源于资产收益率的提高。

6.5.3 区分主动风险承担和被动风险承担的实证分析

银行风险承担可以分为主动风险承担和被动风险承担（顾海峰和于家珺，2019）。主动风险承担即银行风险承担的主观意愿，主要表现为银行风险容忍度上升和信贷标准的放松。被动风险承担即银行风险承担的客观后果，主要表现为银行风险识别水平下降和宏观经济下行等不利因素所导致的客户违约风险加大。那么绿色信贷是通过降低银行主动风险承担还是被动风险承担而降低银行破产风险呢？银行主动风险承担一般用风险加权资产比率RWAR衡量，RWAR为银行风险加权资产RWA与总资产的比率，该比例在银行放贷时即能确定，属于事前风险承担水平。其中，RWA是商业银行不同资产以其风险水平作为权重系数之和，也是银行资本充足率指标的分母项，因此，RWA可以用银行监管资本与资本充足率的比率来获得。RWA显示了商业银行在不同风险水平资产间的总体配置情况，RWA高表明银行配置了较多的风险资产或者增加了高风险水平资产的配置比例，从而反映出银行较高的风险偏好和意愿。银行被动风险承担一般用不良贷款率NPL衡量，NPL为次级、可疑和损失三种贷款占总贷款的比重，属于事后风险水平。NPL高表明客户出现违约情况较多，银行的资产质量较差、承担了较高的风险后果。

表6－9中第（1）~（4）列显示了以RWAR作为被解释变量的回归结果，绿色信贷占比系数始终显著为负，系数的绝对值逐渐增大，滞后期绿色信贷系数的显著性高于当期。以上结果表明绿色信贷占比增加降低了银行的风险加权资产，并且这一降低效应随时间推移而增强、增大。随着绿色发展理念和政策的推行，“两高一剩”行业的运营成本增加，盈利能力减弱，商业银行为其投放信贷的风险加大。因此，商业银行积极调整信贷结构，提高绿色信贷投放比例，表明银行更谨慎和更具前瞻性的风险管理态度以及更低的主动风险承担意愿。“两高一剩”行业信贷存量较大，绿色信贷投放规模目前相对较少，银行缩减“两高一剩”信贷的程度会大于增加绿色信贷投放的程度，从而导致风险资产比率降低。此外，部分银行已经采用内部评级法确定资产的风险系数。在内部评级法中，银行根据违约概率，通过给定违约概率下的损失率、违约的总敞口头寸以及期限等因素来决定一笔授信的风险权重，因此，违约率低的信贷类型，其风险权重较小。

目前绿色信贷的违约率是相对较低的①，按照内部评级法，绿色信贷的风险系数较小，因此，商业银行提高绿色信贷占比会降低风险加权资产比率。

表6－9　区分主动风险承担和被动风险承担的回归结果

项目	(1)	(2)	(3)	(4)	(5)	(6)	(7)	(8)
	RWAR				NPL			
GL	−0.171** (−2.13)				−0.004** (−2.12)			
L. GL		−0.244*** (−2.72)				−0.007** (−2.36)		
L2. GL			−0.354*** (−3.37)				−0.009*** (−2.73)	

① 原银保监会数据显示，截至2020年末，国内21家主要银行绿色信贷余额超过11万亿元，绿色信贷资产质量整体良好，不良率远低于同期各项贷款整体不良水平（来源：人民日报，具体信息见https：//www.gov.cn/xinwen/2021－03/26/content_5595819.htm）。

续表

项目	(1)	(2)	(3)	(4)	(5)	(6)	(7)	(8)
	RWAR				NPL			
L3. GL				-0.355*** (-2.83)				-0.010*** (-2.85)
SIZE	-1.616*** (-4.16)	-1.177*** (-2.76)	-0.721 (-1.17)	-0.520 (-0.60)	0.044* (1.77)	0.020 (0.73)	-0.007 (-0.21)	-0.007 (-0.19)
ROA	11.489*** (2.96)	15.541*** (4.10)	16.288*** (3.35)	16.902*** (2.92)	-0.106 (-0.54)	0.020 (0.09)	0.168 (0.70)	0.232 (1.33)
CAR	-2.790*** (-3.64)	-3.352*** (-3.70)	-3.451*** (-3.16)	-3.242*** (-2.75)	0.046*** (2.64)	0.044** (2.35)	0.039* (1.72)	0.026 (1.24)
NPL	4.483** (2.46)	4.766*** (2.84)	4.188** (2.22)	2.196 (1.02)				
LTD	0.095* (1.69)	0.122** (2.17)	0.134** (2.29)	0.152** (2.36)	0.013*** (4.57)	0.016*** (5.44)	0.018*** (6.12)	0.017*** (5.69)
NII	0.056 (1.23)	-0.006 (-0.15)	-0.021 (-0.51)	0.001 (0.02)	-0.006*** (-2.68)	-0.006** (-2.35)	-0.005* (-1.91)	-0.003 (-1.21)
LIST	6.408*** (4.18)	4.143*** (3.33)	3.514*** (2.99)	3.153** (2.35)	-0.131** (-2.15)	-0.134** (-2.13)	-0.130* (-1.74)	-0.105 (-1.37)
截距项	108.725*** (8.79)	94.949*** (9.05)	83.357*** (7.65)	78.375*** (5.31)	0.401 (0.59)	0.538 (0.82)	0.159 (0.21)	-0.214 (-0.24)
年度效应	Yes	Yes	Yes	Yes	Yes	Yes	Yes	Yes
样本量	324	275	239	203	324	275	239	203
Adj. R^2	0.330	0.436	0.459	0.378	0.473	0.489	0.488	0.524

注：括号内为 t 统计量值，***、** 和 * 分别表示估计系数在 1%、5% 和 10% 的显著性水平上显著。

表 6-9 中第（5）~（8）列显示了以 NPL 作为被解释变量的回归结果，各列绿色信贷占比系数均显著为负，并且随着滞后期增加，绿色信贷占比系数的显著性增强、系数绝对值增大，表明绿色信贷对银行不良贷款率的降低效应长期来看更明显。这一结果也与原银保监会披露数据显示的绿色信贷不良贷款率较低相一致，因而商业银行增加绿色信贷占比有助于提升资产质量以及降低银行面临的违约风险。

6.6 本章小结

本章利用中国商业银行数据检验了绿色信贷对银行风险的影响。首先，考察了绿色信贷对银行破产风险的影响；其次，通过将破产风险拆分为杠杆风险和资产组合风险，将资产组合风险（夏普比值）拆分为资产收益率和资产收益波动率，分析绿色信贷对银行破产风险的影响路径；最后，根据银行风险承担意愿和风险承担后果的分类方式，分别考察了绿色信贷对银行主动风险承担和被动风险承担的影响。在绿色信贷影响银行风险的整个分析过程中，通过考察当期和不同滞后期绿色信贷占比的系数差异，揭示了绿色信贷影响银行风险的时滞效应和动态效应。

研究结果显示：首先，绿色信贷通过降低银行的杠杆风险和资产组合风险降低了银行的破产风险，绿色信贷通过增加银行的资产收益率、降低银行的资产收益波动而降低了银行的资产组合风险（夏普比值），绿色信贷降低了银行的风险加权资产比率和不良贷款率。其次，绿色信贷对银行破产风险、杠杆风险的负向影响具有时滞性，但是绿色信贷对银行资产组合风险、资产收益波动、风险加权资产比率、不良贷款率的影响没有时滞性。最后，绿色信贷对银行破产风险、杠杆风险、资产组合风险、风险加权资产比率、不良贷款率的影响随时间推移而逐渐增强、增大。滞后期越大，绿色信贷对银行资产收益率的影响越明显、越大；但当期和不同滞后期绿色信贷对银行资产收益波动的影响大小没有变动，滞后期绿色信贷的影响显著性反而有所下降。本章结论内容较多，为更清晰地展示研究结论，将其归纳如表 6－10 所示。

表 6－10　绿色信贷影响银行风险的实证结果汇总

银行风险指标	衡量方式	影响方向	时滞性	动态特征
破产风险	Zscore	降低	有	↑
杠杆风险	CAR/ROA_SD	降低	有	↑
资产组合风险	ROA/ROA_SD	降低	无	↑
资产收益率	ROA	增加	有	↑

续表

银行风险指标	衡量方式	影响方向	时滞性	动态特征
资产收益波动	ROA_SD	降低	无	↓
风险加权资产比率	RWA	降低	无	↑
不良贷款率	NPL	降低	无	↑

注：影响方向指绿色信贷对银行风险的影响情况。Zscore、CAR/ROA_SD、ROA/ROA_SD 分别为破产风险、杠杆风险、资产组合风险的反向指标，因此，实证回归中绿色信贷系数为正。↑表示绿色信贷对银行风险的影响随时间推移而增强或增大，↓表示绿色信贷对银行风险的影响随时间推移而减弱。

根据本章研究结论可以得出如下政策启示：第一，商业银行应积极投放绿色信贷。风险管理是商业银行保障经营安全性的关键所在，绿色信贷可以降低银行的风险承担水平，因此，商业银行应积极寻找合适的环保项目、逐步退出“两高一剩”行业，增加绿色信贷在贷款总配置比例。这样，商业银行在支持环保产业发展的同时，也降低了自身的风险水平，可以实现实体经济高质量发展和银行稳健经营的双赢格局。

第二，商业银行应做好环境风险管理。在当前环保标准愈加严格的情况下，防范环境风险对银行而言刻不容缓。商业银行在开展绿色业务的过程中要逐渐构建起完备的环境风险管理体系，包括收集整理企业的环境信息、建立企业的环境信息数据库、积极和当地环保部门达成合作关系、获取更多企业的非公开环境信息；构建覆盖贷前、贷中、贷后的环境风险管理流程，做好环境风险的贷前审核、贷中确认、贷后追踪，不放过信贷管理的任何环节；建立环境风险管理特色制度，比如环保一票否决制、企业绿色度分级制度等，从而更快速、便捷地判别企业环境风险，为银行融资决策提供依据。

第三，商业银行应树立可持续金融理念，以长远目光规划信贷资金配置。商业银行投放绿色信贷在降低银行风险方面不是立竿见影的，初期效果也较为有限，但是随时间推移，绿色信贷的风险降低效应会逐渐增强、增大。如果商业银行“目光短浅”，只看重绿色信贷业务的当下影响，或者“急功近利”希望绿色信贷业务能尽快给银行带来较大收益，那么投放绿色信贷的积极性会有所减弱。因此，商业银行不应计较一时的得失利弊，而应意识到绿色发展对银行长期稳健发展是有重要作用的，尽快将绿色信贷纳入战略规划。另外，经济和金融是互利共生的，银行投放绿色信贷有利于促进经济可持续发展，同时也为自身可持续发展打下了扎实基础。

第7章

银行绿色信贷的影响因素Ⅰ：银行财务特征

7.1 银行微观财务特征影响绿色信贷投放的现实背景

党的十九大报告全面阐述了加快生态文明体制改革、推进建设美丽中国的战略部署。2020 年 9 月 22 日，在联合国大会上，中国首次向世界宣布中国“碳达峰、碳中和”的愿景。在绿色发展的大背景下，环保产业必将进入快速增长期，而环保产业的发展又需要大量资金支持。在中国，银行信贷是企业的主要外部融资来源，那么商业银行对环保产业的支持力度如何呢？根据银保监会数据，21 家主要银行绿色信贷规模从 2013 年末的 5. 2 万亿元增长至 2021 年第一季度末的 12. 5 万亿元，绿色信贷规模虽然增长较多，但是绿色信贷占各项贷款的比重始终维持在 9% 左右。与环保行业融资需求相比，绿色信贷还有很大发展空间，绿色信贷占比有待进一步提升。此外，银行业内部绿色信贷发展也非常不平衡，比如大银行大多发展绿色信贷较早，绿色信贷政策和业务流程相对成熟，而中小银行起步较晚，发展也较慢。那么哪些银行投放绿色信贷更积极呢？绿色信贷占比更高的银行有哪些特征呢？

既有文献对银行微观特征影响信贷投放进行了大量研究，发现银行规模、流动性、资本充足率、贷存比、不良贷款率等银行微观财务是影响信贷投放的主要因素。那么这些银行关键的微观财务特征对绿色信贷有何影响呢？遗憾的是，目前关于这一问题的研究减少，基本上都是参考研究财务绩效和社会责任关系的文献，只重点讨论了财务绩效对银行绿色信贷投放的影响。

基于此，本章将更为全面地研究银行主要财务特征对绿色信贷占比的影响。研究发现，规模较大、盈利水平较高、流动性较好、上市后的银行绿色信贷占比更高。本章还考察了绿色信贷和财务绩效的交互跨期影响，研究显示，绿色信贷和财务绩效存在相互促进的正向影响关系，并且这一影响具有一定的持续性。本章的主要研究贡献和意义在于：不同于既有研究仅定性分析银行特征对绿色信贷的影响，本章通过实证分析，更准确地考察了银行微观财务特征和绿色信贷投放的关系，揭示了哪些银行投放绿色信贷的积极性有待提高，为监管部门出台更针对性的绿色信贷激励政策提供了参考。

7.2　银行微观财务特征影响绿色信贷的文献综述

7.2.1　商业银行特征对绿色信贷投放的影响

从商业银行自身角度来看，银行的经营管理水平、风险偏好、绩效表现等都会对绿色信贷产生影响。屠红洲和屠金光（2018）从银行自身风险偏好管理的角度研究绿色信贷的发展，认为当前银行内部有关政策的管理与执行水平及力度不足、信贷方向岗位职责分工不明确、信贷风险偏好指标体系审批机制不完善等不利于绿色信贷的可持续增长。陈伟光和卢丽红（2011）指出商业银行的业绩考核体系和盈利导向会影响绿色信贷投放，银行业绩考核重利润轻环保，在高污染、高耗能行业依然具有较高收益的情况下，银行不会积极开展绿色信贷业务。方菊香和何丽君（2013）利用 SWOT 分析法分析了商业银行实施绿色信贷时的优势和劣势，优势包括拥有较好的客户基础和经营管理能力，劣势包括环保理念认识和从事绿色业务主动性的欠缺以及缺乏从事绿色信贷的专业人员和内部评判标准。

实证研究方面，张琳等（2019）通过对国内 29 家商业银行进行绿色信贷与财务绩效进行动态交互影响研究发现，当期的银行财务绩效只对当前绿色信贷有着正向显著的影响，银行会根据财务绩效情况对绿色信贷的投放量进行相机抉择。芬格等（Finger et al.，2017）研究发现，在不同发达程度的国家，银行绩效对于是否成为赤道银行会有所差异，发达国家绩效较差的银行会更愿意采用“赤道原则”且之后净资产回报有所增加，而发展中国家这类情况恰好相反。

7.2.2 商业银行特征对信贷投放的影响

从银行微观财务特征的角度来看，国内外对影响信贷因素的研究多集中于银行规模、流动性、资本充足率、贷存比、不良贷款率等上。齐山和奥皮拉（Kishan and Opiela，2000）发现，小规模的银行因其较低的资本水平容易受到紧缩政策的影响而减少信贷供给，并且在扩张政策下其信贷数量也不会明显增加。刘斌（2005）研究发现，银行实际资本充足率会约束扩张货币政策对信贷的调节作用，银行会采取收缩信贷的行为。李冀申（2012）通过对商业银行信贷增长的实证研究，发现贷存比会对银行信贷扩张有一定的负面作用，贷存比越高，信贷扩张速度越慢，但自2012年开始，贷存比对信贷扩张影响有所减弱。金雪军和徐凯翔（2016）基于公司层面2001～2015年的银行信贷数据进行实证检验发现，银行的流动性比率越高、资本充足率越高会使得银行信贷规模的增速减缓。李树生和管衍锋（2018）选取国内216家商业银行2006～2016年的微观数据进行实证研究，发现在经济飞速发展的良好外部环境下，银行规模越大越能够抓住较好的市场机会，则银行的不良贷款随之降低。

7.2.3 文献评述

现有文献对于银行特征影响银行信贷的研究已有很多，绿色信贷作为银行信贷的一个类型也会受到这些微观特征的影响。然而研究银行特征影响绿色信贷投放的文献较少，并且大部分文献都是定性分析，少数定量研究仅重点考察了财务绩效对绿色信贷的影响。因此，本章将在既有研究的基础上更为全面地考察银行微观特征如何影响绿色信贷占比。

7.3 银行微观财务特征影响绿色信贷的研究设计

7.3.1 模型设定和变量选择

为了分析银行的绿色信贷投放受到哪些微观财务特征的影响，本章采用普通最小二乘法（OLS）运行如下计量模型：

$$GL = \alpha_0 + \alpha_1 SIZE + \alpha_2 CAR + \alpha_3 ROA + \alpha_4 NPL + \alpha_5 LTD + \alpha_6 NII + \alpha_7 LIST + ydummy + \varepsilon_{i,t} \tag{7-1}$$

其中，$\varepsilon_{i,t}$为随个体和时间而改变的扰动项，为减少扰动项不规则带来的问题，本章所有回归均采用了银行层面聚类稳健的标准误。模型中各变量解释如下：

（1）因变量：银行绿色信贷 GL。现有文献采用的绿色信贷指标包括绿色信贷额度、绿色信贷占比、是否开展绿色信贷等（孙光林等，2017；张琳和廉永辉，2019；邵传林和闫永生，2020）。本章更关注银行的不同类别信贷资产配置情况，因此采用绿色信贷余额占总贷款的比重衡量商业银行的绿色信贷实施情况。绿色信贷是商业银行投向清洁能源、绿色交通、资源循环利用、工业节能节水等节能环保项目与服务领域的贷款。

（2）解释变量：参考银行绿色信贷影响因素和银行信贷投放影响因素的文献，选取了如下可能影响绿色信贷占比的关键银行微观特征。

一是银行规模 SIZE，以资产总额的自然对数衡量。一方面，大银行实力雄厚，能配置更多的资源用于绿色信贷体系建设，包括设置专门绿色金融业务部门、完善绿色信贷政策、健全绿色业务流程等。大银行风险管理技术更成熟，能更快地开发环境风险管理模型，构建环境风险管理体系。在中国，大型国有银行还担负着更大的政治任务，需要积极支持国家的绿色发展战略和绿色金融政策。另一方面，小银行知名度较低，在传统业务领域的竞争力弱于大银行，更需开拓新领域，寻求差异化竞争。因此，开展绿色信贷、打造特色品牌对小银行提升客户认知度、在新兴业务领域树立竞争优势的作用更大。因此，综合而言，银行规模对绿色信贷占比的影响不确定，需要实证分析予以明确。

二是资本充足率 CAR，为监管资本与风险加权资产的比值。风险加权资产是商业银行不同资产以其风险水平作为权重之和，资本充足率对绿色信贷的影响与风险资产的权重如何确定有关。风险资产权重的计量方法包括权重法和内部评级法等。第一，权重法的权重由监管部门颁布的条例直接给定，目前中国对绿色信贷风险权重没有特殊规定，按照《商业银行资本管理办法》中“一般企业债权的风险权重为 100%”的规定，商业银行投放绿色信贷会占用较多资本，从而使资本充足率降低。为满足资本监管要求，商业银行有两种方式：一是补充资本金，包括在资本市场发行股票、二级资本债等，但是投资者与银行管理层之间存在信息不对称，银行通过资本市场融资面临较大困难，需要付出较高的融资成本；二是调整贷款结构，比如放缓其他类型的贷款投放以节约资本用于投放绿色信贷，而这可能会使商业银行丧失高收益的优质项目。2013 年实施的新资本管理办法提高了商业银行资本充足率达标标准，资本充足率较低的银行面临更大的资本补充压力，因此，在配置资产时会更加谨慎从而充分利用有限资本实现更高收益，盈利前景尚不明晰、更多处于探索阶段的绿色信贷显然不是优质资产首选。第二，内部评级法中，银行根据违约概率，给定违约概率下的损失率、违约的总敞口头寸以及期限等因素来决定一笔授信的风险权重，因此，违约率低的信贷类型，其风险权重较小。目前绿色信贷的违约率是相对较低的，按照内部评级法，绿色信贷的风险系数较小，因此，商业银行提高绿色信贷占比会降低风险加权资产、节约资本，从而提升银行资本充足率。综合而言，资本充足率对绿色信贷占比的影响也不确定，按照权重法，资本充足率高的银行有更大的放贷空间，投放更多绿色信贷；按照内部评级法，资本充足率低的银行会更倾向于投放目前不良率较低的绿色信贷。中国大部分商业银行采取的还是权重法，因此，预期资本充足率对绿色信贷占比具有正向影响。

三是资产收益率 ROA，为银行净利润与总资产的比值。银行财务绩效也会影响绿色信贷政策的实施。一方面，商业银行需要投入较大成本建设和运营绿色信贷体系，包括设置专门部门、开发绿色金融产品、完善环境风险管理体系等。由于环境风险管理是一个新的、技术性很强的领域，商业银行需要投入更多的研发资源，这意味着商业银行要想推行绿色信贷政策需要充足的财力支持。另一方面，绿色信贷业务初期一般无法给银行带来可观收益，业绩好的银行可以利用其他有盈利优势的业务缓解绿色信贷对银行绩效造成的短期压力。即使绿色信贷业务对银行盈利形成了负向影响，业绩好的银行有更多缓冲，能承受更大的利润下行幅度。此外，张兆国等（2013）发现企业可能根据财务绩效的好坏来相机安排承担多少社会责任。同样地，商业银行可能在绩效较好、财力充裕时，适时增加绿色信贷投放。因此，可以预期资产收益率对绿色信贷占比具有正向影响。

四是不良贷款率 NPL，为次级、可疑和损失三种贷款占总贷款的比重。绿色项目的环境风险较小，此外银行为“两高一剩”企业节能减排、技术改造提供资金支持也可以降低此类企业的环境风险。财务风险方面，绿色环保产业作为新兴产业盈利前景并不确定，但是目前绿色信贷规模较小，银行可以优先选取有抵押品、政府担保的优质项目，降低自身面临的信用风险。根据银保监会披露的数据，已经发放的绿色信贷的不良贷款率确实较低。因此，不良贷款率较高的银行可以通过增加绿色信贷投放来降低信用风险。因此，可以预期不良贷款率对绿色信贷占比的影响为正。

五是存贷比 LTD，为贷款总额与存款总额的比值。绿色信贷主要投向绿色交通运输、建筑节能及绿色建筑、可再生能源及清洁能源等领域，这些绿色项目的典型特点就是投资周期长，并且比同行业的传统项目更依赖长期融资。因此，商业银行向绿色项目投放贷款会加剧自身的期限错配问题（马骏，2015；Chen et al.，2017）。流动性水平高的银行有充足的流动资产或稳定负债支持绿色信贷业务，比如，存款对于商业银行而言是一种稳定性较高的负债，并且资金成本较低，因此，存贷比低的银行可以利用较低的成本在资产和负债端进行期限错配，从而获得较高的期限溢价和息差水平。而对于流动性较低的商业银行，一方面，负债端没有充足的稳定资金支持商业银行投放中长期绿色信贷，因此，需要从金融市场更频繁地滚动短期批发融资，这会增加商业银行的负债成本，流动性风险也会加大；另一方面，如果因为风险管理或监管要求等因素无法进一步加大期限错配，则需要减少其他中长期贷款的投放以支持绿色信贷。因此，可以预期存贷比对绿色信贷占比的影响为负。

六是非利息收入占比 NII，为银行非利息收入与营业收入的比值。净利息收入是商业银行主要的收入来源，非利息收入占比低表明银行的业务模式更加传统、相对“守旧”；非利息收入占比高表明银行更加勇于开拓新的收入来源。绿色信贷对于商业银行是新业务，能为银行带来的新的盈利点，因此，从这一角度来看，非利息收入占比对绿色信贷占比的影响为正。不过，在信贷资产是银行最主要的资产、利息收入是银行最主要收入的情况下，银行非利息收入占比高也可能源于其特定的经营战略，对信贷业务的重视和投入程度相对较低，对信贷项目筛选更为谨慎严格，对于银行业还未普遍开展的绿色信贷业务会采取观望状态。因此，从这一角度看，非利息收入占比对绿色信贷占比的影响为负。综合而言，非利息收入对绿色信贷占比的影响不确定，需要实证分析予以明确。

七是上市虚拟变量 LIST，银行上市当年及之后 LIST 取 1，其他取 0。商业银行上市以后，一方面，可以公开募集资本，资本实力增强，有更大的放贷空间；另一方面，上市银行受到的监管更多，对政策更加敏感，为了和监管部门保持良好关系，上市银行会更积极地响应监管部门的绿色金融政策。此外，上市银行面对公众投资者，因而拥有更多的利益相关方，为了迎合环保意识较强的投资者，上市银行需要增加绿色信贷占比，树立良好的绿色声誉。因此，可以预期上市虚拟变量对绿色信贷占比的影响为正。

此外，宏观经济环境和其他未考虑到的时变因素也可能影响银行绿色信贷投放，对此本章统一在模型中加入年度固定效应予以控制。为更清晰地展示变量信息，将解释变量名称、测度、系数符号预期等归纳如表 7 - 1 所示，以便和后面实证回归结果对应。

表 7 - 1　解释变量的定义和测度

变量名称	变量度量方式	预期符号
规模（SIZE）	资产总额的自然对数	+/-
资本充足率（CAR）	监管资本与风险加权资产的比值	+
资产收益率（ROA）	净利润与总资产的比值	+
不良贷款率（NPL）	次级、可疑和损失三种贷款占总贷款的比重	+
存贷比（LTD）	贷款总额与存款总额的比值	-
非利息收入占比（NII）	非利息收入与营业收入的比值	+/-
上市虚拟变量（LIST）	银行上市当年及之后 list 取 1，其他取 0	+

注：+/-表示系数符号不确定。

7.3.2　样本选择与描述性统计

本章研究样本为中国2007～2019年47家商业银行的年度非平衡面板数据。数据来源方面，绿色信贷数据根据商业银行社会责任报告手工收集得到，其余银行财务数据均取自Wind数据库。表7－2列示了主要变量的描述性统计结果。被解释变量GL的均值为3.462%，中国商业银行绿色信贷在总贷款中的比重较低，不过GL的最大值为23.771%，部分银行绿色信贷业务发展势头迅猛。银行微观财务特征方面，CAR的均值为12.708%，满足资本管理办法的要求。ROA的均值为0.925%，反映了中国商业银行的平均盈利能力，不过银行的业绩水平差异和波动较大，ROA的最大值为1.568%，最小值为0.068%。NPL的均值为1.247%，中国商业银行的资产质量整体而言较好，NPL的最小值为0.478%。不过受国外金融危机和经济复苏缓慢影响，以及国内经济结构调整转型影响，部分企业的盈利水平下降，偿债能力降低，增加了商业银行的信用风险，NPL的最大值为3.120%。LTD的均值为69.689%，低于原先存贷比的警戒线的75%，不过也有银行存贷比过高，达到96.490%。NII均值为21.500%，表明利息净收入仍然是中国商业银行的主要收入来源，NII的最大值为65.180%，部分银行对非利息收入依赖度较高，非利息收入已经超过净利息收入；NII的最小值为－1.322%，部分银行的非利息收入对银行营业收入的贡献为负，原因可能在于非利息收入中的投资收益，一些中小银行为获取高收益采取了比较激进的投资策略，承担了较高风险，在市场行情较差时，会遭受严重的损失。

表7－3显示了各变量之间的相关系数，各解释变量之间相关系数的绝对值多数在0.4以下，可以认为模型中的多重共线性问题并不严重。值得注意的是，GL和各银行微观财务特征的相关系数均显著为正，这意味着在不控制其他因素影响的前提下，规模较大、资本充足率较高、业绩更好、不良贷款率较高、存贷比较高，非利息收入占比较高，上市后的银行绿色信贷占比更高。除存贷比指标外，大部分相关系数符号和预期相符，不过更为准确的结论还有待严谨的实证分析。

表 7－2　　变量描述性统计

变量	观测值	均值	标准差	最小值	下四分位数	中位数	上四分位数	最大值
GL	324	3.462	3.673	0.061	0.786	2.747	4.912	23.771
SIZE	324	28.023	1.487	23.901	26.874	27.960	29.279	30.541
CAR	324	12.708	1.527	9.000	11.625	12.450	13.595	17.520
ROA	324	0.925	0.227	0.068	0.774	0.917	1.069	1.568
NPL	324	1.247	0.478	0.110	0.890	1.270	1.525	3.120
LTD	324	69.689	11.881	38.970	62.375	70.300	74.115	96.490
NII	324	21.500	11.519	－1.322	13.286	19.720	28.653	65.180
LIST	324	0.571	0.496	0.000	0.000	1.000	1.000	1.000

注：除 SIZE 和 LIST 外，各变量单位为%。

表 7－3　　变量相关系数

变量	GL	SIZE	CAR	ROA	NPL	LTD	NII	LIST
GL	1	0.526*	0.174*	0.120*	0.203*	0.120*	0.244*	0.427*
SIZE	0.414*	1	0.035	0.231*	0.193*	0.375*	0.499*	0.673*
CAR	0.116*	0.061	1	0.136*	0.225*	0.004	0.086	0.038
ROA	0.118*	0.216*	0.130*	1	－0.280*	－0.187*	－0.099*	0.310*
NPL	0.129*	0.163*	0.228*	－0.241*	1	0.324*	0.238*	0.005
LTD	0.116*	0.350*	0.042	－0.173*	0.282*	1	0.456*	0.383*
NII	0.172*	0.383*	0.055	－0.117*	0.127*	0.472*	1	0.340*
LIST	0.347*	0.657*	0.034	0.292*	－0.001	0.367*	0.251*	1

注：（1）相关矩阵的下半部分为皮尔逊相关系数，上半部分为斯皮尔曼相关系数。（2）＊表示相关系数在 10% 的显著性水平上显著。

7.4 银行微观财务特征影响绿色信贷的实证结果及分析

7.4.1 基准回归结果

表 7－4 列示了银行微观财务特征影响绿色信贷的回归结果，本书按照从一般到特殊的方法确定解释变量。第（1）列是控制了模型设定部分选择的全

部银行微观特征后的回归结果，结果表明 SIZE、ROA、LTD、LIST 的系数在5%水平上显著，其他变量显著性较弱。仅控制了四个显著的银行微观特征变量得出了第（2）列的结果，其中 SIZE 系数显著为正，表明规模较大的银行投放绿色信贷更积极，大银行开展绿色信贷业务的人力、财力、物力资源更充足，大都发布了完善的绿色信贷政策、构建了完整的绿色信贷管理流程，环境风险管理技术也更为先进，比如中国工商银行建立了环境风险压力测试系统。ROA 系数显著为正，即盈利能力好的银行投放绿色信贷更积极，因为业绩水平高的银行具有更大的试错空间。银行发展新业务会有新增成本，新业务也很难立刻实现较好盈利，业绩好的银行更能容忍新业务对银行绩效的不利影响，更有时间和耐心等待新业务发展成熟。LTD 系数显著为负，表明流动性高的银行投放绿色信贷更积极。因为绿色信贷用于支持企业节能减排改造、生态环境修复、环保技术研发等，涉及的工程项目一般工期较长，降低了银行资产的流动性，因此存贷比高的银行为降低自身的流动性风险，在投放绿色信贷方面更为谨慎。LIST 系数显著为正，即商业银行上市后投放绿色信贷更积极。上市银行补充资本方式更多，为发展绿色信贷业务提供了充足资本支持。另外，上市银行更受关注，拥有更多的利益相关者，其中关注环保的公众投资者也更多，为满足社会责任敏感型利益相关者需求，上市银行投放绿色信贷、支持环保产业的积极性更高。

表7-4　　银行微观财务特征影响绿色信贷的回归结果

项目	(1)	(2)
SIZE	0.755*** (6.18)	0.742*** (6.60)
CAR	-0.153 (-1.00)	
ROA	2.033** (2.11)	1.646** (2.25)
NPL	0.332 (0.94)	

续表

项目	(1)	(2)
LTD	−0.037** (−2.41)	−0.035** (−2.32)
NII	−0.011 (−0.62)	
LIST	1.440*** (3.61)	1.412*** (3.58)
截距项	−18.812*** (−5.19)	−19.342*** (−5.15)
年度效应	Yes	Yes
样本量	324	324
Adj. R^2	0.253	0.249

注：括号内为t统计量值，***、** 分别表示估计系数在1%和5%的显著性水平上显著。

借鉴伊斯瑞雷（Israeli，2007）的思想，采取基于夏普利值分解的方法量化了绿色信贷的各影响因素对模型拟合优度的贡献（见表7－5）。通过对表7－5第（1）列的 R^2 进行分解可知，SIZE对 R^2 的贡献大约占到39.07%，是影响绿色信贷最主要的因素；其次是LIST，对 R^2 的贡献大约占到25.23%；再次是年度固定效应的贡献为19.52%；其他变量贡献度相对较小，按大小排序，依次为ROA、NII、NPL、LTD、CAR。同样对第（2）列的 R^2 进行分解，发现除年度效应外，各变量的贡献度依次为SIZE、LIST、ROA、LTD，其中SIZE的贡献率依然最大，为42.02%，LIST的贡献率也相对较大，为26.28%，两者合计超过68%，占所有变量贡献率的一半以上。

表7－5　银行微观财务特征影响绿色信贷的贡献度

因素	(1)	(2)	(3)	(4)
	夏普利值	百分比（%）	夏普利值	百分比（%）
SIZE	0.09896	39.07	0.10483	42.02
CAR	0.00543	2.15		
ROA	0.01345	5.31	0.01247	5.00

续表

因素	(1)	(2)	(3)	(4)
	夏普利值	百分比（%）	夏普利值	百分比（%）
NPL	0. 00660	2. 60		
LTD	0. 00656	2. 59	0. 00743	2. 98
NII	0. 00893	3. 53		
LIST	0. 06390	25. 23	0. 06556	26. 28
年度效应	0. 04945	19. 52	0. 05918	23. 72
合计	0. 25329	100. 00	0. 24947	100. 00

7.4.2　稳健性检验

第一步是替换解释变量。表7－6第（1）列中SIZE2为银行营业收入的自然对数，第（2）列中SIZE3为银行营业收入的自然对数，SIZE2和SIZE3均在1%水平上显著为正，表明替换银行规模的度量方式后，结论依然成立。第（3）列中，银行盈利指标由ROA替换为ROE，结果显示，ROE的系数在1%水平上显著为正，表明盈利好的银行的绿色信贷占比更高的结论依然成立。第（4）列为将时间虚拟变量替换为时间趋势项T的结果，T的系数显著为正，表明绿色信贷占比随时间推移而逐渐提升。此外其他银行微观特征的系数和基准回归一致。第（5）列为用银行资本资产比ETA替换银行资本充足率后的结果，ETA为银行股东权益与总资产的比值；第（6）列为采用银行核心资本充足率CCAR后的结果，CCAR为银行核心资本与加权风险资产总额的比率。ETA和CCAR的系数为负但不显著，但我们更为关注的SIZE、ROA、LTD、LIST系数与基准回归一致。另外，NPL系数在第（3）列和第（5）列显著为正，虽然NPL的系数不够稳健，不过综合而言更支持不良贷款率高的银行投放绿色信贷更积极的结论，也与预期相符。目前环保项目存在较大的资金缺口，银行在投放绿色信贷时有较多可选项目，可以优先选择信用风险更小的项目，绿色信贷的不良率较低，因此不良率较高的银行更有动力投放绿色信贷。

表 7-6　　替换解释变量的回归结果

项目	(1)	(2)	(3)	(4)	(5)	(6)
	替换规模		替换盈利	替换时间虚拟变量	替换资本充足率	
SIZE2	0. 701 *** (5. 98)					
SIZE3		0. 642 *** (5. 75)				
SIZE			0. 680 *** (5. 56)	0. 746 *** (5. 93)	0. 653 *** (5. 36)	0. 754 *** (6. 14)
CAR	-0. 155 (-1. 01)	-0. 178 (-1. 16)	0. 020 (0. 16)	-0. 110 (-0. 78)		
ETA					-0. 520 (-1. 08)	
CCAR						-0. 111 (-0. 94)
ROA	1. 705 * (1. 74)	2. 008 ** (2. 07)		1. 621 ** (1. 99)	2. 924 *** (3. 21)	1. 911 ** (2. 17)
ROE			0. 229 *** (3. 85)			
NPL	0. 261 (0. 74)	0. 342 (0. 96)	0. 693 * (1. 84)	0. 329 (1. 08)	0. 901 ** (2. 10)	0. 361 (0. 98)
LTD	-0. 037 ** (-2. 44)	-0. 044 *** (-2. 90)	-0. 027 * (-1. 74)	-0. 033 ** (-2. 26)	-0. 029 * (-1. 83)	-0. 036 ** (-2. 37)
NII	-0. 010 (-0. 58)	-0. 007 (-0. 42)	-0. 007 (-0. 39)	-0. 011 (-0. 67)	-0. 010 (-0. 60)	-0. 010 (-0. 57)
LIST	1. 492 *** (3. 65)	1. 615 *** (3. 84)	1. 419 *** (3. 72)	1. 459 *** (3. 98)	1. 572 *** (3. 82)	1. 433 *** (3. 60)
T				0. 344 *** (4. 89)		
截距项	-7. 809 *** (-3. 28)	-8. 521 *** (-3. 35)	-21. 850 *** (-5. 88)	-18. 863 *** (-5. 55)	-17. 260 *** (-4. 63)	-19. 633 *** (-5. 36)
年度效应	Yes	Yes	Yes	No	Yes	Yes
样本量	324	324	324	324	324	324
Adj. R^2	0. 249	0. 245	0. 267	0. 248	0. 265	0. 252

注：括号内为 t 统计量值，***、** 和 * 分别表示估计系数在 1%、5% 和 10% 的显著性水平上显著。

第二步是变换样本。通过保留具有不同数量连续观测值的样本，重新进行回归，结果如表 7－7 所示。SIZE 和 LIST 系数始终在 1% 水平上显著为正，LTD 在 5% 水平上显著为负。随着样本连续观测值数量增加，样本数减少，ROA 系数的显著性有所减弱，不过仍在 10% 水平上显著为正，基准回归的结果是稳健的。

表 7－7　变换样本的回归结果

项目	(1)	(2)	(3)	(4)	(5)	(6)
	连续观测值数量 N					
	N＝2	N＝3	N＝4	N＝5	N＝6	N＝7
SIZE	0.755*** (6.18)	0.755*** (6.18)	0.823*** (5.83)	0.823*** (5.83)	0.819*** (5.81)	0.803*** (5.74)
CAR	−0.153 (−1.00)	−0.153 (−1.00)	−0.164 (−1.07)	−0.164 (−1.07)	−0.179 (−1.14)	−0.146 (−0.94)
ROA	2.033** (2.11)	2.033** (2.11)	1.780* (1.78)	1.780* (1.78)	1.915* (1.88)	1.821* (1.81)
NPL	0.332 (0.94)	0.332 (0.94)	0.256 (0.70)	0.256 (0.70)	0.312 (0.84)	0.306 (0.84)
LTD	−0.037** (−2.41)	−0.037** (−2.41)	−0.042*** (−2.65)	−0.042*** (−2.65)	−0.046*** (−2.81)	−0.042** (−2.59)
NII	−0.011 (−0.62)	−0.011 (−0.62)	−0.013 (−0.74)	−0.013 (−0.74)	−0.012 (−0.66)	−0.006 (−0.37)
LIST	1.440*** (3.61)	1.440*** (3.61)	1.351*** (3.29)	1.351*** (3.29)	1.293*** (3.14)	1.347*** (3.30)
截距项	−18.812*** (−5.19)	−18.812*** (−5.19)	−19.801*** (−5.24)	−19.801*** (−5.24)	−19.558*** (−5.18)	−19.739*** (−5.22)
年度效应	Yes	Yes	Yes	Yes	Yes	Yes
样本量	324	324	320	320	315	313
Adj. R^2	0.253	0.253	0.255	0.255	0.253	0.256

注：括号内为 t 统计量值，***、** 和 * 分别表示估计系数在 1%、5% 和 10% 的显著性水平上显著。

7.4.3 进一步分析

7.4.3.1 银行微观财务特征对绿色信贷的时滞影响

基准回归中考察了当期银行微观财务特征对绿色信贷的影响，那么银行微观财务特征对绿色信贷的影响是否具有时滞性和持续性呢？为此，本书在研究中考察不同滞后期银行微观财务特征对绿色信贷的影响，除 LIST 外，其余微观特征解释变量均依次取滞后 1～3 期，回归结果如表 7-8 所示。第（1）、第（3）、第（5）列是加入了所有微观特征变量后的时滞影响结果，第（2）、第（4）、第（6）列是只加入显著的解释变量后的时滞影响结果，需要说明的是第（5）列中结果与基础回归结果不同，NII 的系数显著为负，因此在第（6）列结果计算中也加入了 NII，不过 NII 的系数不再显著。前文预期 NII 对绿色信贷占比的影响方向不确定，本章回归结果综合而言更支持非利息收入占比低的银行的绿色信贷占比更高的结论，也就是更依赖传统利差收入的银行在开创新的贷款业务和利息收入来源方面更积极。基准回归中显著的变量 SIZE、ROA、LTD、LIST 在各组回归中基本仍保持显著，符号也与前面一致，再次表明本章结论是稳健的。

表 7-8 银行微观财务特征对绿色信贷的时滞影响

项目	(1)	(2)	(3)	(4)	(5)	(6)
	解释变量滞后 1 期		解释变量滞后 2 期		解释变量滞后 3 期	
SIZE	0.846*** (6.43)	0.791*** (6.62)	0.845*** (6.16)	0.772*** (6.65)	0.844*** (5.39)	0.751*** (6.07)
CAR	-0.101 (-0.75)		-0.171 (-1.40)		-0.119 (-1.04)	
ROA	1.294** (2.15)	1.054** (2.08)	1.698** (2.04)	1.238* (1.96)	1.172 (1.55)	0.898 (1.46)
NPL	-0.048 (-0.14)		-0.230 (-0.61)		-0.554 (-1.42)	
LTD	-0.049*** (-2.87)	-0.054*** (-3.26)	-0.054*** (-3.00)	-0.058*** (-3.59)	-0.062*** (-2.89)	-0.064*** (-3.23)

续表

项目	(1)	(2)	(3)	(4)	(5)	(6)
	解释变量滞后1期		解释变量滞后2期		解释变量滞后3期	
NII	-0.021 (-1.37)		-0.024 (-1.46)		-0.033** (-1.97)	-0.019 (-1.35)
LIST	1.445*** (3.34)	1.486*** (3.55)	1.369*** (3.22)	1.423*** (3.49)	1.465*** (3.26)	1.553*** (3.58)
截距项	-19.436*** (-5.85)	-18.856*** (-5.58)	-17.100*** (-4.64)	-17.248*** (-5.43)	-14.926*** (-3.42)	-14.817*** (-4.22)
年度效应	Yes	Yes	Yes	Yes	Yes	Yes
样本量	312	314	303	307	280	287
Adj. R^2	0.258	0.253	0.256	0.250	0.242	0.236

注：括号内为t统计量值，***、**和*分别表示估计系数在1%、5%和10%的显著性水平上显著。

具体看各解释变量的系数。SIZE的系数始终在1%水平上显著为正，LTD的系数始终在1%水平上显著为负，并且系数大小变化不大，即滞后1~3期的银行规模（存贷比）变量对当期绿色信贷占比都有正向（负向）影响，因此规模因素和存贷比因素的影响具有较强持续性。滞后1~2期的ROA的系数显著为正，滞后3期的ROA的系数为正但不显著，表明盈利能力对银行绿色信贷的正向影响随时间推移会减弱，即银行业绩水平改善会促使银行在未来两期更积极地投放绿色信贷，但对未来第三期的绿色信贷投放决策没有明显影响。

7.4.3.2 银行财务绩效和绿色信贷的交互跨期影响

本章研究显示财务绩效是影响银行绿色信贷的重要因素，而第4章的研究显示绿色信贷对提升财务绩效也有积极影响。那么银行财务绩效和绿色信贷之间是否存在跨期交互影响呢？在社会责任和企业财务绩效领域，许多研究发现社会责任和财务绩效具有双向影响，并且两者之间的影响还具有持续性特征，因此一些文献考察了社会责任和财务绩效的交互跨期影响。张弛等（2020）以中国2010~2017年A股重污染行业上市公司为研究样本进行分析，发现企业环境责任对财务绩效的正向影响在滞后一期和两期更显著；企业财务绩效对环境责任的正向影响不具有滞后性。张兆国等（2013）以中国2007~2011年沪市 A 股上市公司为研究样本进行分析，发现滞后一期的社会责任对企业剔除盈余管理的息税前利润率有正向影响，而当期和滞后两期的社会责任对企业财务绩效的影响不显著；当期财务绩效对企业社会责任有显著正向影响，而滞后期的财务绩效对企业社会责任没有影响。尹开国等（2014）以 2009 ~ 2010 年发布社会责任报告的 A 股上市公司为研究样本进行分析，发现当期和滞后一期的社会责任会提升企业当期财务绩效，当期和滞后一期的财务绩效提升也会促使企业改善当期社会责任表现。

首先，分析当期绿色信贷和财务绩效的相互影响。尹开国等（2014）利用单方程回归考察企业社会责任外生假设下当期财务绩效和社会责任的相互影响，而后利用联立方程模型考察企业社会责任内生假设下当期财务绩效和社会责任的相互影响。本书在研究中借鉴这一研究思路和方法考察银行当期资产收益率和绿色信贷占比的交互影响，回归结果如表 7 – 9 所示。其中第（1）~（4）列为单方程的回归结果，第（2）、第（2）列是控制了所有银行微观特征变量后的结果，第（3）、第（4）列是进一步筛选了显著的解释变量后的结果，第（5）、第（6）列为联立方程模型的回归结果，结果显示，这样的操作更好地降低了银行财务绩效和绿色信贷间的内生性问题，GL 的系数不显著，ROA 的系数均在 5% 水平上显著为正。综合而言，当期盈利水平好的银行更愿意投放绿色信贷，但当期绿色信贷对当期银行财务绩效没有明显影响。

表 7 – 9　　银行财务绩效和绿色信贷的交互影响

项目	(1)	(2)	(3)	(4)	(5)	(6)
	单方程				联立方程	
	ROA	GL	ROA	GL	ROA	GL
GL	0.003 (1.19)		0.004 (1.37)		0.019 (1.25)	
ROA		2.033** (2.11)		1.646** (2.25)		3.728** (2.02)
SIZE	0.018 (1.08)	0.755*** (6.18)		0.742*** (6.60)		0.750*** (4.43)
CAR	0.047*** (6.22)	–0.153 (–1.00)	0.046*** (6.11)		0.041*** (6.20)	

续表

项目	(1)	(2)	(3)	(4)	(5)	(6)
	单方程				联立方程	
	ROA	GL	ROA	GL	ROA	GL
NPL	-0.024 (-0.58)	0.332 (0.94)				
LTD	-0.003 ** (-2.37)	-0.037 ** (-2.41)	-0.002 ** (-2.29)	-0.035 ** (-2.32)	-0.002 * (-1.86)	-0.029 (-1.48)
NII	0.001 (0.44)	-0.011 (-0.62)				
LIST	0.053 ** (2.22)	1.440 *** (3.61)	0.088 *** (4.15)	1.412 *** (3.58)	0.059 * (1.69)	0.944 * (1.73)
截距项	0.573 ** (2.24)	-18.812 *** (-5.19)	0.989 *** (5.21)	-19.342 *** (-5.15)	0.885 *** (6.07)	-20.503 *** (-4.52)
年度效应	Yes	Yes	Yes	Yes	Yes	Yes
样本量	324	324	324	324	324	324
Adj. R^2	0.545	0.253	0.536	0.249	0.441	0.221

注：括号内为 t 统计量值，*** 、** 和 * 分别表示估计系数在 1%、5% 和 10% 的显著性水平上显著。

其次，参考张兆国等（2013）、张弛等（2020）的研究，也将考察银行财务绩效和绿色信贷的交互跨期关系。表 7-10 列示了当期和滞后期绿色信贷（财务绩效）对当期银行财务绩效（绿色信贷）的影响。第一，各列回归结果显示，绿色信贷占比和资产收益率的系数均为正，即银行绿色信贷和财务绩效存在互相促进的良性交互关系。第二，第（1）~（4）列的结果显示，滞后 2 ~ 3 期的绿色信贷占比系数更大、更显著，表明绿色信贷对银行财务绩效的影响逐渐增强。第三，第（5）~（6）列的结果显示，当期 ROA 的系数在 5% 水平上显著，滞后期 ROA 的系数在 10% 水平上显著，表明当期财务绩效对绿色信贷占比的正向影响更强。另外，随着滞后期增加，ROA 的系数逐渐减小，表明滞后期财务绩效对银行绿色信贷的影响更小，这与表 7-8 中解释变量均滞后的回归结果也是一致的。

表 7－10　　银行财务绩效和绿色信贷的交互跨期影响

项目	(1)	(2)	(3)	(4)	(5)	(6)	(7)	(8)
	被解释变量 ROA：X = GL				被解释变量 GL：X = ROA			
X	0.003 (1.19)				2.033** (2.11)			
L. X		0.003 (1.29)				1.385* (1.65)		
L2. X			0.005** (2.31)				1.367* (1.94)	
L3. X				0.007*** (3.10)				1.169* (1.86)
SIZE	0.018 (1.08)	0.017 (1.57)	0.004 (0.35)	−0.003 (−0.23)	0.755*** (6.18)	0.815*** (6.02)	0.848*** (6.73)	0.886*** (6.15)
CAR	0.047*** (6.22)	0.043*** (5.58)	0.052*** (6.01)	0.053*** (5.40)	−0.153 (−1.00)	−0.147 (−0.98)	−0.128 (−0.90)	−0.169 (−1.11)
NPL	−0.024 (−0.58)	0.012 (0.26)	0.039 (0.81)	0.053 (1.43)	0.332 (0.94)	0.383 (1.02)	0.427 (1.05)	0.488 (1.05)
LTD	−0.003** (−2.37)	−0.003** (−2.56)	−0.002* (−1.87)	−0.001 (−1.08)	−0.037** (−2.41)	−0.046*** (−2.83)	−0.049*** (−2.96)	−0.057*** (−3.18)
NII	0.001 (0.44)	0.001 (0.44)	0.000 (0.20)	−0.001 (−0.55)	−0.011 (−0.62)	−0.011 (−0.62)	−0.009 (−0.47)	−0.008 (−0.44)
LIST	0.053** (2.22)	0.072** (2.54)	0.108*** (3.67)	0.123*** (4.15)	1.440*** (3.61)	1.474*** (3.48)	1.410*** (3.49)	1.447*** (3.46)
截距项	0.573** (2.24)	0.443 (1.49)	0.521* (1.82)	0.598* (1.96)	−18.812*** (−5.19)	−19.324*** (−5.64)	−19.218*** (−5.80)	−18.166*** (−4.79)
年度效应	Yes	Yes	Yes	Yes	Yes	Yes	Yes	Yes
样本量	324	275	239	203	324	314	307	287
Adj. R^2	0.545	0.533	0.557	0.612	0.253	0.251	0.248	0.236

注：括号内为 t 统计量值，***、** 和 * 分别表示估计系数在 1%、5% 和 10% 的显著性水平上显著。

综合而言，在交互影响方面，银行财务绩效和绿色信贷相互之间存在正向影响关系，业绩好的银行更愿意投放绿色信贷，而绿色信贷占比的提升反过来又会稳固银行的高业绩。在跨期影响方面，绿色信贷对银行未来财务绩效的影响更大、更强；相反，财务绩效对银行未来绿色信贷的影响更小、更弱。说明绿色信贷对银行财务绩效的影响随时间推移而增大、增强，而银行财务绩效对绿色信贷的影响随时间推移而减小、变弱。

跨期影响方面的差异可能源于三个方面：一是绿色信贷作为新业务从初期开展到实现较好收益需要时间；二是业务初期支出的成本较高，后续随着固定成本摊薄，绿色信贷的盈利性更高；三是银行通过投放绿色信贷积累绿色声誉资本也不是一蹴而就的，需要不断践行环保责任才能树立起可信的绿色声誉。因此，随着绿色经济发展、环保要求提升、公众环保意识增强，商业银行过去的投放绿色信贷行为就成为了“先见之明”，不仅在当时给银行带来了一定收益，还对银行的长期盈利能力产生了持续深远的影响。一个现实中的典型案例就是兴业银行，兴业银行早在2008年就宣布采纳赤道原则，成为中国首家“赤道银行”。当时绿色信贷对银行业来说还是较为陌生的概念，兴业银行也处于摸索阶段，收益较小，但是因为兴业银行的绿色信贷业务走在行业前列，开展时间较长，其业务模式已较为成熟，产品体系也日益完备。目前绿色信贷已经成为兴业银行的特色业务和响亮名片，兴业银行也凭此树立了良好口碑和品牌知名度，获取了大量绿色融资领域的客户和项目资源，极大增强了自身盈利能力。总之，兴业银行在早期布局绿色信贷业务时，虽然当时可能收效甚微，但为其后来抓住绿色发展机遇、应对不断增加的环境风险打下了良好基础，绿色信贷的积极作用正逐渐显现出来，并愈发明显。

财务绩效对绿色信贷的影响在当期更明显的原因可能在于，一是绿色信贷影响当期盈利，不影响过去的盈利，当期盈利好的银行才更敢于积极投放绿色信贷，即使收益较低也不会对银行造成明显不利影响。二是银行投放绿色信贷是面向未来的决策，当期盈利情况更能反映银行最新的经营状况和盈利能力，对银行当下的信贷决策具有更直接的影响，而过去的盈利较好属于“逝去的辉煌”，从信息含量上看，不如当下盈利情况准确，对面向未来的决策影响较小。三是发展绿色信贷业务需要资源支持，当期盈利好的银行能提供更多财力、物力等资源，虽然过去的盈利也能积累资源，但银行在当期盈利较好时更愿意调动资源以增加当期的绿色信贷投放。

7.5 本章小结

本章基于银行主要的微观财务特征考察了绿色信贷投放的影响因素，即具有哪些财务特征的银行投放绿色信贷更积极。研究结果显示，规模较大、盈利水平较高、流动性较好、上市银行的绿色信贷占比更高，这一结论在替换变量度量方式和变更样本后依然稳健。进一步地，借鉴企业社会责任和财务绩效相互影响关系的文献内容，还考察了绿色信贷和财务绩效的交互跨期影响，研究显示绿色信贷和财务绩效存在相互促进的正向影响关系，滞后期绿色信贷对当期财务绩效的影响更大，并且随着滞后期增加，绿色信贷对财务绩效的影响增强；而当期财务绩效对当期绿色信贷的影响更大，并且随着滞后期增加，财务绩效对绿色信贷的影响减弱。基于本章研究结论，可以得出以下政策启示。

第一，应发挥大银行的引领和协助作用，带动中小银行绿色信贷发展。大银行绿色信贷业务发展较快，已经初步构建好较为完备的绿色信贷业务体系，具有更先进的环境风险管理技术。中小银行受制于有限的资源和较弱的风险管理能力，完全自主开发绿色信贷业务进度较慢，成本较高。因此，中小银行可以寻求与大银行的合作，在大银行的指导下，参考大银行的成功经验，建立适合自身的绿色信贷业务体系。在此过程中，小银行可以和大银行分享绿色项目信息，共同开展绿色融资业务，从而实现互利共赢①。对于监管部门而言，一方面可以建立绿色金融业务合作平台，为商业银行合作提供信息和机会；另一方面可以发布绿色信贷业务操作细则，总结大型银行的先进经验并加以推广。中小银行在业务发展中有章可循，就可以少走弯路，降低业务成本和风险，投放绿色信贷的积极性也会大大提升。

第二，业绩较差的银行应抓住绿色经济发展机遇，积极寻找收益性较好的

① 例如，2017 年，兴业银行与九江银行在江西省赣江新区签订绿色金融合作协议，国内首个绿色金融同业合作正式落地。根据协议，兴业银行先期将提供智力输出、管理输出服务，参与九江银行绿色金融业务规划，提供研究、培训等专业支持，并通过提供绿色金融体制机制等的规划咨询与设计，推动双方在绿色投融资、财富管理、资产管理等方面开展深度合作和业务创新。同时双方还将逐步深化品牌共建与协同推广，共同实现“由绿到金”的共赢发展。

绿色项目，通过投放绿色信贷来提振业绩。盈利性是商业银行的重要经营原则，同时银行员工的业绩考核标准也是以盈利为导向的。而绿色项目，一方面，因为正外部性问题，收益没有完全内部化，影响了其获利性；另一方面，环保产业属于新兴行业，虽然有很好的盈利前景，但行业发展尚不成熟，各类绿色项目也是“鱼龙混杂”，收益差异较大。本身业绩较差的银行担心公益性较强或者收益不明朗的绿色项目进一步拉低银行盈利，往往不愿意开展绿色信贷业务。因此，我们建议自身业绩较差的银行在开展绿色信贷业务时可以选择经济性较强、公益性较弱的绿色项目，同时可以和业内发展相对成熟的环保企业开展合作，并邀请业内专家对绿色项目的前景进行全面评估，以尽可能提高绿色信贷的收益。另外，业绩较差的银行也应意识到，盈利降低可能是当前业务结构需要革新的信号，因而应积极开拓新的利润来源。银行的业务结构应随着经济发展方式的转变而调整，增加绿色信贷占比就是银行为迎合绿色发展潮流而应作出的资产配置变化。对于监管部门而言，应进一步推进要素市场改革，通过加快碳排放交易市场建设等，促进绿色项目外部性内部化，从而提高绿色信贷收益。

第三，积极推进绿色信贷资产证券化、绿色债券发行，创新货币政策工具，降低绿色信贷导致的期限错配问题。绿色项目大多期限较长，流动性较低的银行投放绿色信贷的积极性不高。建议从资产和负债两方面来解决这一问题：资产方面，可以通过绿色信贷资产证券化来提升绿色资产的流动性，加快银行资金回笼和周转。负债方面，一是推进商业银行绿色债券发行，完善绿色债券认证、信息披露等制度。二是中央银行利用货币政策工具给予投放绿色信贷的银行长期流动性支持。中国人民银行已将绿色债券和绿色信贷纳入央行贷款便利的合格抵押品的范围，未来可创立更多支持碳减排的工具，激励商业银行为绿色项目提供更多资金。可以考虑的方向包括：差别化的存款准备金率制度，即对绿色信贷达到一定要求的银行施行较低的存款准备金率要求；将绿色信贷和绿色债券纳入更多货币政策操作的合格抵押品范围等。

第四，推动优质商业银行上市，引入负责任投资者，发挥市场监督和约束作用。商业银行上市后，面对的是公众投资者，股权结构也会相对分散，拥有更多的利益相关者。投资者的理念也更加多元化，其中负责任投资者会特别关注商业银行对绿色发展的资金支持，从而促使银行加大绿色信贷投放。因此，一方面可以加快符合条件的商业银行的上市步伐，充分利用市场监督和约束机制，促使银行履行环境保护责任；另一方面可以引入更多负责任投资者，如以绿色环保为主题的各类投资基金等，同时加强投资者在可持续价值观方面的教育。

第五，商业银行应树立可持续发展理念，实现绿色信贷和财务绩效相互促进的良性循环。本章研究显示不同类型的银行在绿色占比方面存在明显差异，但同时也发现绿色信贷和财务绩效存在相互正向的影响关系，并且两者的关系还有一定的持续性。在国家绿色发展战略大背景下，为实现“碳中和、碳达峰”目标，环保产业需要大量资金，也蕴藏着巨大商机。银行需要认真对待和布局绿色信贷业务，不应仅将其作为显示银行履行环境保护责任的“作秀之举”，零星开展几笔业务了事。而应将绿色信贷纳入发展战略，在支持绿色经济的同时也分享绿色经济的红利，获取长期持续的收益。

第8章

银行绿色信贷的影响因素Ⅱ：银行公司治理

8.1 银行公司治理特征影响绿色信贷投放的现实背景

银行的信贷配置受到银行发展战略的影响，而银行的发展战略又与“股东大会—董事会—高管层”的顶层设计和公司治理机制密切相关。商业银行和一般非金融性企业一样，其主要公司治理机制包括股权结构、独立董事、高管持股、引入外资战略投资者等，那么银行的这些公司治理因素如何影响绿色信贷呢？

随着商业银行股份制改革推进，银行的公司治理问题开始引起学界的关注。部分中小银行，如包商银行、锦州银行、恒丰银行等陆续出现风险事件，和公司治理机制不完善有很大关联。商业银行的公司治理逐渐成为各界关注的热点问题。既有文献主要研究了公司治理因素对银行绩效和风险的影响（刘家松和聂宝平，2016；刘家松等，2019；李晓庆等，2021），考察公司治理因素影响绿色信贷的文献很少。杜莉和周津宇（2018）发现大型国有控股商业银行的绿色化水平更高，但是对政府持股比例较低的银行没有起到明显的示范作用。孟科学等（2018）考察了高管特征对银行绿色金融业务实施效果的影响。袁冬梅等（2021）、齐岳等（2020）发现公司治理是影响企业环境表现和社会责任的重要因素。

鉴于此，本章中比较系统和全面地分析了主要银行公司治理特征对绿色信贷占比的影响。结果显示国家持股和股权集中度降低有助于银行提高绿色信贷比例，而其他公司治理因素对绿色信贷发展没有影响甚至有不利影响，从而表明商业银行尚未形成良好的绿色治理机制。本章内容拓展了银行公司治理的经济后果和绿色信贷影响因素的研究，为从内部机制方面探寻银行投放绿色信贷的原因提供了经验参考。

8.2 银行公司治理特征影响绿色信贷的文献综述和理论分析

8.2.1 银行股权结构与绿色信贷投放

8.2.1.1 文献综述

较多文献考察了商业银行股权结构对财务绩效和风险承担的影响。财务绩效方面，从银行的股权性质来看，郭永利等（2012）认为当银行第一大股东为地方政府代表时，将不利于提升银行绩效。何美玲和洪正（2019）基于对城商行经验数据的分析，认为民营股东的增加对银行经营绩效有着正向作用。许坤等（2021）实证检验后认为，民营股东持股在使银行绩效得到改善的同时又提高其风险承担。从银行的股权集中度来看，财务绩效方面，卡普里奥等（Caprio et al.，2007）认为合理的股权集中度有利于促进银行价值提升，赵尚梅等（2012）以中国 72 家城商行为样本进行分析，发现前十大股东持股比例的提高可以有效稀释政府大股东的控制权，从而正向影响银行绩效。不过也有学者持不同观点，陈旭东等（2021）认为城商行的股权集中度越高则越不利于其经营业绩增长。马静等（2014）认为股权集中度和中国上市银行综合绩效的关系呈倒“U”型。廉永辉和张琳（2019）认为可以通过降低股权集中度帮助提升银行股东多元化，从而抑制商业银行盈余管理。经营风险方面，拉埃文和莱文（Laeven and Levine，2009）、牛丽娟（2015）均认为股权集中度越高，银行面临的风险会越大。伊安诺塔等（Iannotta et al.，2007）则发现股权集中有助于提高银行资产质量。

少数文献考察了股权结构对银行信贷投放的影响。贾春新（Jia，2009）认为以政府产权为主导的商业银行，其风险承担冲动也会较高，更倾向于信贷扩张。储著贞等（2012）发现由中央政府控制的银行，其民营化程度较低且大股东持股比例较高，这类银行的信贷扩张倾向更加强烈。潘敏和张依茹（2013）发现当经济处于下行周期阶段时，国有持股占比高的银行增加中长期信贷投放，外资股占比高的银行则收缩短期信贷规模。

还有一些文献考察了股权结构对银行社会绩效和社会责任的影响。杜莉和周津宇（2018）发现相对于一般股份制商业银行来说，大型国有控股商业银行的绿色化水平更高。武力超和陈玉春（2017）根据所有权类型将微型金融机构分成非政府组织型和营利型，前者在反贫困上的表现更好。刘丹和张兵（2018）在研究股权结构与农商行二元绩效时，发现农商行的政府性质、股东集中度与其社会绩效呈正相关关系。

股权结构对银行环境责任、社会责任影响方面的研究较少。笔者还将梳理股权结构对企业环境保护和社会责任的影响，以期为本书的研究提供更多参考。股权结构对企业环境保护的影响方面，陶岚和刘波罗（2013）运用新制度理论中的组织合法性理论分析企业环保行为的驱动因素，发现国有控股企业的环保投入相比于民营企业会更多，上市公司的股权集中度负向影响其环保投入强度。唐国平和李龙会（2013）认为公司的大股东和管理层在环保投入及责任承担方面比较被动，更多呈现“合谋”倾向，股权制衡度和管理层持股比例会负向影响企业的环保投入力度。任广乾等（2021）认为企业的股权制衡度正向影响企业环保行为，而股权集中度会负向影响企业环保行为，并进一步证实，结果显示适度的股权分散与制衡可以促进企业承担环保责任。

股权结构也是影响企业社会责任的主要因素（Barnea and Rubin，2010）。首先，股权性质方面，巴拉科等（Barako et al.，2006）、王海妹等（2014）、张柴（2016）研究发现外资持股与机构持股可以正向影响企业承担社会责任及社会责任信息披露；孙艳梅和陶利斌（2019）发现机构持股比例负面影响企业承担社会责任，同时内部人会为了自身利益推行社会责任，所以内部人持股促使企业承担社会责任。股权集中度与企业社会责任的关系方面，冯丽丽等（2011）、成沛祥等（2015）的实证研究发现企业股权集中度越高则越能够履行社会责任；杨忠智和杨洁（2012）的实证研究发现适度的股权集中可以促使公司履行社会责任并有利于公司价值的提高。

8.2.1.2 理论分析

股权性质对绿色信贷的影响方面。商业银行的股权性质大致可以分为国有股权和非国有股权。国有股权包括国家政府部门如财政部、地方财政局等持有的国家股，和国有企业部门持有的股份。非国有股包括民营部门、个人、外资等持有的股份。国有性质的股份具有多重目标，除了资产保值增值的经济目标外，还有承担社会责任、实行国家政策的社会目标或政治目标。因此为了响应政府的绿色发展和绿色金融政策，国有股股东会要求银行投放更多绿色信贷。另外，在国有控股的商业银行中，高管的聘用升迁标准中除了银行盈利等经济指标外，还有对政府政策的支持力度、政治觉悟和素养等指标。近年来，随着国家对绿色发展的重视，对节能减排的金融支持也成为评价高管履职情况的重要因素。因此，国有控股的银行在发展绿色信贷业务方面投入更多、更积极。综合而言，本部分中提出如下假说：

H1：国有股占比高的银行，绿色信贷占比也高。

股权集中度对绿色信贷的影响方面。股权集中的情况下，控股股东为了经济利益忽视环保责任履行的行为难以得到有效约束，同时大股东之间更容易形成合谋。较长时期内，绿色信贷的经济性没有得到充分重视，而“两高一剩”等传统领域的企业获得了较多的资金支持。股权结构的优化既可以实现企业内部的制衡，又可以在一定程度上对控股股东的片面逐利行为进行监督和约束，使企业更加关注生产的可持续性以及生产过程对社会造成的成本（任广乾等，2021）。因此，股权的适度分散可以避免“一言堂”的出现，能包容多元化的价值观和投资理念，从而促使商业银行将绿色理念融入业务发展，更关注自身投资决策对社会和环境的影响。因此，本部分中提出如下假说：

H2：股权集中度较低的银行，绿色信贷占比较高。

8.2.2 银行董事和高管特征与绿色信贷投放

8.2.2.1 文献综述

从董事会治理机制来看，董事会规模、独立董事等因素对银行具有重要影响。帕坦等（Pathan et al.，2007）对泰国13家银行面板数据的实证研究证实，银行董事会规模与绩效间存在着负相关关系，而独立董事则能够显著提高银行的绩效。张娜等（2011）以中国14家上市银行2006~2009年的面板数据为样本进行研究，发现规模较大的董事会对银行绩效产生负面影响，而独立董事对银行绩效具有正向影响。陈旭等（2015）研究发现独立董事性别、兼职数以及职业背景的异质性与银行绩效正相关。

从高管治理机制来看，高管特征、薪酬和持股对银行产生重要影响。陈工孟等（Chen et al.，2009）发现基于期权的高管薪酬会增加银行风险。刘爱兰等（2017）选取2002~2014年16家中国上市银行的数据，发现银行风险承担与高管薪酬、管理层持股负相关。何靖（2016）利用2010年银监会发布的《商业银行稳健薪酬监管指引》这一政策冲击，发现延付高管薪酬降低了银行收益波动性，但增强了其盈余管理的动机。

近年来，女性在现代企业发展中发挥的作用越来越明显。普思特等（Post et al.，2006）指出女性董事人数过低可能在一定程度上限制女性董事的优势发挥。杜塔等（Dutta et al.，2006）发现女性董事提升了银行绩效。吴成颂等（2015）主要选取了2008~2013年城市商业银行的数据作为研究样本，研究发现女性董事与银行风险承担水平显著负相关。何红渠等（2021）研究发现董事会中更高的女性董事占比会对金融系统稳定性产生积极影响。

不过目前对董事和高管特征影响银行绿色信贷的研究很少。笔者对企业董事和高管特征影响环境保护和社会责任的文献进行梳理，以期为本章的研究提供参考。大量研究探讨了女性董事的作用。王分棉等（2017）综述了国内外学者对女性董事的研究现状，探讨了女性董事的职能及其对企业绩效和企业战略行为的影响。泰耶森等（Terjesen et al.，2009）、王宇等（Wang et al.，2021）都发现女性董事更愿意承担社会责任。独立董事方面，王帆和倪娟（2016）发现，独立董事对企业社会责任绩效及环境信息披露透明度的提高具有显著正面影响。高管特征方面，现有文献基于高层梯队理论，研究高管的年龄、性别、任期等个人特征对企业履行社会责任的影响。张兆国等（2018）研究发现高管团队年龄和任期方面的异质性均与企业社会责任呈负相关。

8.2.2.2 理论分析

独立董事对绿色信贷的影响方面。一方面，独立董事和商业银行没有直接的利益关联，因此相较于大股东和高管等内部人，独立董事会更关注银行决策对其他外部利益相关者的影响，也会督促商业银行更多地关心社会利益和承担社会责任。另一方面，独立董事因其独立性，对银行短期利益波动的敏感性低，更关注银行竞争力和可持续发展能力的提升。因此会站在战略布局的高度，根据经济绿色低碳转型、政府绿色发展政策导向等长期因素引导商业银行开展绿色信贷业务。本部分中提出如下假说：

H3：独立董事占比较高的银行，绿色信贷占比更高。

董事和高管性别结构对绿色信贷的影响方面。关于性别结构的公司治理理论认为不同性别的高管董事在认知框架方面存在差异，因而在经营决策中对道德、情感、经济等因素的重视程度不同。女性主义关怀伦理学指出女性拥有较强的移情和同理心，因此女性高管董事更关注企业行为对外界的溢出效应和对各利益相关者的影响。社会角色理论认为公众对女性的固有印象是更有母性、更和善，情感更细腻。为符合社会期待，女性高管董事在决策中表现出更多关怀他人、富有爱心的特征。大量研究也证实女性高管董事占比高的企业更关注社会利益，也更勇于承担社会责任（王分棉等，2017）。特别地，女性承担了较多养育后代的职责，对良好健康安全的环境需求度更高，更关注环境风险，更支持环境保护。笔者认为商业银行中女性董事或高管也更支持银行为节能环保项目提供资金。由此提出如下假说：

H4：女性董事或高管占比越高（或数量越多），银行绿色信贷占比越高。

高管年龄对绿色信贷的影响方面。一方面，随着年龄增大，高管更倾向于采取保守的策略，从而在离退休前不出现严重问题和纰漏。因此年龄较大的高管不愿意承担新的风险和开拓新业务，这会限制银行绿色信贷业务的发展。另一方面，年龄较大的高管就个人而言可能更关注健康和环境安全问题，因此对于有利于环境改善的绿色信贷业务会表现出更积极的态度。此外，高管在商业领域功成名就之后，会愿意投入公益性更强的活动，来提升个人的社会声誉。因此结合以上两方面的分析提出如下竞争性假说：

H5a：银行高管年龄越大，绿色信贷占比越低。

H5b：银行高管年龄越大，绿色信贷占比越高。

高管持股对绿色信贷的影响方面。一方面，股东和管理层之间存在委托代理问题，管理层的个人利益和股东利益并不完全一致，为了降低这种代理冲突，增强两者间的激励相容，股东会给予管理层一定的股权。由于股权价值与企业长期增长潜力密切相关，因此管理层持股会促使他们从长远利益出发，在经济绿色转型的大趋势下，通过发展绿色信贷业务，增强银行的可持续发展能力。另一方面，也有文献的研究结果表明与未来不确定性较高的收益相比，高管更希望收益在当下变现。高管持股后风险厌恶水平会提升，经营策略也会更加保守，会降低社会责任承担水平，以免被投资者认为浪费资源而影响股价。在这种情况下，高管持股反而不利于绿色信贷业务的发展。根据以上两方面的分析，提出如下竞争性假说：

H6a：银行高管持股比例越高，绿色信贷占比越高。

H6b：银行高管持股比例越高，绿色信贷占比越低。

8.2.3 外资、国际化与银行绿色信贷投放

8.2.3.1 文献综述

在全球经济一体化趋势日益加强的宏观背景下，银行业作为中国金融体系的主体，其对外开放也是中国对外开放基本国策的重要组成部分。与此同时，外资持股、国际化进程都会对中国银行业产生一定影响。

一是从外资持股对银行风险的影响来看，埃尔班南（Elbannan，2016）发现外资股权增加了银行的盈利波动和破产风险。张博等（2018）的研究表明，外资参股与否、外资持股比例均与银行风险承担负相关。二是从经营绩效方面

来看，已有研究也是持有不同观点。刘家松等（2019）基于中国121家商业银行的实证检验发现，引入外资参股的商业银行中，董事会规模和非执行董事占比均与经营绩效之间存在显著正相关关系。魏涛等（2021）通过实证研究发现，境外战略投资者的引进对中资银行创新能力的促进效应并不明显。从国际化对商业银行的影响来看，大部分学者持有积极观点，认为"走出去"对银行降低风险和绩效提高都有正面影响。刘祥熹等（Liu et al.，2015）发现银行提高国际化水平有助于改善成本效率。布赫等（Buch et al.，2014）发现在一定条件下，国际化会提升银行盈利水平。严佳佳和张婷（2017）发现银行国际化程度的提高有助于改善对外投资绩效。

外资持股和国际化影响银行绿色信贷和社会责任的文献较少，笔者将梳理外资和国际化影响企业社会责任的文献。巴拉科等（Barako et al.，2006）的研究发现，外国投资者的持股比例与企业社会责任披露之间存在显著的正相关关系。王海妹等（2014）发现外资参股和机构持股对于企业承担社会责任有显著的正向影响。文雯和宋建波（2017）基于高阶梯队理论，选取2010～2014年中国沪深A股上市公司数据检验高管海外背景与企业社会责任间的内在联系。结果表明相对于无海外背景高管的企业，拥有海外背景高管的企业在社会责任方面的评分更高、评级更好。

8.2.3.2 理论分析

外资持股对绿色信贷的影响方面。一方面，外资持股可能对绿色信贷发展有积极影响。在国外发达的资本市场中，关注企业的环境和社会表现的投资理念已经比较成熟，并受到广泛认可。以企业ESG表现为投资主题的基金在国外金融市场中的规模也很大。鼓励金融机构在融资过程中考虑企业环境风险的赤道原则在国外也率先实施。因此，受负责任投资理念影响，外资股东更热衷于推动商业银行为节能减排项目提供资金帮助。同时外资股东还会将国外先进成熟的环境风险管理方法带入参股银行，发挥示范效应，从而降低银行发展绿色信贷的成本和风险。另一方面，外资股东具有"人生地不熟"的先天劣势，从而增加了外资股东的风险厌恶程度。此外，外资股东可能不是战略投资者而是财务投机者，因此其不会以银行的长期发展为重，更重视短期收益。银行开拓绿色信贷业务需要内部人员的大力配合，同时要熟悉国内的环保政策，“外来者劣势”使外资股东对本土的经济文化、政策法规了解不够全面，与银行内部人员的沟通成本也较高，因此外资股东推动绿色信贷业务的难度较大。同时，绿色项目的投资周期长、收益具有滞后性和较高的不确定性，银行从绿色信贷业务中获利以及累积绿色声誉都需要较长时间。风险规避和看重短期收益的外资股东不会欢迎银行投入过多资金支持环保项目。根据以上两方面的分析，提出如下竞争性假说：

H7a：银行外资持股比例越高，绿色信贷占比越高。

H7b：银行外资持股比例越高，绿色信贷占比越低。

高管海外经历对绿色信贷的影响方面。高阶梯队理论认为高管的认知框架、价值理念和情感偏好在其经营决策中发挥重要作用。高管的人生经历又影响着其知识结构和价值观的形成，其中海外经历会触发中外不同文化理念的碰撞，从而对高管行为决策产生重要影响。高管海外求学、工作和生活的主要所在地是欧美发达国家。这些国家大部分已经渡过了高污染高能耗的发展阶段，在环境保护方面形成了广泛的社会共识，同时在绿色金融方面也有比较成熟的实践经验。有海外经历和背景的高管可能会把环保意识和绿色融资经验引入商业银行的日常运营和业务中。因此，提出如下假说：

H8：银行中具有海外背景的高管人数越多（占比越高），绿色信贷占比越高。

银行国际化水平对绿色信贷的影响方面。一方面，银行国际化过程中需要和国外金融机构建立合作关系，采取国际银行业通行的经营原则和运作模式有助于降低合作成本。在融资业务中考虑环境风险已经成为国际银行业达成广泛共识的风险管理原则，因此商业银行通过发展绿色信贷业务、增强环境风险管理能力，有助于推进国际合作。此外，国际化程度较高的银行更方便学习掌握国外成熟的绿色金融运作经验，从而降低在国内开展绿色信贷业务的成本。另一方面，银行为环保项目提供资金可以树立绿色声誉和关心环境的良好社会形象，从而增加道德资本和企业合法性。由于国内外文化差异和信息传递阻滞等的影响，企业在国内的良好社会表现对其海外业务的影响有限。同时企业通过满足国内利益相关者需求获取合法性的必要性也有所减弱。因而国际化水平较高的银行支持环保项目的意愿较低。总之，根据以上两方面的分析，提出如下竞争性假说：

H9a：银行国际化水平越高，绿色信贷占比越高。

H9b：银行国际化水平越高，绿色信贷占比越低。

8.3 银行公司治理特征影响绿色信贷的研究设计

8.3.1 模型设定和变量选择

为了考察银行公司治理特征对绿色信贷投放的影响，设计如下计量模型：

$$GL = \alpha_0 + \alpha_1 GOV + \alpha_2 SIZE + \alpha_3 CAR + \alpha_4 ROA + \alpha_5 NPL + \alpha_6 LTD + \alpha_7 NII + \alpha_8 LIST + \alpha_9 Type34 + ydummy + \varepsilon_{i,t} \quad (8-1)$$

其中，$\varepsilon_{i,t}$为随个体和时间而改变的扰动项，为减少扰动项不规则带来的问题，本章所有回归均采用了银行层面聚类稳健的标准误。模型中各变量解释如下：

（1）因变量：银行绿色信贷 GL。现有文献采用的绿色信贷指标包括绿色信贷额度、绿色信贷占比、是否开展绿色信贷等（孙光林等，2017；张琳和廉永辉，2019；邵传林和闫永生，2020）。本章更关注银行的不同类别信贷资产配置情况，因此采用绿色信贷余额占总贷款的比重衡量商业银行的绿色信贷实施情况。绿色信贷是商业银行投向清洁能源、绿色交通、资源循环利用、工业节能节水等节能环保项目与服务领域的贷款。

（2）核心解释变量：GOV。GOV 包括 4 个方面的指标：第一，银行类型变量。中国商业银行大体包括四个梯队：大型国有商业银行、全国性股份制商业银行、城市商业银行、农村商业银行。不同商业银行间的股权结构、内部控制等公司治理机制存在差异，而同一类型内部银行间较为相似。因此，首先通过加入银行类型变量，考察不同类型银行的绿色信贷占比差异。本部分中选取了两类银行类型变量：一是将商业银行分为四类，虚拟变量 Type2，如果是全国性股份制商业银行则取 1，否则取 0；Type3，如果是城市商业银行则取 1，否则取 0；Type4，如果是农村商业银行则取 1，否则取 0。二是将商业银行分为两类，大型国有及全国性股份制银行规模大、网点多，公司治理结构更复杂；城市及农村商业银行，基本都是区域性银行，公司构架、层级和治理机制相对简单。因此设置虚拟变量 Type34，如果是城商行或农商行则取 1，否则取 0。

第二，产权结构。一是产权性质，选取了 5 个变量，前三大国家股持股比例 State3、前三大国有企业持股比例 SOE3、前三大民营企业持股比例 Private3、前三大个人股东持股比例 Individual3、前三大外资股东持股比例 Foreign3。二是股权集中度，包括第一大股东持股比例 S1；第一大股东和第二大股东持股比例之差 HC，反映了大股东之间的制衡关系；前十大股东持股比例的平方和 HER，反映了股权的分散程度。

第三，董事和高管特征。一是独立董事情况，包括独立董事比例 INDR 和独立董事人数 INDN。二是董事和高管性别结构。其中董事性别结构包括女性董事占比 FDR 和女性董事人数 FDN。高管性别结构包括女性高管占比 FER 和女性高管数量 FEN。三是高管特征。除了高管性别结构外，我们还将考察两个高管特征：高管年龄，包括高管平均年龄 AgeM 和 50 岁以上高管占比 Age50；管理层持股比例 MH。

第四，外资和国际化。一是外资持股比例，包括前 3 大、前 5 大、前 10 大外资股东持股比例 Foreign3、Foreign5、Foreign10。二是高管海外背景，包括具有海外背景的高管占比 OverseasR 和人数 OverseasN。三是机构和资产层面的国际化水平，包括海外网点占比 F_outlet、海外机构占比 F_institution、海外员工占比 F_employee、海外资产占比 F_asset。

（3）控制变量。控制变量包括：银行规模 SIZE，以资产总额的自然对数衡量；资本充足率 CAR，为监管资本与风险加权资产的比值；资产收益率 ROA，为银行净利润与总资产的比值；不良贷款率 NPL，为次级、可疑和损失三种贷款占总贷款的比重；存贷比 LTD，为贷款总额与存款总额的比值；非利息收入占比 NII，为银行非利息收入与营业收入的比值；上市虚拟变量 LIST，银行上市当年及之后取 1，其他取 0；银行类型虚拟变量 Type34，如果是城商行或农商行则取 1，否则取 0。此外，其他未考虑到的时变因素也可能影响银行绩效，对此统一在模型中加入年度固定效应指标予以控制。不过，部分时间序列的宏观变量可能与年度虚拟变量存在多重共线性问题，因此本章会分别估计加入和不加入年度固定效应的计量模型。

8.3.2 样本选择与描述性统计

本章研究样本为中国2007～2019年47家商业银行的年度非平衡面板数据。数据来源方面，绿色信贷数据根据商业银行社会责任报告手工收集得到，其余银行财务数据均取自Wind数据库。表8－1列示了主要变量的描述性统计结果。股权性质方面，商业银行的国有企业股持股均值为28.042%，最大值为87.950%；国家股均值为6.385%，最大值为79.240%，因此中国商业银行的国有属性较强。民营企业股东和外资股东持股比例的最大值分别为40.000%和43.490%，部分银行中，民营和外资股东也具有较大决策权和影响力。股权集中度方面，第一大股东平均持股为26.547%，最大值为83.080%，最小值为3.690%；第一大股东和第二大股东持股比例差值平均为11.522%，最大值为78.090%，最小值为0.000%，不同银行的股权制衡度存在较大差异。董事和高管特征方面，独立董事平均占比为34.643%，超过证监会的1/3要求；女性董事和高管的平均占比分别为13.967%和15.436%，占比较低；高管平均年龄为54岁，年龄超过50岁的高管平均占比为66.666%。国际化方面，外资网点、机构、人员和资产的平均占比都较小，表明中国商业银行的"走出去"水平较低。

表8－1　变量描述性统计

类型	变量（单位）	观测值	均值	标准差	最小值	中位数	最大值
股权性质	State3（%）	287	6.385	12.435	0.000	0.000	79.240
	SOE3（%）	287	28.042	20.569	0.000	22.820	87.950
	Private3（%）	287	2.788	5.867	0.000	0.000	40.000
	Individual3（%）	287	0.008	0.142	0.000	0.000	2.400
	Foreign3（%）	287	13.303	12.065	0.000	13.740	43.490
股权集中度	S1（%）	287	26.547	16.946	3.690	20.000	83.080
	HC（%）	287	11.522	14.221	0.000	5.460	78.090
	HER	287	0.146	0.149	0.004	0.072	0.696

续表

类型	变量（单位）	观测值	均值	标准差	最小值	中位数	最大值
董事和高管特征	INDR（%）	280	34.643	7.169	10.000	35.710	55.560
	INDN（人）	280	5.000	1.301	1.000	5.000	8.000
	FDR（%）	260	13.967	8.676	0.000	13.333	40.000
	FDN（人）	260	1.985	1.236	0.000	2.000	6.000
	FER（%）	260	15.436	6.899	0.000	14.706	42.857
	FEN（人）	260	4.915	2.216	0.000	5.000	15.000
	AgeM（岁）	282	53.595	2.482	46.000	53.745	58.417
	Age50（%）	282	66.666	14.980	21.429	67.742	100.000
	MH（%）	290	7.058	9.664	0.000	0.064	20.355
	OverseasR（%）	283	13.570	10.571	0.000	13.158	41.379
	OverseasN（人）	283	4.548	3.733	0.000	4.000	14.000
国际化水平	F_outlet（%）	319	1.832	1.665	0.019	1.528	5.882
	F_institution（%）	317	7.375	9.065	0.000	3.623	46.341
	F_employee（%）	319	4.007	4.899	0.012	2.847	29.542
	F_asset（%）	319	2.645	3.239	0.005	1.740	16.020

注：因不同公司治理变量的缺失值不同，故观测值有所差异。

表8-2显示了各变量之间的相关系数，因为变量过多，本表中重点说明了绿色信贷占比和各公司治理变量之间的相关系数，其中每种类型的公司治理变量我们着重选择其一描述。

表8-2　变量相关系数

变量	GL	State3	S1	INDR	FDR	Age50	MH	OverseasR	F_outlet
GL	1	0.274*	0.188*	0.158*	-0.007	0.416*	-0.391*	0.246*	0.082
State3	0.317*	1	0.196*	-0.112*	-0.167*	0.138*	-0.202*	0.026	0.056
S1	0.017	0.086	1	0.106*	0.222*	0.386*	-0.381*	0.404*	0.385*
INDR	0.138*	-0.010	0.137*	1	0.130*	0.202*	-0.186*	0.234*	0.157*
FDR	-0.164*	-0.150*	0.283*	0.128*	1	0.068	-0.065	0.144*	-0.049
Age50	0.273*	0.194*	0.323*	0.266*	0.082	1	-0.440*	0.443*	0.453*
MH	-0.230*	-0.142*	-0.114*	-0.207*	-0.079	-0.320*	1	-0.537*	-0.345*
OverseasR	0.235*	0.095	0.465*	0.298*	0.173*	0.464*	-0.355*	1	0.463*
F_outlet	-0.035	0.122*	0.225*	0.186*	-0.019	0.361*	-0.021	0.356*	1

注：（1）相关矩阵的下半部分为皮尔逊相关系数，上半部分为斯皮尔曼相关系数。（2）*表示相关系数在10%的显著性水平上显著。

8.4 银行公司治理特征影响绿色信贷的实证结果及分析

8.4.1 银行类型对绿色信贷的影响

本部分研究中，在第 7 章模型的控制变量基础上加入了银行类型变量，其对绿色贷影响的回归结果如表 8 - 3 所示。银行微观特征变量中，SIZE、ROA、LIST 的系数显著为正，LTD 的系数显著为负，和第 7 章的结论一致，也进一步印证了规模较大、盈利较好、流动性较高、上市后的银行绿色信贷占比更高的结论。不过此处我们更关注银行类型虚拟变量的系数，第（1）列中，银行类型虚拟变量显著性较差，可能与各类型银行数量较少有关。第（2）列中，Type34 的系数显著为负，表明城商行和农商行这类区域银行，相比大型国有银行和全国性股份制银行而言，绿色信贷配置比例更低。

表 8 - 3　　银行类型影响绿色信贷的回归结果

项目	(1)	(2)
	四梯队分类	二梯队分类
SIZE	0.483 * (1.66)	0.381 ** (2.03)
CAR	-0.002 (-0.02)	-0.086 (-0.58)
ROA	2.420 ** (2.44)	2.349 ** (2.36)
NPL	0.378 (0.97)	0.258 (0.77)
LTD	-0.054 *** (-2.67)	-0.050 *** (-3.11)
NII	-0.017 (-0.99)	-0.015 (-0.88)

续表

项目	(1)	(2)
	四梯队分类	二梯队分类
LIST	1.317*** (3.50)	1.460*** (3.64)
Type2	0.592 (0.60)	
Type3	-0.921 (-0.95)	
Type4	-1.659 (-1.45)	
Type34		-1.535*** (-2.72)
截距项	-12.079 (-1.38)	-7.884 (-1.43)
年度效应	Yes	Yes
样本量	324	324
Adj. R^2	0.268	0.264

注：括号内为t统计量值，***、**和*分别表示估计系数在1%、5%和10%的显著性水平上显著。

8.4.2 银行股权结构对绿色信贷的影响

8.4.2.1 银行股权性质对绿色信贷的影响

表8-4列示了股权性质对银行绿色信贷占比的影响。第（1）列中，State3的系数在1%水平上显著为正，符合假说H1，但是第（2）列中，SOE3的系数显著为负。政府部门或机构持有的股份越高，银行绿色信贷比例越高，而国有企业持股并没有表现出相同的效果。国家股更重视执行政策和完成政治目标，同时更关心社会效益。而国有企业持股商业银行投资目的更强，更重视经济收益，绿色信贷一直被认为公益性大于经济性，给银行带来的收益有限，并且收益回报需要时间积累，因此商业目的更强的国有企业对于发展绿色信贷

业务积极性不高。第（3）~（5）列中，Private3、Individual3、Foreign3 的系数显著为负，表明民营企业、个人、外资等非国有股东并没有让银行大量投放绿色信贷的意愿。第（6）列是我们将所有股权性质变量同时加入模型后的回归结果，结果依然显示国家股比例较高的银行绿色信贷占比较高。

表 8-4　　银行股权性质影响绿色信贷的回归结果

项目	(1)	(2)	(3)	(4)	(5)	(6)
State3	0.066*** (3.33)					0.041** (2.26)
SOE3		-0.039*** (-2.70)				-0.029* (-1.87)
Private3			-0.098*** (-3.33)			-0.091*** (-2.86)
Individual3				-1.633*** (-4.81)		-2.426*** (-4.26)
Foreign3					-0.058* (-1.96)	-0.063** (-2.13)
SIZE	0.072 (0.33)	0.446** (2.15)	0.112 (0.53)	0.296 (1.44)	0.505** (2.22)	0.250 (0.99)
CAR	-0.134 (-0.75)	-0.017 (-0.10)	-0.109 (-0.64)	-0.081 (-0.47)	0.126 (0.82)	0.117 (0.77)
ROA	2.420** (2.30)	2.327** (2.09)	3.373*** (2.97)	2.649** (2.38)	2.063** (1.99)	2.104** (2.10)
NPL	-0.255 (-0.65)	0.278 (0.66)	0.239 (0.60)	0.277 (0.70)	0.125 (0.32)	-0.239 (-0.57)
LTD	-0.032* (-1.70)	-0.065*** (-3.56)	-0.054*** (-3.12)	-0.057*** (-3.26)	-0.055*** (-3.16)	-0.048** (-2.58)
NII	-0.014 (-0.78)	-0.009 (-0.41)	-0.020 (-1.17)	-0.018 (-0.98)	-0.011 (-0.59)	-0.000 (-0.00)
LIST	1.643*** (3.87)	1.166*** (2.92)	1.532*** (3.77)	1.606*** (3.79)	1.498*** (3.59)	1.312*** (3.36)
Type34	-1.767*** (-2.89)	-2.273*** (-3.25)	-2.003*** (-3.22)	-1.858*** (-2.99)	-1.901*** (-3.15)	-2.537*** (-3.65)

续表

项目	(1)	(2)	(3)	(4)	(5)	(6)
截距项	1.452 (0.23)	-6.556 (-1.10)	1.017 (0.17)	-3.752 (-0.63)	-10.535* (-1.65)	-2.664 (-0.40)
年度效应	Yes	Yes	Yes	Yes	Yes	Yes
样本量	287	287	287	287	287	287
Adj. R^2	0.285	0.286	0.269	0.254	0.271	0.344

注：括号内为t统计量值，***、**和*分别表示估计系数在1%、5%和10%的显著性水平上显著。

8.4.2.2 银行股权集中度对绿色信贷的影响

表8-5列示了股权集中度对银行绿色信贷占比的影响。第（1）~（3）列中，S1、HC、HER均在1%水平上显著为负，表明第一大股东持股较低、大股东间制衡度较高、股东持股整体较为分散的银行，绿色信贷占比更高。这表明股权结构适度分散有助于商业银行避免集中于短期单一的经济目标，接纳多元化的投资经营理念，更重视环境保护和社会影响。第（4）~（6）列是进一步加入了银行类型变量后的回归结果，结果显示各股权集中度的系数依然显著为负。

表8-5 银行股权集中度影响绿色信贷的回归结果

项目	(1)	(2)	(3)	(4)	(5)	(6)
S1	-0.052*** (-3.43)			-0.064*** (-3.87)		
HC		-0.038*** (-4.45)			-0.043*** (-4.93)	
HER			-7.571*** (-3.37)			-8.984*** (-3.75)
SIZE	1.152*** (5.84)	0.855*** (6.38)	1.349*** (5.44)	0.613*** (2.86)	0.361* (1.81)	0.812*** (3.40)
CAR	-0.099 (-0.60)	-0.187 (-1.06)	-0.033 (-0.22)	0.038 (0.24)	-0.091 (-0.52)	0.119 (0.80)
ROA	1.610 (1.49)	2.032* (1.86)	1.366 (1.29)	2.009* (1.82)	2.444** (2.19)	1.760 (1.65)

续表

项目	(1)	(2)	(3)	(4)	(5)	(6)
NPL	0.624 (1.33)	0.402 (0.90)	0.748 (1.51)	0.430 (1.03)	0.207 (0.51)	0.563 (1.29)
LTD	-0.058*** (-3.25)	-0.048*** (-2.74)	-0.064*** (-3.52)	-0.081*** (-4.37)	-0.065*** (-3.68)	-0.089*** (-4.59)
NII	0.007 (0.29)	0.001 (0.04)	0.004 (0.20)	0.002 (0.10)	-0.005 (-0.23)	-0.001 (-0.05)
LIST	1.246*** (3.08)	1.386*** (3.34)	1.089*** (2.74)	1.309*** (3.24)	1.467*** (3.50)	1.134*** (2.90)
Type34				-2.535*** (-3.81)	-2.059*** (-3.41)	-2.633*** (-3.76)
截距项	-25.948*** (-5.44)	-18.499*** (-5.13)	-31.777*** (-5.14)	-10.067* (-1.74)	-4.234 (-0.75)	-16.051** (-2.54)
年度效应	Yes	Yes	Yes	Yes	Yes	Yes
样本量	287	287	287	287	287	287
Adj. R^2	0.268	0.253	0.280	0.295	0.272	0.309

注：括号内为 t 统计量值，***、** 和 * 分别表示估计系数在 1%、5% 和 10% 的显著性水平上显著。

8.4.3 独立董事对绿色信贷的影响

表 8-6 列示了独立董事对银行绿色信贷占比的影响。第（1）、第（3）列为独立董事占比的影响，第（2）、第（4）列为独立董事数量的影响。不管是否加入银行类型变量，INDR 和 INDN 的系数均不显著。第（5）、第（6）列为同时加入了 State3 和 S1 后的回归结果。独立董事占比的影响依然不显著，独立董事数量的影响显著为负。综合而言，本章实证结果不支持假说 H2。独立董事虽然应遵循独立、中立的原则，并发挥监督和咨询职能，但现实中固定津贴对独立董事的激励不足、独立董事逆淘汰现象严重以及难以真正参与上市公司的重要经营决策等，使独立董事可能沦为“花瓶董事”，没有发挥实质作用，从而对银行采纳绿色理念、支持环境保护没有起到积极的推动作用。

表8-6　　银行独立董事影响绿色信贷的回归结果

项目	(1)	(2)	(3)	(4)	(5)	(6)
INDR	-0.009 (-0.41)		-0.003 (-0.14)		0.008 (0.33)	
INDN		-0.160 (-1.30)		-0.159 (-1.31)		-0.308** (-2.33)
State3					0.050*** (2.92)	0.046*** (2.78)
S1					-0.058*** (-3.81)	-0.065*** (-3.94)
SIZE	0.868*** (7.06)	0.883*** (7.04)	0.499** (2.53)	0.520*** (2.72)	0.551** (2.52)	0.662*** (3.04)
CAR	-0.198 (-1.13)	-0.182 (-1.06)	-0.131 (-0.76)	-0.111 (-0.65)	-0.051 (-0.30)	0.021 (0.13)
ROA	2.495** (2.13)	2.506** (2.16)	2.773** (2.32)	2.774** (2.35)	1.803 (1.54)	1.685 (1.47)
NPL	0.437 (0.96)	0.318 (0.70)	0.316 (0.74)	0.182 (0.42)	0.007 (0.02)	-0.256 (-0.57)
LTD	-0.037** (-2.12)	-0.033* (-1.77)	-0.049*** (-2.70)	-0.044** (-2.35)	-0.057*** (-2.86)	-0.049** (-2.50)
NII	-0.025 (-1.24)	-0.026 (-1.28)	-0.028 (-1.43)	-0.030 (-1.51)	-0.005 (-0.21)	-0.009 (-0.39)
LIST	1.425*** (3.46)	1.483*** (3.55)	1.475*** (3.52)	1.553*** (3.63)	1.273*** (3.11)	1.442*** (3.45)
Type34			-1.432** (-2.31)	-1.438** (-2.39)	-2.196*** (-3.32)	-2.253*** (-3.52)
截距项	-20.459*** (-6.42)	-20.805*** (-6.48)	-9.983* (-1.83)	-10.357* (-1.96)	-9.659* (-1.68)	-11.775** (-2.14)
年度效应	Yes	Yes	Yes	Yes	Yes	Yes
样本量	280	280	280	280	278	278
Adj. R^2	0.249	0.251	0.257	0.259	0.321	0.328

注：括号内为t统计量值，***、**和*分别表示估计系数在1%、5%和10%的显著性水平上显著。

8.4.4 高管性质对绿色信贷的影响

8.4.4.1 董事和高管性别结构对绿色信贷的影响

表8-7列示了董事或高管性别结构对银行绿色信贷占比的影响。第(1)、第(2)列中，FDR和FDN显著为负；第(3)、第(4)列中，FER和FEN显著为负，假说H4没有得到验证。第(5)~(8)列为同时加入了State3、S1、INDR后的结果，性别结构变量依然显著为负。也就是说女性董事和高管没有发挥其在绿色治理中的作用。虽然大部分研究都认为女性董事或高管有助于推动企业承担社会责任，但也有部分研究持不同结论。萨拉和斯坦顿(Zahra and Stanton，1988)的研究发现女性董事比例与公司对顾客和环境的关心负相关。贝尔等(Bear et al.，2010)发现女性董事比例虽然与企业社会责任的制度强度评级正相关，但与企业社会责任的技术强度评级无关。

表8-7　　银行高管性别影响绿色信贷的回归结果

项目	(1)	(2)	(3)	(4)	(5)	(6)	(7)	(8)
FDR	-0.081** (-2.42)				-0.042 (-1.46)			
FDN		-0.586** (-2.42)				-0.357* (-1.71)		
FER			-0.120*** (-2.71)				-0.091** (-2.22)	
FEN				-0.458*** (-3.35)				-0.383*** (-3.02)
State3					0.048*** (2.80)	0.046*** (2.78)	0.049*** (2.93)	0.046*** (2.81)
S1					-0.050*** (-3.83)	-0.052*** (-3.88)	-0.046*** (-3.63)	-0.047*** (-3.70)
INDR					0.008 (0.31)	0.010 (0.36)	0.025 (1.02)	0.029 (1.21)
SIZE	0.372 (1.64)	0.367* (1.68)	0.212 (0.98)	0.281 (1.34)	0.552** (2.47)	0.553** (2.48)	0.354 (1.60)	0.387* (1.77)

续表

项目	(1)	(2)	(3)	(4)	(5)	(6)	(7)	(8)
CAR	-0.123 (-0.66)	-0.107 (-0.58)	-0.201 (-1.05)	-0.223 (-1.19)	-0.106 (-0.54)	-0.088 (-0.46)	-0.160 (-0.80)	-0.183 (-0.96)
ROA	3.255 ** (2.39)	3.269 ** (2.39)	3.743 *** (3.00)	3.974 *** (3.30)	2.285 (1.62)	2.284 (1.63)	2.742 ** (2.19)	3.040 ** (2.56)
NPL	0.593 (1.07)	0.432 (0.80)	0.378 (0.85)	0.275 (0.62)	0.178 (0.32)	0.117 (0.21)	0.026 (0.06)	-0.006 (-0.01)
LTD	-0.063 *** (-3.28)	-0.059 *** (-3.06)	-0.063 *** (-3.46)	-0.062 *** (-3.41)	-0.061 *** (-2.90)	-0.061 *** (-2.89)	-0.059 *** (-3.11)	-0.062 *** (-3.28)
NII	-0.016 (-0.75)	-0.016 (-0.78)	-0.023 (-1.26)	-0.018 (-0.99)	-0.005 (-0.24)	-0.004 (-0.18)	-0.009 (-0.45)	-0.002 (-0.10)
LIST	1.441 *** (3.43)	1.485 *** (3.56)	1.885 *** (4.20)	2.039 *** (4.48)	1.208 *** (2.89)	1.216 *** (2.94)	1.524 *** (3.63)	1.661 *** (3.96)
Type34	-1.720 ** (-2.54)	-1.758 *** (-2.61)	-1.273 ** (-2.02)	-1.221 ** (-2.01)	-2.099 *** (-3.08)	-2.177 *** (-3.18)	-1.808 *** (-2.75)	-1.771 *** (-2.78)
截距项	-4.845 (-0.73)	-4.932 (-0.78)	0.433 (0.07)	-1.335 (-0.22)	-9.104 (-1.56)	-9.066 (-1.56)	-3.476 (-0.56)	-4.055 (-0.68)
年度效应	Yes	Yes	Yes	Yes	Yes	Yes	Yes	Yes
样本量	260	260	283	283	257	257	278	278
Adj. R^2	0.259	0.260	0.285	0.308	0.315	0.319	0.339	0.359

注：括号内为t统计量值，***、** 和 * 分别表示估计系数在1%、5%和10%的显著性水平上显著。

出现上述结果的原因可能有以下几个方面：第一，绿色信贷对于商业银行是一个新业务，需要银行重新调整其发展战略、信贷政策、部门构架以及业务流程。而女性董事和高管可能更为保守，不喜欢过多的变动和随之而来的不确定性，因此对于绿色信贷业务持更谨慎的态度。第二，泰耶森等（Terjesen et al.，2009）指出女性在公司有效治理中发挥作用依赖于女性董事或高管的数量。如果数量较少或占比较低，女性董事或高管的象征意义大于实际意义，即女性董事或高管的存在更多是为了显示企业不存在性别歧视，工作环境对于女性更为友好，从而利用平等和谐的企业形象吸引更多优秀人才。而只有女性董事高管人数或占比较高时，她们才能更勇于表达真实想法，同时她们的意见更容易得到重视和采纳。吕英（2014）指出女性董事的数量达到3个以上，或占比达到30%以上时，他们才能根据自身意愿对企业决策产生实质影响。样本银行中，女性董事和女性高管的平均占比分别为13.96%和15.44%，平均人数分别为2个和5个，女性董事的占比和数量都没有达到研究显示的临界点，女性高管人数虽然略多，但占比仍低于30%。第三，现有研究发现在国有企业中，女性董事或高管履行监督职能受到限制（Ahern and Dittmar，2012）。在董事会独立性较高的企业中，女性董事或高管在公司治理中更能发挥作用（Adams and Ferreira，2009）。中国商业银行国有属性较强，而回归结果也显示独立董事的作用较小，这不利于女性董事或高管更好地参与决策。

8.4.4.2 高管年龄对绿色信贷的影响

表8-8列示了银行高管年龄影响绿色信贷的回归结果。第（1）、第（2）列中，AgeM和Age50的系数均不显著。第（3）、第（4）列为加入了Type34后的回归结果，第（5）、第（6）列为进一步加入了其他主要的公司治理变量后的回归结果，AgeM和Age50的系数依然不显著。因此高管年龄不是影响绿色信贷的主要公司治理因素。

表8-8　银行高管年龄影响绿色信贷的回归结果

项目	（1）	（2）	（3）	（4）	（5）	（6）
AgeM	0.064 （0.77）		0.048 （0.62）		-0.004 （-0.05）	
Age50		-0.002 （-0.10）		-0.008 （-0.35）		-0.016 （-0.74）
State3					0.048*** （2.91）	0.048*** （2.94）
S1					-0.047*** （-3.52）	-0.048*** （-3.39）
INDR					0.026 （1.02）	0.024 （0.97）
FER					-0.090** （-2.19）	-0.090** （-2.21）

续表

项目	(1)	(2)	(3)	(4)	(5)	(6)
SIZE	0.703*** (3.96)	0.775*** (3.68)	0.301 (1.21)	0.392 (1.58)	0.355 (1.35)	0.453* (1.78)
CAR	-0.201 (-1.20)	-0.171 (-1.08)	-0.115 (-0.71)	-0.081 (-0.52)	-0.155 (-0.79)	-0.119 (-0.62)
ROA	2.684** (2.29)	2.476** (2.13)	2.959** (2.43)	2.702** (2.27)	2.715** (2.10)	2.468* (1.92)
NPL	0.520 (1.14)	0.541 (1.15)	0.341 (0.81)	0.391 (0.90)	-0.022 (-0.05)	0.059 (0.13)
LTD	-0.044** (-2.38)	-0.043** (-2.41)	-0.056*** (-2.94)	-0.056*** (-3.06)	-0.058*** (-3.01)	-0.059*** (-3.11)
NII	-0.013 (-0.66)	-0.013 (-0.67)	-0.018 (-0.96)	-0.019 (-0.97)	-0.009 (-0.42)	-0.010 (-0.50)
LIST	1.388*** (3.24)	1.473*** (3.17)	1.457*** (3.36)	1.574*** (3.32)	1.453*** (3.40)	1.591*** (3.47)
Type34			-1.699*** (-2.72)	-1.687*** (-2.64)	-1.900*** (-2.90)	-1.906*** (-2.79)
截距项	-18.846*** (-5.27)	-17.654*** (-3.52)	-6.515 (-1.16)	-6.375 (-0.97)	-3.294 (-0.53)	-5.393 (-0.85)
年度效应	Yes	Yes	Yes	Yes	Yes	Yes
样本量	282	283	282	283	277	278
Adj. R^2	0.238	0.237	0.250	0.249	0.340	0.341

注：括号内为t统计量值，***、**和*分别表示估计系数在1%、5%和10%的显著性水平上显著。

8.4.4.3 高管持股对绿色信贷的影响

表8-9列示了银行高管持股对绿色信贷的影响。第（1）列中，MH的系数在10%水平上显著为负。第（2）列为加入了银行类型虚拟变量后的回归结果，第（3）列为加入了其他主要的银行公司治理变量后的回归结果，MH在5%水平上依然显著为负，从而支持了假说H6b。高管持有较高股份后并没有从长远发展角度出发，积极推动商业银行进军绿色融资领域，反而在开展绿色信贷业务方面更加保守。

表 8-9　　银行高管持股影响绿色信贷的回归结果

项目	(1)	(2)	(3)
MH	-0.038* (-1.70)	-0.047** (-2.08)	-0.054** (-2.17)
State3			0.044*** (2.72)
S1			-0.048*** (-3.54)
INDR			0.023 (0.89)
FER			-0.100** (-2.36)
AgeM			-0.009 (-0.11)
SIZE	0.793*** (6.05)	0.338* (1.68)	0.385 (1.46)
CAR	-0.208 (-1.23)	-0.126 (-0.76)	-0.192 (-0.98)
ROA	2.266** (2.15)	2.633** (2.44)	2.886** (2.24)
NPL	0.333 (0.79)	0.126 (0.32)	-0.198 (-0.44)
LTD	-0.042** (-2.46)	-0.057*** (-3.23)	-0.061*** (-3.13)
NII	-0.011 (-0.62)	-0.017 (-0.96)	-0.013 (-0.61)
LIST	0.916* (1.86)	0.858* (1.73)	0.689 (1.32)
Type34		-1.880*** (-3.02)	-2.075*** (-3.12)
截距项	-16.890*** (-4.68)	-3.619 (-0.62)	-2.051 (-0.32)
年度效应	Yes	Yes	Yes
样本量	290	290	277
Adj. R^2	0.244	0.259	0.348

注：括号内为 t 统计量值，***、** 和 * 分别表示估计系数在 1%、5% 和 10% 的显著性水平上显著。

8.4.5 外资和国际化对绿色信贷的影响

8.4.5.1 外资持股和高管海外背景对绿色信贷的影响

表8-10第（1）~（3）列显示了外资持股影响绿色信贷的回归结果。结果显示，Foreign3、Foreign5、Foreign10的系数均显著为负，支持了假说H7b，即外资持股对绿色信贷占比具有负向影响。这一结果表明，外资股东并没有积极将国外的绿色融资理念和经验引入商业银行，对于推动新业务表现出风险规避的态度，也没有立足中国经济转型的大趋势从长期发展的角度调整信贷结构。第（4）~（5）列显示了高管海外背景影响绿色信贷的回归结果。OverseasR和OverseasN系数的显著性均较低，表明具有海外背景的高管在推动绿色信贷发展上尚未起到明显作用。

表8-10　外资持股和高管海外背景影响绿色信贷的回归结果

项目	(1)	(2)	(3)	(4)	(5)
Foreign3	-0.058* (-1.96)				
Foreign5		-0.058** (-2.02)			
Foreign10			-0.060** (-2.13)		
OverseasR				0.001 (0.04)	
OverseasN					-0.094 (-1.15)
SIZE	0.505** (2.22)	0.497** (2.23)	0.517** (2.31)	0.349 (1.35)	0.469* (1.93)
CAR	0.126 (0.82)	0.119 (0.78)	0.119 (0.78)	-0.098 (-0.57)	-0.076 (-0.45)

续表

项目	(1)	(2)	(3)	(4)	(5)
ROA	2.063** (1.99)	1.987* (1.92)	1.931* (1.86)	2.816** (2.38)	2.945** (2.47)
NPL	0.125 (0.32)	0.133 (0.35)	0.093 (0.24)	0.377 (0.87)	0.332 (0.76)
LTD	-0.055*** (-3.16)	-0.055*** (-3.21)	-0.055*** (-3.21)	-0.056*** (-2.95)	-0.051*** (-2.66)
NII	-0.011 (-0.59)	-0.011 (-0.61)	-0.011 (-0.61)	-0.018 (-0.95)	-0.016 (-0.79)
LIST	1.498*** (3.59)	1.541*** (3.63)	1.542*** (3.64)	1.534*** (3.67)	1.617*** (3.87)
Type34	-1.901*** (-3.15)	-1.911*** (-3.15)	-1.864*** (-3.15)	-1.649** (-2.59)	-1.675*** (-2.70)
截距项	-10.535* (-1.65)	-10.032 (-1.63)	-10.468* (-1.70)	-5.540 (-0.74)	-9.082 (-1.29)
年度效应	Yes	Yes	Yes	Yes	Yes
样本量	287	287	287	283	283
Adj. R^2	0.271	0.273	0.274	0.249	0.253

注：括号内为t统计量值，***、**和*分别表示估计系数在1%、5%和10%的显著性水平上显著。

8.4.5.2 银行国际化对绿色信贷的影响

表8-11列示了银行国际化水平影响绿色信贷的回归结果。第（1）、第（2）列中F_institution和F_outlet的系数显著为负，第（3）、第（4）列中F_employee和F_asset的系数为负，但显著性较低，表明国际化水平相对较高的银行并没有积极投放绿色信贷。综合而言，目前商业银行的外资股东、具有海外背景的高管和海外运营经验都没有在引入国外绿色金融理念和运作方式方面起到良好作用。

表 8 – 11　　银行国际化影响绿色信贷的回归结果

项目	(1)	(2)	(3)	(4)
F_institution	−0.040* (−1.93)			
F_outlet		−0.402** (−2.56)		
F_employee			−0.064 (−1.48)	
F_asset				−0.031 (−0.66)
SIZE	0.507** (2.58)	0.677*** (3.02)	0.489** (2.35)	0.404** (2.09)
CAR	−0.059 (−0.40)	−0.013 (−0.09)	−0.061 (−0.41)	−0.087 (−0.59)
ROA	2.077** (2.05)	1.895* (1.94)	2.219** (2.21)	2.384** (2.36)
NPL	0.230 (0.68)	0.226 (0.65)	0.217 (0.65)	0.249 (0.75)
LTD	−0.042** (−2.52)	−0.032* (−1.72)	−0.043** (−2.47)	−0.048*** (−2.74)
NII	−0.021 (−1.24)	−0.021 (−1.30)	−0.019 (−1.12)	−0.016 (−0.94)
LIST	1.423*** (3.59)	1.335*** (3.37)	1.404*** (3.51)	1.416*** (3.59)
Type34	−1.346** (−2.41)	−1.245** (−2.22)	−1.403** (−2.43)	−1.491*** (−2.63)
截距项	−11.547** (−2.01)	−16.141** (−2.48)	−11.208* (−1.81)	−8.589 (−1.50)
年度效应	Yes	Yes	Yes	Yes
样本量	321	319	319	323
Adj. R^2	0.269	0.281	0.266	0.265

注：括号内为 t 统计量值，***、** 和 * 分别表示估计系数在 1%、5% 和 10% 的显著性水平上显著。

8.4.6 稳健性检验

第一，前述实证回归中，对于每个维度的公司治理特征尽可能选取不同变量来衡量，一定程度上保障了结论的稳健性。此处，进一步从样本出发，只保留至少具有连续5个值的样本，对前述回归结果进行检验。考虑到涉及的公司治理变量较多，对于部分维度的公司治理特征只检验其中一种度量方式的稳健性结果。表8－12和表8－13分别是对股权结构、高管特征和国际化影响绿色信贷的稳健性检验的结果，结果显示，不管是单独加入公司治理变量还是同时加入，主要变量的系数符号和显著性与基准回归一致。

表8－12　股权结构影响绿色信贷的稳健性检验

项目	(1)	(2)	(3)	(4)	(5)	(6)	(7)	(8)
STATE3	0.065*** (3.15)						0.041** (2.20)	0.049*** (2.84)
SOE3		-0.038** (-2.54)					-0.029* (-1.82)	-0.012 (-0.71)
Private3			-0.097*** (-3.29)				-0.090*** (-2.84)	-0.098*** (-3.07)
Individual3				-1.667*** (-4.91)			-2.436*** (-4.29)	-1.825*** (-3.12)
Foreign3					-0.059** (-2.00)		-0.064** (-2.16)	-0.050* (-1.72)
S1						-0.063*** (-3.59)		-0.038*** (-2.90)
SIZE	0.106 (0.45)	0.475** (2.23)	0.187 (0.87)	0.373* (1.77)	0.593** (2.54)	0.618*** (2.85)	0.271 (1.05)	0.278 (1.07)
CAR	-0.139 (-0.77)	-0.023 (-0.15)	-0.118 (-0.69)	-0.093 (-0.54)	0.119 (0.78)	0.035 (0.23)	0.115 (0.76)	0.107 (0.69)
ROA	2.276** (2.09)	2.179* (1.88)	3.026*** (2.61)	2.283** (2.02)	1.651 (1.56)	1.974* (1.72)	1.995* (1.92)	2.064** (2.00)

续表

项目	(1)	(2)	(3)	(4)	(5)	(6)	(7)	(8)
NPL	-0.283 (-0.71)	0.227 (0.52)	0.123 (0.30)	0.153 (0.38)	-0.008 (-0.02)	0.422 (0.97)	-0.257 (-0.61)	-0.153 (-0.36)
LTD	-0.036* (-1.76)	-0.069*** (-3.64)	-0.063*** (-3.46)	-0.067*** (-3.65)	-0.065*** (-3.57)	-0.082*** (-4.30)	-0.051** (-2.51)	-0.055*** (-2.73)
NII	-0.016 (-0.83)	-0.010 (-0.48)	-0.024 (-1.33)	-0.022 (-1.16)	-0.015 (-0.79)	0.002 (0.07)	-0.001 (-0.05)	0.007 (0.33)
LIST	1.593*** (3.58)	1.116*** (2.70)	1.393*** (3.34)	1.458*** (3.36)	1.344*** (3.16)	1.301*** (3.06)	1.291*** (3.19)	1.377*** (3.36)
Type34	-1.814*** (-2.96)	-2.316*** (-3.34)	-2.126*** (-3.39)	-1.994*** (-3.17)	-2.044*** (-3.36)	-2.541*** (-3.84)	-2.558*** (-3.72)	-2.704*** (-4.06)
截距项	1.095 (0.17)	-6.792 (-1.13)	0.255 (0.04)	-4.466 (-0.75)	-11.457* (-1.79)	-10.068* (-1.74)	-2.899 (-0.43)	-2.729 (-0.41)
年度效应	Yes	Yes	Yes	Yes	Yes	Yes	Yes	Yes
样本量	283	283	283	283	283	283	283	283
Adj. R^2	0.285	0.287	0.272	0.257	0.276	0.294	0.344	0.353

注：括号内为t统计量值，***、**和*分别表示估计系数在1%、5%和10%的显著性水平上显著。

表8-13　　高管特征和国际化影响绿色信贷的稳健性检验

项目	(1)	(2)	(3)	(4)	(5)	(6)	(7)	(8)
INDR	0.000 (0.02)						0.034 (1.35)	0.029 (1.04)
FER		-0.123*** (-2.74)					-0.148*** (-3.00)	-0.109** (-2.56)
AgeM			0.044 (0.56)				0.094 (1.15)	0.077 (0.91)
MH				-0.049** (-2.12)			-0.039* (-1.71)	-0.023 (-0.96)
OverseasR					-0.003 (-0.10)		-0.002 (-0.07)	0.025 (0.75)

续表

项目	(1)	(2)	(3)	(4)	(5)	(6)	(7)	(8)
F_institution						-0.391** (-2.49)	-0.470*** (-2.74)	-0.491*** (-2.95)
S1								-0.050*** (-3.25)
STATE3								0.048*** (2.67)
SIZE	0.584*** (2.94)	0.295 (1.32)	0.380 (1.49)	0.416** (2.01)	0.440 (1.64)	0.724*** (3.18)	0.614** (2.29)	0.523* (1.81)
CAR	-0.149 (-0.86)	-0.215 (-1.12)	-0.126 (-0.77)	-0.140 (-0.84)	-0.108 (-0.63)	-0.022 (-0.16)	-0.265 (-1.43)	-0.129 (-0.68)
ROA	2.341* (1.91)	3.324*** (2.63)	2.556** (2.05)	2.286** (2.08)	2.443** (2.03)	1.634 (1.63)	3.363*** (2.63)	2.511* (1.90)
NPL	0.191 (0.45)	0.239 (0.53)	0.213 (0.50)	0.005 (0.01)	0.255 (0.58)	0.124 (0.35)	-0.012 (-0.03)	-0.112 (-0.25)
LTD	-0.060*** (-3.10)	-0.074*** (-3.84)	-0.066*** (-3.31)	-0.066*** (-3.59)	-0.065*** (-3.31)	-0.040** (-2.05)	-0.051** (-2.37)	-0.041* (-1.79)
NII	-0.033 (-1.61)	-0.027 (-1.47)	-0.022 (-1.13)	-0.021 (-1.15)	-0.022 (-1.11)	-0.024 (-1.42)	-0.042** (-2.26)	-0.018 (-0.83)
LIST	1.303*** (3.04)	1.722*** (3.81)	1.305*** (2.95)	0.693 (1.35)	1.399*** (3.24)	1.233*** (3.02)	0.696 (1.35)	0.863 (1.58)
Type34	-1.589** (-2.51)	-1.426** (-2.24)	-1.847*** (-2.92)	-2.017*** (-3.20)	-1.783*** (-2.80)	-1.367** (-2.40)	-1.069* (-1.69)	-1.578** (-2.38)
截距项	-10.759** (-2.00)	-0.132 (-0.02)	-7.007 (-1.24)	-4.309 (-0.73)	-6.579 (-0.87)	-16.291** (-2.51)	-13.730* (-1.87)	-11.783 (-1.56)
年度效应	Yes	Yes	Yes	Yes	Yes	Yes	Yes	Yes
样本量	276	279	278	286	279	315	274	272
Adj. R^2	0.261	0.289	0.253	0.263	0.252	0.283	0.335	0.375

注：括号内为 t 统计量值，***、** 和 * 分别表示估计系数在 1%、5% 和 10% 的显著性水平上显著。

第二，银行微观特征控制变量取滞后 1 期后重新回归。股权结构影响绿色信贷的稳健性检验的结果如表 8－14 所示，第（1）~（6）列为单独加入股权性质变量后的结果，第（7）列为同时加入所有股权性质变量后的结果，第（8）列为还加入了股权集中度变量 S1 后的结果。加入所有变量后的结果显示，国有企业持股比例影响的显著性较差，其他变量方面，依然是国家持股比例高、股权集中度低的银行绿色信贷占比更高。高管董事特征和国际化影响绿色信贷的结果如表 8－15 所示，各列回归结果依然显示女性董事高管、独立董事、高管海外背景、高管持股、高管年龄等因素对绿色信贷都没有显示出积极影响。

表 8－14　股权结构影响绿色信贷的稳健性检验（控制变量滞后 1 期）

项目	(1)	(2)	(3)	(4)	(5)	(6)	(7)	(8)
STATE3	0.066*** (3.32)						0.035* (1.91)	0.044** (2.55)
SOE3		-0.041*** (-2.64)					-0.031* (-1.88)	-0.014 (-0.81)
Private3			-0.091*** (-2.93)				-0.079** (-2.41)	-0.087*** (-2.65)
Individual3				-1.500*** (-4.41)			-2.378*** (-4.13)	-1.725*** (-2.90)
Foreign3					-0.069** (-2.24)		-0.073** (-2.36)	-0.059* (-1.92)
S1						-0.069*** (-3.77)		-0.040*** (-3.02)
L. SIZE	0.175 (0.79)	0.543*** (2.61)	0.242 (1.12)	0.394* (1.87)	0.661*** (2.81)	0.730*** (3.40)	0.539** (2.04)	0.535** (2.02)
L. CAR	-0.060 (-0.35)	0.074 (0.48)	-0.010 (-0.07)	0.016 (0.10)	0.257* (1.66)	0.149 (0.98)	0.225 (1.44)	0.223 (1.41)
L. ROA	1.562 (1.56)	1.388 (1.33)	2.200** (2.09)	1.676 (1.59)	1.036 (1.02)	1.098 (1.03)	0.647 (0.65)	0.800 (0.82)
L. NPL	-0.633 (-1.52)	-0.073 (-0.17)	-0.191 (-0.45)	-0.164 (-0.40)	-0.313 (-0.75)	-0.022 (-0.05)	-0.546 (-1.21)	-0.473 (-1.06)

续表

项目	(1)	(2)	(3)	(4)	(5)	(6)	(7)	(8)
L. LTD	-0.046** (-2.14)	-0.081*** (-3.86)	-0.068*** (-3.39)	-0.071*** (-3.48)	-0.072*** (-3.63)	-0.099*** (-4.73)	-0.073*** (-3.20)	-0.077*** (-3.45)
L. NII	-0.026 (-1.54)	-0.016 (-0.79)	-0.034** (-2.09)	-0.031* (-1.81)	-0.022 (-1.32)	-0.006 (-0.28)	-0.012 (-0.62)	-0.003 (-0.15)
LIST	1.622*** (3.58)	1.084** (2.56)	1.476*** (3.36)	1.510*** (3.33)	1.311*** (3.07)	1.161*** (2.62)	1.106*** (2.67)	1.202*** (2.85)
Type34	-1.932*** (-3.00)	-2.506*** (-3.40)	-2.214*** (-3.36)	-2.112*** (-3.18)	-2.255*** (-3.47)	-2.900*** (-4.00)	-2.752*** (-3.72)	-2.952*** (-4.11)
截距项	0.602 (0.10)	-7.231 (-1.23)	-0.550 (-0.09)	-4.590 (-0.77)	-12.510** (-1.98)	-11.041* (-1.94)	-7.257 (-1.08)	-6.856 (-1.02)
年度效应	Yes	Yes	Yes	Yes	Yes	Yes	Yes	Yes
样本量	277	277	277	277	277	277	277	277
Adj. R^2	0.291	0.294	0.273	0.260	0.287	0.308	0.356	0.366

注：括号内为t统计量值，***、**和*分别表示估计系数在1%、5%和10%的显著性水平上显著。

表8-15　高管特征和国际化影响绿色信贷的稳健性检验（控制变量滞后1期）

项目	(1)	(2)	(3)	(4)	(5)	(6)	(7)	(8)
INDR	-0.023 (-0.85)						0.002 (0.07)	0.007 (0.22)
FER		-0.125*** (-2.70)					-0.149*** (-2.98)	-0.110** (-2.49)
AgeM			-0.007 (-0.09)				0.038 (0.44)	0.022 (0.24)
MH				-0.048* (-1.95)			-0.040 (-1.60)	-0.032 (-1.23)
OverseasR					-0.000 (-0.00)		-0.001 (-0.02)	0.027 (0.81)

续表

项目	(1)	(2)	(3)	(4)	(5)	(6)	(7)	(8)
F_institution						-0.430*** (-2.71)	-0.532*** (-3.15)	-0.506*** (-3.22)
STATE3								0.042*** (2.60)
S1								-0.058*** (-3.68)
L. SIZE	0.599*** (2.79)	0.250 (1.10)	0.413 (1.60)	0.418** (2.05)	0.418 (1.54)	0.758*** (3.40)	0.728*** (2.64)	0.751*** (2.72)
L. CAR	-0.029 (-0.17)	-0.065 (-0.35)	0.037 (0.23)	0.001 (0.01)	0.032 (0.19)	0.055 (0.43)	-0.089 (-0.50)	0.010 (0.06)
L. ROA	1.920* (1.75)	2.872** (2.43)	1.803 (1.61)	1.703* (1.66)	1.822* (1.65)	1.277 (1.43)	2.602** (2.26)	1.501 (1.32)
L. NPL	-0.174 (-0.40)	-0.260 (-0.55)	-0.116 (-0.27)	-0.282 (-0.70)	-0.080 (-0.18)	-0.100 (-0.29)	-0.484 (-0.99)	-0.633 (-1.29)
L. LTD	-0.061*** (-2.72)	-0.075*** (-3.73)	-0.072*** (-3.40)	-0.070*** (-3.39)	-0.071*** (-3.32)	-0.043** (-2.09)	-0.047** (-2.05)	-0.058** (-2.43)
L. NII	-0.043** (-2.23)	-0.037** (-2.20)	-0.030* (-1.75)	-0.031* (-1.84)	-0.030* (-1.74)	-0.040** (-2.53)	-0.064*** (-2.96)	-0.037 (-1.55)
LISTDUM	1.444*** (3.18)	1.777*** (3.66)	1.372*** (3.00)	0.735 (1.33)	1.444*** (3.21)	1.234*** (2.93)	0.781 (1.41)	0.647 (1.14)
Type34	-1.706** (-2.51)	-1.684** (-2.45)	-2.129*** (-3.14)	-2.194*** (-3.28)	-2.001*** (-2.89)	-1.558*** (-2.61)	-1.305** (-1.97)	-2.032*** (-2.76)
截距项	-10.420* (-1.83)	1.157 (0.17)	-5.121 (-0.89)	-4.294 (-0.74)	-5.809 (-0.77)	-17.240*** (-2.84)	-12.915* (-1.73)	-11.905 (-1.60)
年度效应	Yes	Yes	Yes	Yes	Yes	Yes	Yes	Yes
样本量	271	273	272	280	273	307	269	267
Adj. R^2	0.267	0.292	0.258	0.265	0.255	0.291	0.345	0.393

注：括号内为t统计量值，***、**和*分别表示估计系数在1%、5%和10%的显著性水平上显著。

8.5 本章小结

本章利用中国2007～2019年47家商业银行数据考察了银行公司治理因素对绿色信贷的影响。股权结构方面，国家股比例越高，银行绿色信贷占比越高，但国有企业持股没有起到增加绿色信贷占比的作用，其他非国有性质股权，包括民营企业、个人、外资持股都会抑制银行绿色信贷业务发展；股权集中度降低有助于提升绿色信贷占比，具体表现为第一大股东持股比例越低、第一大股东和第二大股东间的制衡度越高、前五大股东持股比例越分散，银行绿色信贷占比越高。董事和高管特征方面，女性高管和董事、高管持股情况降低了绿色信贷占比，独立董事、高管年龄对绿色信贷没有影响。外资和国际化方面，外资持股降低了绿色信贷占比，具有海外背景的高管对绿色信贷没有影响；海外机构和网点情况降低了绿色信贷占比，但海外员工和资产对绿色信贷占比没有影响。根据本章研究结论可以得出如下启示。

第一，商业银行应加深绿色发展理念。本章研究显示，除了国家股比例、股权集中度降低外，绝大部分公司治理因素和机制对绿色信贷占比提升没有影响，甚至有不利影响。说明目前银行机构内部各级治理主体，包括股东、董事和高管还没有形成一致的绿色发展理念，支持经济绿色低碳转型的行动不够积极。组织机构中，领导层的思想意识直接影响基层行为。商业银行上层治理主体应树立坚定的绿色发展理念，从而为绿色金融业务实践提供明确指导。此外，目前政策因素在绿色信贷发展中起到关键推动作用，商业银行投放绿色信贷更多是政策压力下的被动响应。因此银行上层治理团体应认真分析绿色融资业务的商业利益，增强绿色发展的内驱力。

第二，商业银行应健全绿色治理机制。一是国有股股东，特别是国有企业股东应积极承担环境保护责任，支持国家绿色发展战略，推动绿色信贷业务发展，为其他股东起到示范引领作用。二是可以聘请在环保领域具有专业背景的独立董事，积极发挥独立董事在绿色金融方面的监督和战略咨询作用。三是当前女性董事和高管没有在绿色治理中发挥作用可能与占比低有关，因此可以考虑增加女性董事高管人数，甚至让合适的女性董事、高管直接参与绿色金融业务。四是调整组织架构，包括设置发展绿色金融的专门部门、任命负责绿色金融的董事和高管等。五是利用优势资源，包括具有海外背景的董事高管、境外合作伙伴等，学习国外先进成熟的绿色金融运作方式。

第三，监管部门应推进“绿色银行”建设。一是丰富资本市场投资者类型，积极引进和增加绿色投资者，提高商业银行面临的市场约束。二是继续推进优质银行上市，可以考虑将银行绿色金融业务发展水平作为银行上市的一个评价标准。三是可以颁布商业银行绿色治理指引，在绿色金融政策制定、部门设置、人员配备、绩效考核等方面给予指导意见。四是搭建国内外金融机构合作平台，学习借鉴国外成功的绿色金融发展经验，促进国内商业银行完善绿色治理。

第9章

银行绿色信贷的影响因素Ⅲ：银行竞争程度

9.1 银行竞争影响绿色信贷投放的现实背景

绿色金融是推动绿色经济发展和生态文明建设的重要支撑，而在中国间接融资主导的金融体系下，绿色信贷又是绿色金融的主体。2007 年以来，在《绿色信贷指引》《关于构建绿色金融体系的指导意见》等政策文件的引导下，中国商业银行积极尝试绿色信贷业务。虽然较长时期内，绿色信贷更多被认为是商业银行履行其环保责任的手段。但随着绿色经济发展，越来越多银行意识到绿色信贷是争夺绿色融资市场、获取新的竞争优势的重要工具。近年来，随着互联网金融新业态的出现，商业银行整体面临着更大竞争压力。而同时银行业经过多年改革发展，商业银行之间也出现了分化，部分大型银行、优质区域性银行的综合实力越来越强，形成了明显的竞争优势和市场势力，而部分中小银行和发展落后的银行则面临很大的竞争压力。那么是竞争压力更小的银行更有能力开展绿色信贷，还是竞争压力更大的银行更有动力开展绿色信贷呢?

目前关于绿色信贷影响因素的研究大多集中于绿色项目的收益风险特征和商业银行的组织制度、战略安排等因素，对于商业银行所处的行业环境因素几乎很少涉及。行业竞争情况是商业银行面临的重要外部环境，对商业银行的行为决策有很大影响。既有文献中大多考察了银行业竞争对商业银行风险承担行为的影响（杨天宇和钟宇平，2013；Fu et al.，2014；González et al.，2017）

以及对企业的信贷可得性的影响（Horvath et al.，2016）。还有部分文献考察了行业竞争对企业社会责任的影响（刘小霞和江炎骏，2011）。但是尚未有考察银行业竞争如何影响商业银行的绿色信贷投放行为的研究。

基于此，本章利用中国2007~2019年47家商业银行数据，以勒纳指数衡量商业银行的竞争程度，考察了银行业竞争对绿色信贷占比的影响。研究结果发现勒纳指数对绿色信贷占比有显著正向影响，考察两者的非线性关系发现勒纳指数对绿色信贷占比有“U”型影响，但样本观测值均在右侧上升区间。勒纳指数是银行业竞争的反向指标，因此这意味着面临竞争压力较小的银行投放绿色信贷更积极。本章的研究贡献在于，从银行业竞争视角考察了影响银行绿色信贷投放的外部环境因素，丰富了银行业竞争的经济后果和绿色信贷的影响因素两方面的文献研究成果。

9.2 银行竞争影响绿色信贷的文献综述

9.2.1 银行业竞争对商业银行的影响

现有文献大量考察了市场竞争对银行风险的影响。彼得森等（Petersen et al.，1994）、赫尔曼等（Hellmann et al.，2000）认为市场竞争会削弱银行的特许权价值，导致银行为抵补利润下滑而从事风险更高的活动，从而导致银行增加风险承担。杨天宇和钟宇平（2013）、付小青等（Fu et al.，2014）的实证研究支持了这一结论。相反，博迪和德尼科洛（Boyd and De Nicolo，2005）指出银行垄断势力的增强会提升企业的贷款利率，为应对资金成本的上升，企业会从事风险更大的投资活动，而贷款市场的竞争加剧有助于降低企业的贷款利率和道德风险，从而减少企业违约概率和银行破产的可能。张宗益等（2012）基于中国14家商业银行数据进行研究，发现价格竞争有助于缓解银行的信贷风险。折中观点则认为，银行竞争程度较高时，竞争的“风险转移效应”有助于降低银行风险，而随着行业竞争加剧导致银行盈利严重受损后，竞争的“利润边际效应”占主导地位，银行风险明显上升。希门尼斯等（Jiménez et al.，2013）基于西班牙银行、冈萨雷斯等（Gonzalez et al.，2017）基于中东和北非国家银行、胡题和谢赤基于中国银行业数据的研究表明银行竞争和银行风险之间呈现“U”型关系。另外，还有文献考察了市场竞争对银行财务绩效和经营效率的影响，发现市场竞争有助于提升银行绩效（应展宇和张夏晗，2020）、改善银行效率（张大永和张志伟，2019），但是过度的竞争也会对银行效率造成负面影响（申创和赵胜民，2017）。

关于银行竞争和信贷投放的关系存在两类假说：一是市场势力假说。其认为垄断势力较强时，银行的效率往往较低，而竞争压力会促使银行提升信贷业务效率，更积极地挖掘企业信息，从而增加了信贷投放（Laeven et al.，2015）。二是信息假说。其认为银行业竞争激烈时，企业更容易转变合作银行，导致商业银行前期投入的信息收集和客户维护成本“打水漂”，从而降低了银行投放信贷的积极性（Alhassan and Biekpe，2018）。实证研究方面的文献大多从企业角度出发，分析银行业竞争如何影响企业获得贷款的情况。大部分研究支持市场势力假说。卡纳勒和南达（Canales and Nanda，2012）的研究显示银行竞争提升了企业资金可得性，特别是增加了小银行的信贷供给。刘莉亚等（2017）发现行业竞争加剧会促使银行提升风险承担、采取更激进的信贷扩张行为。姜付秀等（2019）发现银行竞争有助于降低企业债务融资成本。孙旭然等（2020）考察了银行竞争对企业信贷类型和期限的影响，发现竞争促使银行更多投放信用贷款和中长期贷款。也有部分研究支持信息假说，江亮亮等（Jiang et al.，2019）使用美国银行的数据实证发现，银行业竞争加剧导致银行减少对企业的放款数量。还有一些学者发现银行竞争与企业信贷之间存在非线性关系，纽伯格（Neuberger，2008）基于比利时企业样本发现银行竞争和企业借款之间存在倒“U”型关系。

9.2.2 行业竞争对企业社会责任的影响

关于行业竞争与企业社会责任的关系存在两类观点：一类认为行业竞争会促使企业更积极地履行社会责任，从而获取差异化的竞争优势以及利益相关者更多支持（Porter and Linde，1995）。另一类认为行业竞争会使企业减少社会责任方面的投入，原因在于行业竞争加剧会增强企业面临的资源约束，企业可用于履行社会责任的资源减少（贾兴平和刘益，2014）。实证研究大多支持第二类观点，刘小霞和江炎骏（2011）发现行业竞争对企业捐赠水平具有显著的负向影响。吴昊旻和张可欣（2021）研究了中国重污染行业的企业履行环境保护责任的影响因素，发现行业集中度降低有助于企业改善环境表现，但是对于单个企业而言，企业的市场势力越弱、面临的竞争压力越大，其环境表现越差。

此外，行业竞争和企业社会责任间的关系也可能与行业竞争程度有关，从而体现为非线性关系。坎贝尔（Campbell，2007）指出行业竞争和企业社会责任之间存在复杂的曲线关系，较低和较高竞争度的行业中企业社会责任表现较差，而中等竞争度行业中的企业社会责任履行水平更高。卢正文和刘春林（2011）基于中国沪深上市企业、贾兴平和刘益（2014）基于制造业企业、郭岚和何凡（2016）基于酒类行业企业的研究均发现，行业竞争和企业社会责任承担之间呈现倒“U”型关系。

9.2.3　文献评述

现有文献较多考察了银行业竞争对商业银行风险承担的影响，另外从企业借款角度考察了银行业竞争对商业银行信贷决策的影响。此外，以非金融企业为样本的文献考察了行业竞争对企业社会责任的影响。因为绿色信贷属于银行环境责任的范畴，所以这类文献对本章研究也有一定的参考意义。不过综合而言，现在文献中尚未研究银行业竞争对银行绿色信贷的影响，本章研究将试图弥补这一缺口。

9.3　银行竞争影响绿色信贷的理论分析和研究假设

9.3.1　银行业竞争促进绿色信贷的原因

一是绿色信贷可以使银行获得差异化竞争优势。商业银行的业务同质化程度较高，对于单家银行而言，要想在激烈的行业竞争中求得生存和发展，需要使业务更具特色化。商业银行通过发展绿色信贷业务增加了金融产品或服务中的环保属性，一方面可以吸引社会意识较强、关心环境的客户，争取更多客户资源；另一方面可以吸引在环保方面存在投融资需求的客户，抢占绿色金融领域的业务。

二是绿色信贷可以为银行带来新的利润来源。激烈的行业竞争会挤压银行传统业务的利润空间，商业银行需要开展新业务，拓展盈利来源。绿色金融发展方兴未艾，成为竞争加剧下银行业务调整的方向。

根据以上分析，提出如下假说：

H1a：银行业竞争加剧会促进商业银行投放绿色信贷。

9.3.2 银行业竞争抑制绿色信贷的原因

一是银行业竞争导致商业银行资源约束加强。面对激烈的市场竞争，商业银行不得不消耗大量资源用于保持已有的市场地位和市场份额。同时，竞争导致的盈利削弱也会减少银行资源的累积。在资源“硬约束”加强的情况下，商业银行很难有充足的人力、物力、财力去开展新的绿色信贷业务。另外，不同于特许权价值假说认为银行面临竞争会增加风险承担，阿平（Arping，2019）认为竞争会使银行面临更大的破产压力，从而使商业银行风险偏好下降，行为更加保守、创新意愿不足，从而降低了其开展绿色信贷的意愿。

二是银行业竞争侵蚀了银行的信息租金。商业银行付出大量成本来调研客户、和客户维系关系，从而获得企业的非公开信息，并利用这些信息开展业务、管理风险。商业银行依托私有信息获得的收益称为信息租金。市场势力强的银行能和客户保持长期合作关系，从而掌握更多客户信息。而随着行业竞争加剧，商业银行市场势力减弱，客户面临更多选择，对银行的黏性降低。一方面，商业银行难以和客户保持长久关系，不能收集到连续的信息；另一方面，商业银行付出成本收集的信息在客户离开后不再具有较高商业价值。综合而言，银行业竞争增加了银行的信息收集成本、降低了银行的信息产出和收益。绿色信贷业务需要商业银行收集企业环境信息，在企业环境信息还未完全强制披露以及披露制度尚不完善的情况下，银行获取环境信息的难度更大、成本更高，因而行业竞争导致的客户流失会带来更大的信息租金损失，银行开展绿色信贷业务的意愿会更低。

根据以上分析，提出如下假说：

H1b：银行业竞争加剧会抑制商业银行投放绿色信贷。

9.4　银行竞争影响绿色信贷的研究设计

9.4.1　模型设定和变量选择

为了考察银行竞争对绿色信贷的影响，本章采用普通最小二乘法（OLS）运行如下计量模型：

$$GL = \alpha_0 + \alpha_1 EALER + \alpha_2 SIZE + \alpha_3 CAR + \alpha_4 ROA + \alpha_5 NPL + \alpha_6 LTD + \alpha_7 NII + \alpha_8 LIST + ydummy + \varepsilon_{i,t} \quad (9-1)$$

其中，$\varepsilon_{i,t}$为随个体和时间而改变的扰动项，为减少扰动项不规则带来的问题，本章所有回归均采用了银行层面聚类稳健的标准误。模型中各变量解释如下。

（1）因变量：银行绿色信贷GL。现有文献采用的绿色信贷指标包括绿色信贷额度、绿色信贷占比、是否开展绿色信贷等（孙光林等，2017；张琳和廉永辉，2019；邵传林和闫永生，2020）。本章更关注银行的不同类别信贷资产配置情况，因此采用绿色信贷余额占总贷款的比重衡量商业银行的绿色信贷实施情况。绿色信贷是商业银行投向清洁能源、绿色交通、资源循环利用、工业节能节水等节能环保项目与服务领域的贷款。

（2）核心解释变量：银行竞争EALER。李波和朱太辉（2020）基于效率调整后的Lerner指数度量商业银行的竞争程度，为本章提供了有益借鉴。具体而言，经效率调整的Lerner指数的计算公式为：

$$EALER = \frac{\frac{PTP}{TO} + \frac{PTC}{TO} - MC}{\frac{PTP}{TO} + \frac{PTC}{TO}} = \frac{PTP + PTC - MC \times TO}{PTP + PTC} \quad (9-2)$$

其中，PTP 和 PTC 分别为商业银行的利润预测值和总成本预测值，MC 为证券公司的边际成本，TO 为商业银行的总产出，为银行总资产。既有文献一般基于多投入单产出或多投入多产出超越对数成本（利润）函数进行计算 MC、PTP 和 PTC。借鉴申创和赵胜民（2018）的研究成果，本章估计如下超越对数成本（利润）函数：

$$\begin{aligned}\log(TC_{it})\text{ or }\log(TP_{it}) = {} & \alpha + \beta_1\log(Q_{it}) + \beta_2(\log(Q_{it}))^2 + \beta_3\log(W_{1,it}) \\ & + \beta_4\log(W_{2,it}) + \beta_5\log(W_{3,it}) + \beta_6\log(Q_{it})\log(W_{1,it}) \\ & + \beta_7\log(Q_{it})\log(W_{2,it}) + \beta_8\log(Q_{it})\log(W_{3,it}) \\ & + \beta_9(\log(W_{1,it}))^2 + \beta_{10}(\log(W_{2,it}))^2 \\ & + \beta_{11}(\log(W_{3,it}))^2 + \beta_{12}\log(W_{1,it})\log(W_{2,it}) \\ & + \beta_{13}\log(W_{1,it})\log(W_{3,it}) + \beta_{14}\log(W_{2,it})\log(W_{3,it}) \\ & + \lambda_t + \varepsilon_{it}\end{aligned} \tag{9-3}$$

其中，$i=1，2，\cdots，N$，为商业银行的个体标识，$t=1，2，\cdots，T$，为年度时间标识。TC_{it}为总成本，等于利息支出、手续费及佣金支出、业务及管理费。TP 为商业银行的税前利润。产出指标方面，Q_{it}为总产出，即银行总资产。投入指标方面，$W_{1,it}$为银行资金成本，以利息支出除以总资产得到；$W_{2,it}$为银行人力成本，用人事费用（支付给职工以及为职工支付的现金）除以总资产得到；$W_{3,it}$为银行固定成本，以其他运营和管理费用（业务和管理费减去人事费用）除以总资产得到①。此外，回归模型中还加入了时间虚拟变量 λ_t。假定复合扰动项 $\varepsilon_{it}=\nu_{it}+\psi_{it}$（针对成本方程）或 $\varepsilon_{it}=\nu_{it}-\psi_{it}$（针对利润方程），其中 ν_{it}为常规意义上的随机干扰项 $\nu_{it}\sim \text{iid } N(0,\sigma_v^2)$，$\psi_{it}$代表偏离最优前沿对应的成本增加或利润减少程度，具有单边分布特征，假定其服从非负的阶段性半正态分布，即 $\omega_{it}\sim N^+(0,\sigma_\omega^2)$。

式（9－3）构成了标准的面板随机前沿模型。分别估计成本函数和利润函数，可以得到各系数的估计值，进而得到成本预测值 PTC 和利润预测值 PTP，并通过式（9－4）获得边际成本 MC：

① 回归过程中，对所有取对数后的变量在其分布的1%和99%的位置上进行缩尾处理，以防止异常值对估计结果的干扰。

$$\begin{aligned} MC_{it} &= \partial TC_{it} / \partial Q_{it} \\ &= TC_{it}/Q_{it} \times [\beta_1 + 2\beta_2 \log(Q_{it}) + \beta_6 \log(W_{1,it}) \\ &\quad + \beta_7 \log(W_{2,it}) + \beta_8 \log(W_{3,it})] \end{aligned} \tag{9-4}$$

将 PTC、PTP、MC 代入式（9－2），即可得到商业银行经效率调整后的 Lerner 指数 EALER。EALER 是银行业竞争的反向指标，EALER 越高，意味着商业银行的市场势力越大、面临的竞争压力越小。

（3）控制变量。参考银行绿色信贷影响因素和银行信贷投放影响因素的文献，本研究中选取了如下可能影响绿色信贷占比的银行微观特征：银行规模 SIZE，以资产总额的自然对数衡量。资本充足率 CAR，为监管资本与风险加权资产的比值。资产收益率 ROA，为银行净利润与总资产的比值。不良贷款率 NPL，为次级、可疑和损失三种贷款占总贷款的比重。存贷比 LTD，为贷款总额与存款总额的比值。非利息收入占比 NII，为银行非利息收入与营业收入的比值。上市虚拟变量 LIST，银行上市当年及之后 LIST 取 1，其他取 0。此外，宏观经济环境和其他未考虑到的时变因素也可能影响银行绿色信贷投放，对此本章统一在模型中加入年度固定效应予以控制。

9.4.2 样本选择与描述性统计

本章研究样本为中国 2007～2019 年 47 家商业银行的年度非平衡面板数据。数据来源方面，绿色信贷数据根据商业银行社会责任报告手工收集得到，其余银行财务数据均取自 Wind 数据库。表 9－1 列示了主要变量的描述性统计结果。从中可以看出，EALER 的均值为 0.423，最大值为 0.862，最小值为 0.154，反映了中国商业银行的市场实力和面临的竞争压力存在一定差异。GL 的均值为 3.462%，表明中国商业银行绿色信贷发展的平均水平较低，不过 GL 的最大值为 23.771%，表明部分银行绿色信贷业务发展势头迅猛。

表 9－2 显示了各变量之间的相关系数，各解释变量之间相关系数的绝对值多数在 0.4 以下，可以认为模型中的多重共线性问题并不严重。值得注意的是，GL 和 EALER 的相关系数显著为负，EALER 是银行业竞争的反向指标，这意味着在不控制其他因素影响的前提下，绿色信贷和银行业竞争具有正相关关系，不过更为准确的结论还有待深入地实证分析。

表 9 – 1　　变量描述性统计

变量	观测值	均值	标准差	最小值	下四分位数	中位数	上四分位数	最大值
GL	324	3.462	3.673	0.061	0.786	2.747	4.912	23.771
EALER	324	0.423	0.129	0.154	0.345	0.441	0.512	0.862
SIZE	324	28.023	1.487	23.901	26.874	27.960	29.279	30.541
CAR	324	12.708	1.527	9.000	11.625	12.450	13.595	17.520
ROA	324	0.925	0.227	0.068	0.774	0.917	1.069	1.568
NPL	324	1.247	0.478	0.110	0.890	1.270	1.525	3.120
LTD	324	69.689	11.881	38.970	62.375	70.300	74.115	96.490
NII	324	21.500	11.519	–1.322	13.286	19.720	28.653	65.180
LIST	324	0.571	0.496	0.000	0.000	1.000	1.000	1.000

表 9 – 2　　变量相关系数

	GL	EALER	SIZE	CAR	ROA	NPL	LTD	NII	LIST
GL	1	–0.216 *	0.526 *	0.174 *	0.120 *	0.203 *	0.120 *	0.244 *	0.427 *
EALER	–0.092 *	1	–0.405 *	–0.227 *	–0.149 *	0.009	0.069	–0.104 *	–0.122 *
SIZE	0.414 *	–0.430 *	1	0.035	0.231 *	0.193 *	0.375 *	0.499 *	0.673 *
CAR	0.116 *	–0.245 *	0.061	1	0.136 *	0.225 *	0.004	0.086	0.038
ROA	0.118 *	–0.102 *	0.216 *	0.130 *	1	–0.280 *	–0.187 *	–0.099 *	0.310 *
NPL	0.129 *	–0.003	0.163 *	0.228 *	–0.241 *	1	0.324 *	0.238 *	0.005
LTD	0.116 *	0.125 *	0.350 *	0.042	–0.173 *	0.282 *	1	0.456 *	0.383 *
NII	0.172 *	0.002	0.383 *	0.055	–0.117 *	0.127 *	0.472 *	1	0.340 *
LIST	0.347 *	–0.086	0.657 *	0.034	0.292 *	–0.001	0.367 *	0.251 *	1

注：（1）相关矩阵的下半部分为皮尔逊相关系数，上半部分为斯皮尔曼相关系数。
（2）* 表示相关系数在 10% 的显著性水平上显著。

9.5　银行业竞争影响绿色信贷的实证结果及分析

9.5.1　基准回归结果分析

9.5.1.1　银行业竞争对绿色信贷的线性影响

表 9 – 3 列示了勒纳指数对绿色信贷的回归结果。研究中采取逐步加入解释变量的方法，第（1）列为仅加入 EALER 和年度虚拟变量后的结果。EALER 的

系数和相关系数分析结果一样，符号为负，不过不同的是系数显著性较差。第（2）、（3）列为进一步加入银行微观特征变量和银行类型虚拟变量后的结果。EALER 的系数转而显著为正，因此在控制其他因素后，银行业竞争和绿色信贷呈正相关关系，即市场势力越强，面临竞争压力越小的银行，其绿色信贷占比越高，从而支持了假说 H1b，说明商业银行在比较宽松的竞争环境下才更有“精力”和“闲心”开拓新业务，发展绿色信贷业务。这一研究结论也和尤西姆（Useem，1988）、刘小霞和江炎骏（2011）发现行业竞争越激烈，企业社会责任支出越少一致。

控制变量方面，SIZE、ROA、LIST 系数显著为正，表明规模较大、盈利水平更高、上市后的银行绿色信贷占比更高。LTD、NII、Type34 的系数显著为负，说明存贷比较高、非利息收入占比较高以及区域性银行的绿色信贷占比较低。这一结论与第 7 章的结论一致，也再次说明第 7 章中的结论是稳健的。

表 9-3　　银行竞争对绿色信贷的线性影响

项目	（1）	（2）	（3）
EALER	-2.829 （-0.71）	17.738*** （3.00）	17.048*** （2.92）
SIZE		1.391*** （5.39）	1.059*** （3.79）
CAR		-0.071 （-0.52）	-0.019 （-0.14）
ROA		1.685* （1.75）	1.959* （1.96）
NPL		0.153 （0.45）	0.099 （0.30）
LTD		-0.068*** （-3.71）	-0.078*** （-4.03）
NII		-0.030* （-1.69）	-0.033* （-1.85）
LIST		0.792** （2.01）	0.835** （2.11）

续表

项目	(1)	(2)	(3)
Type34			-1.265** (-2.18)
截距项	3.236*** (3.20)	-38.193*** (-5.05)	-28.434*** (-3.51)
年度效应	Yes	Yes	Yes
样本量	324	324	324
Adj. R^2	0.047	0.296	0.303

注：括号内为 t 统计量值，***、** 和 * 分别表示估计系数在 1%、5% 和 10% 的显著性水平上显著。

9.5.1.2 银行业竞争对绿色信贷的非线性影响

现有研究发现银行业竞争和企业借款之间存在倒“U”型关系（Neuberger，2008），也有文献显示行业竞争和企业社会责任间存在倒“U”型关系（贾兴平和刘益，2014）。那么银行业竞争对绿色信贷的影响是否也存在非线性效应呢？为此在模型 9-1 的基础上加入 EALER 的二次项，回归结果如表 9-4 所示。加入银行微观特征和类型虚拟变量后，EALER 的系数为正但不显著，EALER × EALER 的系数在 10% 水平上显著为正，表明银行业竞争对绿色信贷在形式上存在“U”型的非线性影响。但是“U”型曲线的拐点为负值，而样本银行的 EALER 均大于 0，因此样本银行的观测值均在拐点右侧，说明事实上目前银行业竞争对绿色信贷占比的影响仍是单调的正向影响。

表 9-4　银行竞争对绿色信贷的非线性影响

项目	(1)	(2)	(3)
EALER	-6.764 (-1.39)	7.586 (1.44)	8.313 (1.57)
EALER × EALER	22.872 (0.80)	52.222* (1.73)	45.466* (1.78)
SIZE		1.290*** (5.48)	1.020*** (3.83)

续表

项目	(1)	(2)	(3)
CAR		-0. 101 (-0. 73)	-0. 053 (-0. 38)
ROA		2. 294 ** (2. 24)	2. 448 ** (2. 33)
NPL		0. 474 (1. 18)	0. 386 (0. 98)
LTD		-0. 062 *** (-3. 49)	-0. 071 *** (-3. 79)
NII		-0. 029 * (-1. 68)	-0. 031 * (-1. 81)
LIST		0. 975 ** (2. 31)	0. 987 ** (2. 34)
Type34			-1. 075 * (-1. 82)
截距项	3. 244 *** (3. 13)	-36. 641 *** (-5. 17)	-28. 543 *** (-3. 57)
年度效应	Yes	Yes	Yes
样本量	324	324	324
Adj. R^2	0. 049	0. 304	0. 309

注：括号内为t统计量值，***、**和*分别表示估计系数在1%、5%和10%的显著性水平上显著。

9.5.2 稳健性检验

第一，控制变量滞后一期。除银行上市虚拟变量和银行类型虚拟变量外的银行微观特征变量取滞后一期，回归结果如表9-5所示。第（1）、（2）列为未加入EALER的二次项的结果，结果显示EALER的系数显著为正；第（3）、（4）列为加入EALER的二次项的结果，结果显示EALER系数为正，EALER × EALER的系数显著为正，与基准回归结果一致。

表 9-5　　银行微观财务特征滞后 1 期的稳健性检验

项目	(1)	(2)	(3)	(4)
EALER	18.924*** (3.02)	17.622*** (2.83)	7.869 (1.19)	7.999 (1.20)
EALER × EALER			54.403 (1.47)	48.109 (1.28)
L. SIZE	1.519*** (5.69)	1.193*** (3.98)	1.429*** (5.73)	1.151*** (4.01)
L. CAR	-0.012 (-0.10)	0.048 (0.40)	-0.052 (-0.44)	0.005 (0.04)
L. ROA	0.810 (0.95)	1.081 (1.22)	1.288 (1.45)	1.471 (1.62)
L. NPL	-0.297 (-0.90)	-0.290 (-0.91)	-0.016 (-0.04)	-0.043 (-0.11)
L. LTD	-0.078*** (-3.90)	-0.087*** (-4.16)	-0.073*** (-3.75)	-0.081*** (-3.98)
L. NII	-0.039** (-2.38)	-0.042** (-2.51)	-0.039** (-2.39)	-0.041** (-2.51)
LISTDUM	0.676* (1.65)	0.708* (1.73)	0.856* (1.91)	0.864* (1.92)
Type34		-1.234** (-2.04)		-1.089* (-1.74)
截距项	-38.445*** (-5.39)	-29.424*** (-3.66)	-36.508*** (-5.51)	-28.768*** (-3.69)
年度效应	Yes	Yes	Yes	Yes
样本量	312	312	312	312
Adj. R^2	0.306	0.312	0.312	0.317

注：括号内为 t 统计量值，***、** 和 * 分别表示估计系数在 1%、5% 和 10% 的显著性水平上显著。

第二，保留连续 4 个观测值样本。回归结果如表 9-6 所示。第（1）、（2）列为未加入 EALER 的二次项的结果，结果显示 EALER 的系数显著为正；第（3）、（4）列为加入 EALER 的二次项的结果，结果显示 EALER 的系数为正，EALER × EALER 的系数显著为正，与基准回归一致。

表9-6　　　　保留连续4个观测值的稳健性检验

项目	(1)	(2)	(3)	(4)
EALER	18.111*** (2.90)	17.096*** (2.77)	2.589 (0.35)	2.690 (0.36)
EALER × EALER			71.970* (1.79)	67.211* (1.66)
SIZE	1.397*** (5.48)	1.075*** (3.84)	1.315*** (5.52)	1.027*** (3.85)
CAR	-0.073 (-0.54)	-0.025 (-0.18)	-0.131 (-0.94)	-0.083 (-0.59)
ROA	1.662 (1.65)	1.858* (1.80)	2.212** (2.09)	2.354** (2.18)
NPL	0.166 (0.47)	0.082 (0.24)	0.486 (1.18)	0.388 (0.96)
LTD	-0.069*** (-3.76)	-0.080*** (-4.15)	-0.065*** (-3.62)	-0.076*** (-3.98)
NII	-0.031* (-1.69)	-0.034* (-1.87)	-0.031* (-1.76)	-0.034* (-1.92)
LIST	0.803** (2.01)	0.819** (2.04)	0.936** (2.23)	0.941** (2.24)
Type34		-1.284** (-2.20)		-1.170** (-1.99)
截距项	-38.364*** (-5.07)	-28.530*** (-3.45)	-36.429*** (-5.13)	-27.595*** (-3.47)
年度效应	Yes	Yes	Yes	Yes
样本量	320	320	320	320
Adj. R^2	0.296	0.304	0.306	0.312

注：括号内为t统计量值，***、**和*分别表示估计系数在1%、5%和10%的显著性水平上显著。

第三，替换勒纳指数度量方式。基准回归中使用的是效率调整后的勒纳指数，此处采取勒纳指数的另外一种计算方式，$Lerner = (P_{i,t} - MC_{i,t})/P_{i,t}$。其中，$P_{i,t}$代表银行i在第t期的产出价格（利息收入与非利息收入之和/总资产），$MC_{i,t}$则代表银行i在第t期的边际成本，MC依然利用式（9-4）获得。

利用新的勒纳指数重新回归，结果如表 9 – 7 所示。结果显示 Lerner 的系数始终在 1% 水平上显著，Lerner × Lerner 的系数则在 10% 水平上显著，综合而言，银行业竞争越激烈，商业银行绿色信贷占比越低，基准回归的结论在勒纳指数度量方式改变后依然成立。

表 9 – 7　替换勒纳指数度量方式的稳健性检验

项目	(1)	(2)	(3)	(4)
Lerner	8.214*** (3.19)	10.716*** (3.69)	15.982*** (3.07)	16.962*** (3.24)
Lerner × Lerner			3.459* (1.88)	2.808* (1.72)
SIZE	2.259*** (4.56)	2.002*** (4.48)	2.408*** (4.82)	2.129*** (4.79)
CAR	–0.199 (–1.28)	–0.085 (–0.59)	–0.259 (–1.57)	–0.137 (–0.89)
ROA	1.773* (1.89)	2.297** (2.33)	1.978** (2.07)	2.451** (2.44)
NPL	0.493 (1.27)	0.399 (1.10)	0.490 (1.30)	0.398 (1.13)
LTD	–0.049*** (–3.07)	–0.078*** (–4.33)	–0.039** (–2.46)	–0.070*** (–3.94)
NII	–0.011 (–0.61)	–0.018 (–1.09)	–0.010 (–0.58)	–0.017 (–1.07)
LIST	1.069*** (2.78)	0.995** (2.58)	1.181*** (3.00)	1.088*** (2.78)
Type34		–2.940*** (–3.75)		–2.870*** (–3.71)
截距项	–49.340*** (–4.80)	–37.710*** (–4.26)	–50.010*** (–4.98)	–38.529*** (–4.49)
年度效应	Yes	Yes	Yes	Yes
样本量	324	324	324	324
Adj. R^2	0.301	0.337	0.307	0.340

注：括号内为 t 统计量值，***、** 和 * 分别表示估计系数在 1%、5% 和 10% 的显著性水平上显著。

9.6 本章小结

本章利用中国2007~2019年47家商业银行数据考察了银行业竞争对绿色信贷投放的影响。结果发现，商业银行勒纳指数EALER对绿色信贷占比有显著正向影响，即银行业竞争加剧会降低银行绿色信贷投放。考察勒纳指数EALER对绿色信贷占比的二次效应发现，样本观测值均在右侧上升区间，勒纳指数是银行业竞争的反向指标，因而说明银行业竞争和绿色信贷负相关。根据本章的研究结论可以得到如下启示。

第一，监管部门应保障银行业有序竞争，避免过度竞争的不利影响。较为宽松的竞争环境更有利于商业银行开展绿色信贷等创新业务，因此监管部门可以规范银行业竞争行为，为商业银行业务创新和发展提供良好环境。例如，可以推进商业银行的并购重组，将中小银行间的竞争关系转变为合作关系，从而组建出竞争实力更强、市场势力更大的商业银行。而合并组建后银行也能更好地整合资源，进军绿色金融领域。

第二，商业银行应借助绿色信贷业务，创造差异化竞争优势。目前中国银行业金融机构众多，受监管等因素制约，商业银行业务的同质化程度较高。对于单家商业银行而言，要想增加自身的辨识度，必须走差异化、特色化发展路径。面临竞争压力较大的商业银行，开拓一项全新业务的难度大、成本高。而绿色信贷业务，一方面属于银行传统的信贷业务，业务模式可以借鉴已有成熟做法；另一方面绿色信贷专门为节能环保项目提供融资，更具特色化、专业化。并且当前绿色信贷业务方兴未艾，银行业还未形成成熟稳定的格局，具有较大发展空间。在传统业务领域不具备较高竞争优势的银行正好可以在绿色信贷领域施展拳脚，占领市场份额，提高市场势力。另外，竞争压力较大，资源不够充裕的商业银行可以先集中资源开发针对个别特定绿色项目的金融产品，依靠少数优质的拳头产品打开绿色信贷市场，迅速提升知名度，形成品牌效应。

第10章

银行绿色信贷的影响因素Ⅳ：宏观经济环境

10.1 宏观环境和政策影响绿色信贷投放的现实背景

商业银行作为宏观政策的重要传导中介，其经营行为会受到宏观经济环境和政策的影响。既有文献大量研究了宏观环境对银行信贷投放的影响，发现在宏观经济下行期，货币政策紧缩，经济政策不确定性较大等宏观环境下，商业银行会减少信贷投放（饶品贵和姜国华，2013；Hu and Gong，2019；Ashraf and Shen，2019）。但是对于宏观环境如何影响银行信贷结构的研究较少。绿色信贷作为银行信贷的一种类型也会受到不利宏观环境的负面影响，从而可能出现增速放缓等情况。不过，我们更为关心的是宏观环境如何影响银行的信贷配置结构，即绿色信贷占总贷款的比例如何变化。

为此，本部分中利用中国商业银行数据考察了宏观环境对银行绿色信贷比例的影响。其中宏观环境包括两方面：一是参考银行信贷影响因素的文献，选取影响银行绿色信贷的一般性宏观变量，包括经济增速、物价指数、货币环境、经济政策不确定性；二是绿色信贷作为投入节能环保项目的贷款和地区绿色发展水平更是密切相关，因此本部分中专门考察包括经济增长绿化度、自然资源禀赋、政府生态治理投入在内的绿色发展指标对绿色信贷占比的影响。

本章研究发现经济增长较快、绿色发展水平较高，以及货币环境紧缩和经济政策不确定性较大的情况下，商业银行绿色信贷占比较高。因此宏观环境对信贷总量和结构的影响存在一定差异，虽然货币紧缩和经济政策不确定性较高会促使银行降低整体信贷投放，但却使银行增加了绿色信贷的配置比例。本章的研究丰富了宏观环境影响银行信贷配置的文献成果，补充了绿色信贷影响因素的研究，为政府部门根据当地具体宏观环境“因地制宜”“因时制宜”制定绿色信贷政策提供了参考和依据。

10.2　宏观环境和政策影响绿色信贷的文献综述和理论分析

10.2.1　宏观经济环境对绿色信贷的影响

国内外学者对宏观经济波动和增长对银行信贷的影响进行了深入研究，发现商业银行信贷行为存在顺周期性特征，具体指金融市场随着宏观经济波动而随之同向波动，在经济过热时，银行通常扩大信贷投放，拉动经济增长；在经济衰退时，出于风险因素考虑，银行减少信贷投放，进一步加剧经济衰退。众多的经验证据也支持了银行信贷的顺周期行为。福卢索和希尔瓦努斯（Foluso and Sylvanus，2018）发现当经济衰退时，银行选择紧缩信贷规模，表明宏观经济对银行信贷有较大的影响。张琳和廉永辉（2015）基于中国商业银行数据，发现 GDP 增速对银行信贷增长有正向影响。董石正和郑建明（2020）的研究结果表明大型和股份制银行在经济波动下有更强的顺周期性。

不过也有少数学者证实银行信贷行为不一定存在顺周期特征。黄宪和熊启跃（2013）对中国 45 家商业银行的信贷数据进行实证检验，证实宏观经济波动下中国商业银行信贷呈现出与西方大多数国家银行业不同的特征，即商业银行逆周期效应。余乐乐（2015）利用 VAR 模型对中国 1997 ~ 2014 年的商业银行信贷季度数据进行格兰杰因果检验，研究发现信贷规模在经济上行周期扩张，在经济下行周期收缩的特征并不明显。

综合而言，大部分文献认为在经济形势较好时，商业银行会投放更多贷款。对于宏观经济对银行绿色信贷的影响，笔者认为在地区经济发展较快、通货膨胀较低的情况下，商业银行面临良好的外部发展环境，能获得更好的财务绩效，从而更有能力和资源开拓新业务，积极承担环境责任，从而提出如下研究假说：

H1：地区经济增长较快、物价水平较低，商业银行绿色信贷占比较高。

10.2.2 货币环境对绿色信贷的影响

现有文献对货币政策的银行信贷渠道进行了广泛研究。因为市场不完全等因素，商业银行面临货币政策变动时不能充分调整其资产结构，这必然会影响信贷配置，并且不同特征银行对货币政策的反应也有差异（Kashyap and Stein，1995）。此外，银行和借款人存在委托代理问题，企业获得信贷能力与其抵押品有关，紧缩货币政策降低了抵押品价值，从而减弱了企业获得的贷款（Bernanke and Gertler，1995）。阿尔通巴斯等（Altunbas et al.，2002）、齐山和奥皮拉（Kishan and Opiela，2006）、巴廖尼（Baglioni，2010）等的研究证实了信贷渠道的存在，并发现银行的资本充足率、流动性、规模等资产负债特征，股权结构等公司治理特征均会影响货币政策银行信贷渠道的有效性。

货币政策发挥作用的途径有很多，在中国间接融资为主导的金融体系下，银行贷款是企业的主要外部融资来源，因此银行信贷渠道是货币政策发挥作用的主要途径。国内学者也发现货币政策环境对银行信贷有明显影响。段军山和丁志强（2015）发现银行信贷的变动和货币政策的调控基调是一致的，宽松的货币政策环境会促使银行扩张信贷，而紧缩的货币政策环境会使银行降低信贷投放。顾海峰和杨立翔（2017）、战明华等（2018）进一步发现货币政策的银行信贷渠道会受到银行规模、互联网金融等因素的影响。

综合而言，现有文献中大多发现货币环境与银行信贷投放呈正相关的关系，货币紧缩时，银行会放缓信贷投放，绿色信贷的投放可能也会受到不利影响。不过本部分中更关注的是信贷结构的调整，即绿色信贷在总贷款中的配置比例。除了会影响信贷的常规性和一般性货币政策外，中国人民银行也出台了针对绿色信贷的支持性政策。例如，为加大对绿色经济的支持力，中国人民银行已经将部分绿色性质的资产纳入中期借贷便利担保品范围，包括优质的绿色贷款等。此外，中国人民银行已将银行的绿色债券、绿色信贷纳入宏观审慎评估。在目前的操作中，绿色信贷占比较高、发行过绿色债券的银行可以获得较高的 MPA 得分。郭晔和房芳（2021）利用双重差分模型研究了中期借贷便利的担保品扩容对企业融资的影响，发现这一货币政策明显缓解了绿色环保企业的融资约束。银行投放绿色信贷后，可以将优质的绿色贷款作为抵押品从央行获得流动性支持。在货币环境紧缩的时候，银行获取流动性难度加大，可以通过增加绿色信贷投放，提高自身获得流动性的渠道和可能性。因此提出如下假说：

H2：货币环境越紧张，商业银行绿色信贷占比较高。

10.2.3　经济政策不确定性对绿色信贷的影响

大部分研究认为经济政策不确定会促使银行降低信贷投放。现有文献从信贷供求两方面进行分析，指出经济政策不确定性一方面促使企业推迟投资（李凤羽和杨墨竹，2015），减少信贷需求。贝克等（Baker et al.，2016）表明经济政策不确定性的提高预示着产出、就业和投资的下滑，企业会降低对银行信贷的需求。另一方面降低借款者的信用资质和银行的风险识别能力，导致银行收缩信贷供给。迟秦伟和黎文靖（Chi and Li，2017）利用中国银行业数据、胡诗伟和宫迪（Hu and Gong，2019）利用 19 个国家银行业数据的研究均发现经济政策不确定性上升将抑制银行信贷增长。阿什拉夫和沈印杰（Ashraf and Shen，2019）的跨国研究显示，经济政策不确定性还会增加银行要求的贷款利率。另外，现有文献通过考察政策不确定性对不同微观特征银行的信贷投放的异质性影响发现，供给层面因素是政策不确定性上升时银行信贷减少的主要原因。

少数文献认为经济政策不确定性也可能增加银行信贷投放：第一，经济政策不确定性增加时，疲软的信贷需求会拉低贷款利率、减少银行利息收入；同时出于对银行在不确定时期更易发生不利状况的担忧，债权人会要求更高的风险溢价，从而增加了银行的利息支出（Hartzmark，2016）。为达到既定的盈利目标，商业银行会增加高风险资产配置。第二，经济政策不确定性上升会增加家庭和企业的预防性储蓄，导致银行净流动性头寸增加。净流动性头寸的增加会促使银行增加信贷投放（郝威亚等，2017）。第三，中国大部分银行具有国有性质，在经济政策不确定性上升时为维护金融安全愿意承担更多风险，比如降低信贷标准，从而发挥金融稳定器功能。并且国有银行在风险暴露后可以得到政府救助、减少损失，也增强了其承担风险的意愿（潘攀等，2020）。

综合而言，现有文献中大多发现经济政策不确定性与银行信贷投放呈负相关关系，经济政策不确定性增加时，银行会放缓信贷投放，此时绿色信贷的投放可能也会受到不利影响。不过本部分中更关注的是信贷结构的调整，即绿色信贷在总贷款中的配置比例。中国银行绿色信贷由政策因素驱动，受政策变动影响较大。在经济政策整体不确定性较大时，商业银行为规避风险，会降低政策调整比较频繁或政策预期不明朗的行业的贷款，增加政策相对稳定或确定的行业的贷款。推进绿色低碳循环经济发展，建设“美丽中国”是中国近年来经济社会发展的重要目标，政府部门也出台了各类配套政策措施。为了实现“碳达峰、碳中和”的远景目标，未来若干年内中国促进绿色环保产业的政策基调是不会改变的。因此在经济政策不确定性加大时，商业银行会更倾向于把信贷投向政策更为积极和确定的绿色环保行业。因此本部分中预期经济政策不确定性增加会导致银行提高绿色信贷比例，据此提出如下假说：

H3：经济政策不确定性增加会提高商业银行的绿色信贷占比。

10.2.4 绿色发展对绿色信贷的影响

现有文献从增长质量、绿色生活、环境治理等不同角度分析了绿色发展的内涵，综合而言，绿色发展就是在绿色政策和相关制度支持下，实现经济增长与高消耗、高排放相脱离，从而创建资源节约型和环境友好型社会（史丹，2018）。王勇等（2018）指出绿色发展水平可从资源利用、环境治理、环境质量、生态保护、增长质量和绿色生活等方面进行评估。绿色信贷发展与绿色经济盈利前景、社会公众环保意识、环境法规执行水平等因素密切相关。因此，绿色发展水平会影响银行投放绿色信贷的积极性（张琳等，2020）。

绿色发展会影响银行开展绿色信贷的收益和成本，从而对绿色信贷产生影响。从收益角度来看，首先，绿色经济的快速增长催生了庞大的融资需求，为绿色信贷业务提供了发展机遇，同时随着经济社会对绿色产品和服务的需求不断增加，环保企业盈利情况也在逐步改善，扩大了银行资产的收益区间。其次，经济绿色转型升级的推进将进一步压缩“两高一剩”行业的盈利空间，商业银行将信贷资源转移到前景良好的绿色产业，能更好地改善财务绩效。同时，随着环保产业客户资源的增加，商业银行因放弃“两高一剩”行业贷款而流失的客户也能更快地被绿色项目客户所替代，从而减少银行收缩传统业务带来的短期不利影响。最后，绿色政策制度的完善也将提高绿色信贷的收益：一方面，环境资源定价机制的完善将促进绿色项目外部性收益内部化，提升绿色项目的收益率；另一方面，随着环保政绩考核的强化，政府也会通过更有力的财税政策鼓励商业银行投放绿色信贷，从而增加了银行收益。

从成本角度来看，一是资金成本。绿色发展水平提升的过程中，公众环保意识逐渐增强，关注企业环境表现的绿色投资者也不断增多，具有绿色声誉的商业银行更易通过拓展客户资源和发行绿色证券吸收低成本资金、降低融资成本。二是风险成本。随着环保执法趋严，银行向“两高一剩”行业发放贷款所面临的环境风险会不断加大，投放绿色信贷能更好地规避因环境风险导致的利润损失。三是管理成本。企业环境信息披露、环保部门和银行信息共享等绿色政策制度的完善，将有效降低银行的信息搜寻成本，同时绿色标准等政策章程的明晰也能为商业银行开展业务提供更加确切的指导，减少因政策模糊导致的额外成本。

综合而言，绿色发展提升了银行开展绿色信贷业务的收益、降低了绿色信贷业务的成本，这会促使银行更积极地投放绿色系信贷，因此本章提出如下假说：

H4：绿色发展水平较高的地区，商业银行的绿色信贷占比较高。

10.3　宏观环境和政策影响绿色信贷的研究设计

10.3.1　模型设定和变量选择

为了考察外部宏观环境和政策制度对银行绿色信贷投放的影响，设计如下计量模型：

$$GL = \alpha_0 + \alpha_1 MAC + \alpha_2 SIZE + \alpha_3 CAR + \alpha_4 ROA + \alpha_5 NPL + \alpha_6 LTD + \alpha_7 NII + \alpha_8 LIST + \alpha_9 Type34 + ydummy + \varepsilon_{i,t} \quad (10-1)$$

其中，$\varepsilon_{i,t}$为随个体和时间而改变的扰动项，为减少扰动项不规则带来的问题，本章所有回归均采用了银行层面聚类稳健的标准误。模型中各变量解释如下。

（1）因变量：银行绿色信贷 GL。现有文献中采用的绿色信贷指标包括绿色信贷额度、绿色信贷占比、是否开展绿色信贷等（孙光林等，2017；张琳和廉永辉，2019；邵传林和闫永生，2020）。本章更关注银行的不同类别信贷资产配置情况，因此采用绿色信贷余额占总贷款的比重衡量商业银行的绿色信贷实施情况。绿色信贷是商业银行投向清洁能源、绿色交通、资源循环利用、工业节能节水等节能环保项目与服务领域的贷款。

（2）核心解释变量，包括四个方面：第一，宏观经济环境。对于全国性商业银行（包括大型国有商业银行和全国性股份制银行），采用全国层面的 GDP 增速和 CPI 指数；对于区域性商业银行（包括城市商业银行和农村商业银行），采用分省 GDP 增速和分省 CPI 指数反映商业银行面临的外部宏观经济环境。第二，货币环境。采用广义货币 M2 增速反映商业银行面临的货币环境。第三，经济政策不确定性。采用目前文献中比较常用的贝克等（Baker et al.，2016）编制的中国经济政策不确定性指数。

此外，还有地区绿色发展水平。北京师范大学、西南财经大学和国家统计局联合编制的《中国绿色发展指数报告》从经济结构、自然资源、社会生活、环境政策等方面构建了较为完善的绿色发展指标体系，包括 3 个一级指标、9 个二级指标、62 个三级指标，在评估绿色发展水平方面比较有影响力，在既有文献中也被用于反映区域绿色发展状况（王勇等，2018；王凤荣和王康仕，2018）。本章采用该报告中的绿色发展指数 GDI 反映不同省份的绿色发展综合水平。绿色发展指数 GDI 包括 3 个一级指标：一是经济增长绿化度 GDE，包括绿色增长效率、三次产业发展等指标，反映了经济活动中的资源消耗和环境污染程度；二是资源环境承载潜力 GDR，包括资源丰裕与生态保护、环境压力与气候变化等指标，反映了地区生态环境质量和自然资源充裕程度；三是政府政策支持度 GDS，包括绿色投资、基础设施、环境治理等指标，反映了政府对绿色发展的支持和响应力度。本章还将采用这三个分项指标反映地区绿色发展的不同维度。对于区域性银行采用分地区的绿色发展相关指标。因为报告中没有披露全国层面的绿色发展指标，因此对于全国性银行，基于全国性银行的贷款地区结构数据，构造能够体现银行个体差异的绿色发展指数及其分项指标。新的绿色发展指数构造方式如下：

$$GDX_{i,t} = \sum_{A=1}^{N} \omega_{A,t}^{i} GDX_{A,t} \qquad (10-2)$$

其中，A 代表银行贷款涉及的地区，$\omega^{iA,t}$代表 i 银行 t 年在 A 地区投放贷款占贷款总量的比重，$GDX_{A,t}$代表 A 地区 t 年的绿色发展综合指数 GDI 或分维度指标 GDE、GDR、GDS。

（3）控制变量，包括如下指标：银行规模 SIZE，以资产总额的自然对数衡量；资本充足率 CAR，为监管资本与风险加权资产的比值；资产收益率 ROA，为银行净利润与总资产的比值；不良贷款率 NPL，为次级、可疑和损失三种贷款占总贷款的比重；存贷比 LTD，为贷款总额与存款总额的比值；非利息收入占比 NII，为银行非利息收入与营业收入的比值；上市虚拟变量 LIST，银行上市当年及之后 LIST 取 1，其他取 0；银行类型虚拟变量 Type34，如果是城商行或农商行则取 1，否则取 0。此外，其他未考虑到的时变因素也可能影响银行绩效，对此统一在模型中加入年度固定效应予以控制。不过，部分时间序列的宏观变量可能与年度虚拟变量存在多重共线性问题，因此本章会分别估计加入和不加入年度固定效应的计量模型。

10.3.2　样本选择与描述性统计

本章研究样本为中国 2007～2019 年 47 家商业银行的年度非平衡面板数据。数据来源方面，绿色信贷数据根据商业银行社会责任报告手工收集得到，其余银行财务数据均取自 Wind 数据库。表 10－1 列示了主要变量的描述性统计结果。样本区间内 GDP 平均增速为 8.036%，处于一个发展较快水平，GDP 最高增速达到 17.400%，不过也有部分地区经济发展相对滞后，甚至出现暂时性的后退，如辽宁省 2016 年 GDP 增速为－2.500%。CPI 均值为 102.352，最大值为105.780，最小值为97.650，因此中国大部分时间处于温和通货膨胀阶段。M2平均增速为12.461%，最大值为27.680%，最小值为8.100%，总体而言中国流动性是比较充裕的。经济政策不确定性指数方面，EPU最小值为82.245（2007年），最大值高达791.874（2019年），说明样本期间内经济政策不确定性总体呈现波动上升趋势。GDI的均值为0.312，最大值为0.722、最小值为0.059，各地区的GDE、GDR、GDS不同，因此绿色发展水平存在一定差异。

表10-1　变量描述性统计

变量	观测值	均值	标准差	最小值	下四分位数	中位数	上四分位数	最大值
GL（%）	324	3.462	3.673	0.061	0.786	2.747	4.912	23.771
GDP（%）	324	8.036	2.081	-2.500	6.800	7.700	8.920	17.400
CPI	324	102.352	1.313	97.650	101.700	102.300	102.855	105.780
M2（%）	324	12.461	4.516	8.100	8.700	12.200	13.600	27.680
EPU	324	310.026	211.582	82.245	127.624	244.398	364.833	791.874
GDI	324	0.312	0.172	0.059	0.150	0.351	0.476	0.722
GDE	324	0.107	0.078	0.012	0.036	0.086	0.178	0.332
GDR	324	0.050	0.034	0.007	0.020	0.051	0.080	0.133
GDS	324	0.136	0.088	0.016	0.050	0.155	0.223	0.319
SIZE	324	28.023	1.487	23.901	26.874	27.960	29.279	30.541
CAR（%）	324	12.708	1.527	9.000	11.625	12.450	13.595	17.520
ROA（%）	324	0.925	0.227	0.068	0.774	0.917	1.069	1.568
NPL（%）	324	1.247	0.478	0.110	0.890	1.270	1.525	3.120
LTD（%）	324	69.689	11.881	38.970	62.375	70.300	74.115	96.490
NII（%）	324	21.500	11.519	-1.322	13.286	19.720	28.653	65.180
LIST	324	0.571	0.496	0.000	0.000	1.000	1.000	1.000

表10-2说明了各变量之间的相关系数，因为变量过多，表中重点说明了绿色信贷占比和各宏观经济变量之间的相关系数。可以发现，绿色信贷占比和GDP增速、EPU以及各绿色发展指数正相关，和M2增速负相关。表明宏观经济环境和政策对银行绿色信贷投放存在影响，当然更为准确的关系还需要通过加入更多控制变量的多元线性回归进行验证。此外，GDI与GDE、GDR、GDS

的斯皮尔曼相关系数分别为0.965、0.857和0.947，且均在10%水平上显著，表明绿色发展综合指数和其三个分指标相关度很高，并且和GDE、GDS的相关度更高。

表10-2　　变量相关系数

变量	GL	GDP	CPI	M2	EPU	GDI	GDE	GDR	GDS
GL	1	0.200*	-0.055	-0.248*	0.219*	0.177*	0.189*	0.237*	0.174*
GDP	0.073	1	0.115*	0.690*	-0.661*	-0.048	-0.041	0.143*	0.008
CPI	-0.072	0.096	1	0.295*	-0.135*	-0.120*	-0.110*	-0.183*	-0.066
M2	-0.199*	0.540*	-0.239*	1	-0.739*	-0.199*	-0.168*	-0.095	-0.137*
EPU	0.193*	-0.506*	-0.001	-0.608*	1	0.127*	0.106*	0.027	0.067
GDI	0.018	-0.033	-0.070	-0.127*	0.059	1	0.965*	0.857*	0.947*
GDE	0.035	-0.073	-0.061	-0.107*	0.051	0.974*	1	0.839*	0.966*
GDR	0.045	0.090	-0.123*	-0.063	0.009	0.885*	0.800*	1	0.854*
GDS	0.023	0.009	-0.039	-0.120*	0.024	0.980*	0.954*	0.888*	1

注：（1）相关矩阵的下半部分为皮尔逊相关系数，上半部分为斯皮尔曼相关系数。
（2）*表示相关系数在10%的显著性水平上显著。

10.4　宏观经济环境和政策影响绿色信贷的实证结果及分析

10.4.1　宏观经济环境对绿色信贷的影响

表10-3列示了宏观经济环境影响绿色信贷的回归结果。第（1）、第（2）列为重点考察GDP增速对绿色信贷的影响的结果，不管是否控制时间效应，GDP增速的系数始终在5%水平上显著为正。第（3）、第（4）列为重点考察CPI对绿色信贷的影响的结果，不控制时间效应时，CPI的系数在10%水平上显著；控制时间效应后，CPI的系数虽然仍为负，但显著性较低。第（5）、第（6）列为同时加入了GDP增速和CPI后的结果，结果显示，GDP增速的系数始终显著为正，而在控制时间效应后，CPI的系数显著性较低。因

此，在经济发展较好，特别是 GDP 增速较高的地区，商业银行投放绿色信贷更积极，从而证实了假说 H1。控制变量方面，在控制年度效应的各列结果中，规模较大、盈利较好、流动性较高以及上市后的银行的绿色信贷占比更高，和第 7 章的结论一致。

表 10－3　　宏观经济环境影响绿色信贷的回归结果

项目	(1)	(2)	(3)	(4)	(5)	(6)
GDP	0.217** (2.21)	0.742*** (4.06)			0.220** (2.26)	0.746*** (4.10)
CPI			−0.203* (−1.88)	−0.261 (−0.63)	−0.208* (−1.84)	0.089 (0.23)
SIZE	0.889*** (4.86)	0.809*** (4.31)	0.666*** (3.78)	0.381** (2.02)	0.851*** (4.66)	0.812*** (4.34)
CAR	0.202* (1.82)	−0.154 (−1.03)	0.209* (1.88)	−0.082 (−0.56)	0.226** (2.07)	−0.155 (−1.05)
ROA	−0.062 (−0.10)	3.022*** (3.39)	0.198 (0.31)	2.301** (2.34)	0.111 (0.19)	3.042*** (3.48)
NPL	0.899* (1.93)	1.042** (2.50)	0.549 (1.58)	0.262 (0.78)	0.774* (1.72)	1.045** (2.51)
LTD	−0.025 (−1.47)	−0.032* (−1.95)	−0.029* (−1.72)	−0.049*** (−2.91)	−0.021 (−1.22)	−0.032* (−1.92)
NII	0.017 (1.06)	−0.029* (−1.81)	0.014 (0.89)	−0.014 (−0.85)	0.016 (0.98)	−0.029* (−1.80)
LIST	1.229*** (3.21)	1.335*** (3.72)	1.278*** (3.31)	1.462*** (3.64)	1.215*** (3.19)	1.334*** (3.71)
Type34	0.417 (0.79)	−0.585 (−1.12)	−0.255 (−0.50)	−1.526*** (−2.70)	0.290 (0.55)	−0.583 (−1.11)
截距项	−26.370*** (−4.55)	−34.256*** (−4.62)	3.140 (0.25)	18.737 (0.44)	−4.558 (−0.35)	−43.458 (−1.12)
年度效应	No	Yes	No	Yes	No	Yes
样本量	324	324	324	324	324	324
Adj. R^2	0.211	0.337	0.205	0.265	0.215	0.337

注：括号内为 t 统计量值，***、** 和 * 分别表示估计系数在 1%、5% 和 10% 的显著性水平上显著。

10.4.2　货币环境对绿色信贷的影响

表 10－4 列示了货币环境影响绿色信贷的回归结果。第（1）、第（2）列为仅加入 M2 增速这一宏观变量后的结果，结果显示不管是否控制时间效应，M2 增速的系数始终在 1% 水平上显著为负。第（3）、第（4）列为还加入了 GDP 增速和 CPI 后的结果，结果显示 M2 增速的系数仍然显著为负。可能是由于绿色信贷可以作为银行获取基础货币的抵押品，因而在货币环境紧缩时，商业银行会提高绿色信贷占比以缓解流动性紧张，从而证实了假说 H2。此外，GDP 增速和 CPI 的系数与表 10－3 中结果保持一致。

表 10－4　　货币环境影响绿色信贷的回归结果

项目	(1)	(2)	(3)	(4)
M2	－0.166*** (－4.31)	－0.604*** (－3.06)	－0.328*** (－5.22)	－1.522*** (－4.70)
GDP			0.508*** (3.54)	0.746*** (4.10)
CPI			－0.561*** (－4.23)	0.089 (0.23)
SIZE	0.557*** (3.06)	0.381** (2.03)	0.736*** (4.07)	0.812*** (4.34)
CAR	0.055 (0.43)	－0.086 (－0.58)	0.030 (0.24)	－0.155 (－1.05)
ROA	0.630 (0.93)	2.349** (2.36)	1.477** (2.15)	3.042*** (3.48)
NPL	0.535 (1.60)	0.258 (0.77)	0.584 (1.36)	1.045** (2.51)
LTD	－0.039** (－2.35)	－0.050*** (－3.11)	－0.015 (－0.90)	－0.032* (－1.92)
NII	0.000 (0.01)	－0.015 (－0.88)	－0.015 (－1.00)	－0.029* (－1.80)

续表

项目	(1)	(2)	(3)	(4)
LIST	1.471 *** (3.85)	1.460 *** (3.64)	1.470 *** (4.08)	1.334 *** (3.71)
Type34	-0.717 (-1.39)	-1.535 *** (-2.72)	-0.385 (-0.73)	-0.583 (-1.11)
截距项	-9.814 * (-1.81)	2.218 (0.36)	38.495 *** (2.62)	-18.016 (-0.46)
年度效应	No	Yes	Yes	Yes
样本量	324	324	324	324
Adj. R^2	0.228	0.264	0.292	0.337

注：括号内为 t 统计量值，***、** 和 * 分别表示估计系数在 1%、5% 和 10% 的显著性水平上显著。

10.4.3 经济政策不确定性对绿色信贷的影响

表 10-5 列示了经济政策不确定性影响绿色信贷的回归结果。第（1）、第（2）列为仅加入 EPU 这一宏观变量后的结果，结果显示不管是否控制时间效应，EPU 的系数始终在 1% 水平上显著为正。第（3）、第（4）列还加入了 GDP 增速、CPI 和 M2 增速后的结果，结果显示 EPU 的系数仍然显著为正。这表明经济政策不确定性增加时，商业银行会增加相关支持政策更加明确的绿色信贷的投放比例，从而降低政策变动对银行带来的风险，假说 H3 得到验证。

表 10-5　　经济政策不确定性影响绿色信贷的回归结果

项目	(1)	(2)	(3)	(4)
EPU	0.004 *** (3.20)	0.007 *** (3.06)	0.004 *** (2.68)	0.004 ** (2.39)
GDP			0.567 *** (3.79)	0.746 *** (4.10)
CPI			-0.558 *** (-4.20)	0.089 (0.23)

续表

项目	(1)	(2)	(3)	(4)
M2			-0.279*** (-4.44)	-1.204*** (-4.13)
SIZE	0.623*** (3.43)	0.381** (2.03)	0.751*** (4.09)	0.812*** (4.34)
CAR	-0.019 (-0.14)	-0.086 (-0.58)	-0.120 (-0.85)	-0.155 (-1.05)
ROA	1.286 (1.52)	2.349** (2.36)	2.460*** (2.96)	3.042*** (3.48)
NPL	0.540 (1.55)	0.258 (0.77)	0.562 (1.31)	1.045** (2.51)
LTD	-0.050*** (-3.16)	-0.050*** (-3.11)	-0.028* (-1.76)	-0.032* (-1.92)
NII	0.005 (0.35)	-0.015 (-0.88)	-0.019 (-1.35)	-0.029* (-1.80)
LIST	1.226*** (3.24)	1.460*** (3.64)	1.340*** (3.74)	1.334*** (3.71)
Type34	-0.630 (-1.23)	-1.535*** (-2.72)	-0.538 (-1.03)	-0.583 (-1.11)
截距项	-13.795*** (-2.72)	-8.446 (-1.53)	37.714** (2.57)	-23.626 (-0.61)
年度效应	No	Yes	No	Yes
样本量	324	324	324	324
Adj. R^2	0.224	0.264	0.309	0.337

注：括号内为t统计量值，***、**和*分别表示估计系数在1%、5%和10%的显著性水平上显著。

10.4.4 绿色发展对绿色信贷的影响

表10-6列示了绿色发展指标影响绿色信贷的回归结果。第（1）列为仅加入地区GDI这一宏观变量后的结果，第（2）~（4）列为依次加入绿色发展的三个维度指标GDE、GDR、GDS后的结果，结果显示各绿色发展指标的系

数均在1%水平上显著为正。第（5）~（8）列还加入了GDP增速、CPI、M2增速和EPU后的结果，结果显示绿色发展指标的系数仍然显著为正。这表明绿色发展水平较高的地区，银行投放绿色信贷更积极，假说H4得到验证。具体而言，随着绿色经济发展，环保企业或绿色项目的融资需求增加，银行面临较大的绿色信贷市场；自然资源丰富为绿色发展提供了先天的资源优势，更容易催生环境保护、生态旅游等绿色项目；产业政策和金融政策是商业银行进行信贷配置的重要参考因素，政府对经济绿色转型的支持为银行投放绿色信贷提供了明确的政策指引。

表10-6　绿色发展影响绿色信贷的回归结果

项目	(1)	(2)	(3)	(4)	(5)	(6)	(7)	(8)
	GDI	GDE	GDR	GDS	GDI	GDE	GDR	GDS
GDX	15.857*** (3.82)	30.404*** (3.41)	53.797*** (2.92)	32.925*** (4.05)	15.376*** (3.99)	30.574*** (3.65)	49.399*** (2.97)	31.271*** (4.14)
GDP					0.671*** (3.24)	0.732*** (3.20)	0.644*** (3.20)	0.613*** (3.21)
CPI					-0.056 (-0.14)	-0.185 (-0.42)	0.248 (0.65)	0.009 (0.02)
M2					-1.228*** (-3.58)	-1.320*** (-3.80)	-1.137*** (-3.43)	-1.117*** (-3.61)
EPU					0.004** (2.34)	0.004** (2.25)	0.003** (2.17)	0.003** (2.28)
SIZE	-0.034 (-0.13)	-0.199 (-0.64)	0.513** (2.37)	0.117 (0.48)	0.336 (1.32)	0.187 (0.69)	0.843*** (3.62)	0.458* (1.94)
CAR	0.009 (0.06)	-0.009 (-0.06)	0.078 (0.51)	0.049 (0.37)	0.001 (0.01)	-0.012 (-0.09)	0.059 (0.39)	0.037 (0.28)
ROA	3.135** (2.37)	3.925*** (2.61)	0.821 (0.76)	2.611** (2.08)	3.205*** (2.72)	4.030*** (3.00)	1.054 (1.06)	2.687** (2.40)
NPL	1.037* (1.79)	0.892 (1.59)	0.668 (1.23)	0.848 (1.52)	1.954*** (2.87)	1.933*** (2.81)	1.519** (2.37)	1.671*** (2.61)
LTD	-0.087*** (-4.40)	-0.102*** (-4.35)	-0.044** (-2.37)	-0.081*** (-4.30)	-0.062*** (-3.04)	-0.076*** (-3.37)	-0.024 (-1.11)	-0.058*** (-2.91)
NII	-0.019 (-1.01)	-0.017 (-0.86)	-0.031* (-1.76)	-0.020 (-1.08)	-0.028 (-1.56)	-0.026 (-1.39)	-0.039** (-2.24)	-0.029 (-1.58)

续表

项目	(1)	(2)	(3)	(4)	(5)	(6)	(7)	(8)
	GDI	GDE	GDR	GDS	GDI	GDE	GDR	GDS
LIST	1.291*** (2.86)	1.251*** (2.73)	1.452*** (3.27)	1.244*** (2.74)	1.312*** (3.02)	1.265*** (2.89)	1.477*** (3.40)	1.269*** (2.87)
Type34	-7.392*** (-4.12)	-7.224*** (-3.80)	-4.197*** (-3.46)	-7.454*** (-4.33)	-6.230*** (-3.91)	-6.173*** (-3.71)	-3.054*** (-2.87)	-6.263*** (-4.01)
截距项	0.344 (0.05)	7.228 (0.88)	-14.873** (-2.54)	-2.969 (-0.46)	1.704 (0.04)	21.283 (0.45)	-44.102 (-1.12)	-7.936 (-0.19)
年度效应	Yes	Yes	Yes	Yes	Yes	Yes	Yes	Yes
样本量	324	324	324	324	324	324	324	324
Adj. R^2	0.421	0.390	0.354	0.438	0.468	0.447	0.396	0.477

注：括号内为t统计量值，***、**和*分别表示估计系数在1%、5%和10%的显著性水平上显著。

10.4.5 稳健性检验

第一，控制变量滞后1期。表10-7和表10-8列示了控制变量滞后一期的稳健性检验。其中表10-7各列为分别加入单一宏观变量后的结果，结果显示各变量的系数和基准回归中一致；表10-8为同时加入所有宏观变量后的结果，因各绿色发展指标相关性过高，故分别和其他宏观变量一起进行回归。结果显示各宏观变量系数依然显示经济增长较好、货币环境紧缩、经济政策不确定性较高、绿色发展水平较高的情况下，银行绿色信贷占比更高。

表10-7　控制变量滞后1期的回归结果（加入单一宏观变量）

项目	(1)	(2)	(3)	(4)	(5)	(6)	(7)	(8)
	GDP	CPI	M2	EPU	GDI	GDE	GDR	GDS
MAC	0.680*** (3.72)	-0.331 (-0.77)	-0.537*** (-5.22)	0.008*** (5.22)	15.687*** (3.77)	30.887*** (3.39)	53.649*** (2.92)	32.717*** (4.02)
L. SIZE	0.804*** (4.27)	0.448** (2.31)	0.440** (2.29)	0.440** (2.29)	-0.006 (-0.02)	-0.178 (-0.56)	0.558*** (2.71)	0.164 (0.68)
L. CAR	-0.079 (-0.59)	-0.005 (-0.04)	-0.005 (-0.04)	-0.005 (-0.04)	0.076 (0.59)	0.071 (0.53)	0.100 (0.78)	0.109 (0.90)

续表

项目	(1)	(2)	(3)	(4)	(5)	(6)	(7)	(8)
	GDP	CPI	M2	EPU	GDI	GDE	GDR	GDS
L. ROA	2.116 ** (2.50)	1.526 * (1.74)	1.639 * (1.85)	1.639 * (1.85)	2.602 ** (2.35)	3.455 *** (2.69)	0.371 (0.41)	2.048 * (1.95)
L. NPL	0.435 (1.03)	-0.039 (-0.12)	-0.064 (-0.19)	-0.064 (-0.19)	0.432 (0.84)	0.342 (0.70)	0.250 (0.50)	0.306 (0.60)
L. LTD	-0.049 *** (-2.69)	-0.063 *** (-3.37)	-0.065 *** (-3.49)	-0.065 *** (-3.49)	-0.099 *** (-4.58)	-0.116 *** (-4.53)	-0.057 *** (-2.85)	-0.095 *** (-4.60)
L. NII	-0.038 ** (-2.55)	-0.026 * (-1.75)	-0.026 * (-1.74)	-0.026 * (-1.74)	-0.024 (-1.34)	-0.021 (-1.10)	-0.045 *** (-2.78)	-0.025 (-1.39)
LIST	1.350 *** (3.35)	1.421 *** (3.27)	1.415 *** (3.27)	1.415 *** (3.27)	1.295 *** (2.69)	1.220 ** (2.49)	1.353 *** (2.88)	1.200 ** (2.49)
Type34	-0.949 * (-1.66)	-1.777 *** (-2.93)	-1.793 *** (-2.96)	-1.793 *** (-2.96)	-7.639 *** (-4.12)	-7.643 *** (-3.80)	-4.468 *** (-3.59)	-7.708 *** (-4.35)
截距项	-26.643 *** (-4.27)	26.340 (0.59)	1.333 (0.22)	-9.660 * (-1.89)	1.220 (0.18)	7.921 (0.95)	-14.529 *** (-2.75)	-2.751 (-0.45)
年度效应	Yes	Yes	Yes	Yes	Yes	Yes	Yes	Yes
样本量	312	312	312	312	312	312	312	312
Adj. R^2	0.336	0.273	0.272	0.272	0.430	0.402	0.366	0.448

注：括号内为 t 统计量值，***、** 和 * 分别表示估计系数在 1%、5% 和 10% 的显著性水平上显著。

表 10－8　　控制变量滞后 1 期的回归结果（加入所有宏观变量）

项目	(1)	(2)	(3)	(4)
	GDI	GDE	GDR	GDS
GDP	0.582 *** (2.97)	0.644 *** (3.00)	0.561 *** (2.99)	0.535 *** (3.02)
CPI	-0.098 (-0.25)	-0.215 (-0.50)	0.129 (0.34)	-0.038 (-0.10)
M2	-0.601 *** (-2.74)	-0.623 *** (-2.76)	-0.677 *** (-3.25)	-0.584 *** (-2.82)
EPU	0.003 ** (2.14)	0.004 ** (2.28)	0.002 * (1.85)	0.003 ** (2.12)

续表

项目	(1)	(2)	(3)	(4)
	GDI	GDE	GDR	GDS
GDX	14.982*** (3.85)	30.458*** (3.56)	47.991*** (2.86)	30.841*** (4.03)
L. SIZE	0.346 (1.35)	0.199 (0.72)	0.861*** (3.88)	0.484** (2.09)
L. CAR	0.045 (0.35)	0.040 (0.30)	0.062 (0.48)	0.078 (0.64)
L. ROA	2.525** (2.45)	3.367*** (2.85)	0.525 (0.57)	2.005** (2.05)
L. NPL	0.902 (1.39)	0.896 (1.36)	0.662 (1.10)	0.730 (1.20)
L. LTD	-0.083*** (-3.82)	-0.099*** (-4.05)	-0.045** (-2.10)	-0.080*** (-3.83)
L. NII	-0.032* (-1.84)	-0.029 (-1.61)	-0.051*** (-3.13)	-0.032* (-1.87)
LIST	1.282*** (2.72)	1.201** (2.52)	1.344*** (2.88)	1.196** (2.52)
Type34	-6.622*** (-3.90)	-6.720*** (-3.71)	-3.473*** (-3.05)	-6.678*** (-4.04)
截距项	4.692 (0.11)	22.330 (0.49)	-31.587 (-0.82)	-4.400 (-0.11)
年度效应	Yes	Yes	Yes	Yes
样本量	312	312	312	312
Adj. R^2	0.469	0.452	0.400	0.480

注：括号内为t统计量值，***、**和*分别表示估计系数在1%、5%和10%的显著性水平上显著。

第二，增加银行竞争控制变量。基准回归中加入了多种宏观经济和政策变量以考察银行面临的外部宏观环境如何影响其绿色信贷投放决策。银行面临的外部环境除了宏观经济和政策外，还有行业竞争环境，因此，此处加入EALER进行回归，回归结果如表10-9和表10-10所示。结果显示，不管是分别加入宏观变量还是同时加入，各变量系数和基准回归中一致，同时 EALER 的系数始终显著为正，与第 9 章的回归结果也是一致的。

表 10 - 9　　增加银行竞争变量的回归结果（分别加入宏观变量）

项目	(1)	(2)	(3)	(4)	(5)	(6)	(7)	(8)
	GDP	CPI	M2	EPU	GDI	GDE	GDR	GDS
MAC	0. 667 *** (4. 15)	-0. 208 (-0. 52)	-0. 929 *** (-3. 95)	0. 011 *** (3. 95)	15. 072 *** (4. 04)	29. 495 *** (3. 66)	51. 348 *** (3. 09)	31. 213 *** (4. 27)
EALER	13. 352 ** (2. 53)	16. 991 *** (2. 93)	17. 048 *** (2. 92)	17. 048 *** (2. 92)	16. 049 *** (3. 07)	18. 248 *** (3. 22)	18. 177 *** (3. 03)	15. 134 *** (3. 00)
SIZE	1. 297 *** (4. 60)	1. 057 *** (3. 80)	1. 059 *** (3. 79)	1. 059 *** (3. 79)	0. 694 ** (2. 46)	0. 621 ** (2. 24)	1. 308 *** (4. 16)	0. 799 *** (2. 88)
CAR	-0. 094 (-0. 69)	-0. 016 (-0. 12)	-0. 019 (-0. 14)	-0. 019 (-0. 14)	0. 035 (0. 27)	0. 025 (0. 19)	0. 106 (0. 73)	0. 071 (0. 57)
ROA	2. 648 *** (3. 09)	1. 922 * (1. 93)	1. 959 * (1. 96)	1. 959 * (1. 96)	2. 740 ** (2. 19)	3. 475 ** (2. 47)	0. 488 (0. 46)	2. 262 * (1. 88)
NPL	0. 839 ** (2. 17)	0. 103 (0. 31)	0. 099 (0. 30)	0. 099 (0. 30)	0. 752 (1. 46)	0. 600 (1. 21)	0. 373 (0. 79)	0. 584 (1. 16)
LTD	-0. 056 *** (-3. 03)	-0. 077 *** (-3. 96)	-0. 078 *** (-4. 03)	-0. 078 *** (-4. 03)	-0. 112 *** (-4. 72)	-0. 131 *** (-4. 63)	-0. 074 *** (-3. 54)	-0. 104 *** (-4. 68)
NII	-0. 042 ** (-2. 45)	-0. 032 * (-1. 83)	-0. 033 * (-1. 85)	-0. 033 * (-1. 85)	-0. 038 * (-1. 96)	-0. 039 * (-1. 88)	-0. 052 *** (-2. 72)	-0. 038 * (-1. 96)
LIST	0. 857 ** (2. 30)	0. 838 ** (2. 12)	0. 835 ** (2. 11)	0. 835 ** (2. 11)	0. 671 (1. 47)	0. 545 (1. 15)	0. 741 (1. 64)	0. 661 (1. 44)
Type34	-0. 469 (-0. 84)	-1. 259 ** (-2. 16)	-1. 265 ** (-2. 18)	-1. 265 ** (-2. 18)	-6. 735 *** (-4. 24)	-6. 635 *** (-3. 97)	-3. 659 *** (-3. 39)	-6. 801 *** (-4. 44)
截距项	-47. 690 *** (-4. 83)	-7. 204 (-0. 19)	-12. 893 * (-1. 90)	-29. 298 *** (-3. 57)	-20. 713 *** (-2. 64)	-16. 663 ** (-2. 19)	-37. 927 *** (-4. 02)	-22. 706 *** (-2. 93)
年度效应	Yes	Yes	Yes	Yes	Yes	Yes	Yes	Yes
样本量	324	324	324	324	324	324	324	324
Adj. R^2	0. 360	0. 303	0. 303	0. 303	0. 450	0. 427	0. 391	0. 463

注：括号内为 t 统计量值，***、** 和 * 分别表示估计系数在 1%、5% 和 10% 的显著性水平上显著。

表 10 – 10　　增加银行竞争变量的回归结果（同时加入宏观变量）

项目	(1)	(2)	(3)	(4)
	GDI	GDE	GDR	GDS
GDP	0.586*** (3.03)	0.631*** (3.00)	0.541*** (2.96)	0.533*** (2.98)
CPI	-0.079 (-0.20)	-0.208 (-0.49)	0.213 (0.57)	-0.015 (-0.04)
M2	-1.330*** (-4.05)	-1.435*** (-4.33)	-1.263*** (-3.93)	-1.219*** (-4.10)
EPU	0.004** (2.28)	0.005** (2.26)	0.003* (1.82)	0.004** (2.35)
GDX	14.836*** (4.14)	29.871*** (3.83)	48.118*** (3.10)	30.144*** (4.30)
EALER	12.311** (2.45)	14.121*** (2.64)	14.803** (2.54)	11.846** (2.43)
SIZE	0.848*** (3.09)	0.769*** (2.88)	1.437*** (4.49)	0.948*** (3.46)
CAR	0.022 (0.17)	0.014 (0.11)	0.084 (0.58)	0.056 (0.44)
ROA	2.891** (2.50)	3.666*** (2.81)	0.746 (0.74)	2.401** (2.17)
NPL	1.619** (2.57)	1.565** (2.50)	1.143** (1.99)	1.357** (2.26)
LTD	-0.084*** (-3.43)	-0.101*** (-3.67)	-0.052** (-2.21)	-0.079*** (-3.37)
NII	-0.042** (-2.21)	-0.042** (-2.12)	-0.055*** (-2.89)	-0.042** (-2.20)
LIST	0.832* (1.84)	0.714 (1.53)	0.894** (1.97)	0.809* (1.77)
Type34	-5.873*** (-3.96)	-5.864*** (-3.79)	-2.800*** (-2.77)	-5.905*** (-4.08)
截距项	-7.346 (-0.18)	10.738 (0.24)	-53.527 (-1.41)	-16.334 (-0.42)
年度效应	Yes	Yes	Yes	Yes
样本量	324	324	324	324
Adj. R^2	0.484	0.468	0.419	0.491

注：括号内为 t 统计量值，***、** 和 * 分别表示估计系数在 1%、5% 和 10% 的显著性水平上显著。

10.5 本章小结

本章利用中国 2007 ~2019 年 47 家商业银行数据考察了宏观环境对银行绿色信贷投放的影响，结果发现经济增长较快、绿色发展水平较高，以及货币环境紧缩和经济政策不确定性较大的情况下，商业银行绿色信贷占比较高。分别和同时加入宏观变量，控制变量取当期和滞后一期，加入银行业竞争变量后，结论依然稳健。根据本章结论可以得到如下启示。

第一，绿色信贷政策应“因地制宜”。不同地区的经济结构和发展阶段有所差异，因此除了制定面向全国银行业的绿色信贷政策外，还要根据各地实际情况在政策细化和执行方面有所调整，既要符合当地经济发展规律，又要充分利用当地经济发展优势和特色。根据本章研究结论，在经济增速较低和绿色发展不足的地区，银行绿色信贷投放少，因此在这些地方一方面要加大绿色信贷政策推行和支持力度，另一方面对于绿色信贷发展也不能“揠苗助长”，要给予当地商业银行足够的转变空间，使得绿色信贷跟随经济结构转变而循序渐进发展，否则可能催生“漂绿”等弄虚作假的行为。自 2017 年 6 月以来，国务院先后在全国多地设立绿色金融改革创新试验区。不同省份颁布了依据当地情况制定的绿色金融发展规划和实施方案，形成了一批具有区域特色的先进经验，发挥了良好的试点示范效应。

第二，绿色信贷政策应“持之以恒”。绿色金融政策的导向比较明确，降低了银行面临的不确定性，所以在各类经济政策不确定较高时，银行会更倾向于投放绿色信贷。中国还要实现“碳达峰、碳中和”的远景目标，经济结构实现绿色转型也还有较长一段路要走，因此包括绿色金融政策在内的经济政策应保持连贯性、持续性，为商业银行提供明确的预期和指导，同时绿色金融政策还应进一步提高可操作性，增强其实践指导作用。另外，绿色发展体系中衡量政府对绿色发展支持力度的分维度指标对绿色信贷有显著正向影响，也说明继续加强绿色金融激励政策的重要性，特别是应着重提升商业银行开展绿色信贷的经济激励：一方面，通过加强环境规制、深化资源环境价格改革，来促进绿色项目外部收益内部化，提升绿色信贷资产收益，并借助财政贴息和担保提升商业银行对公益性较强、收益难以内部化的绿色项目的放贷意愿，从而带动更多社会资金流向绿色经济领域；另一方面，通过完善绿色金融政策细则，包括明确绿色项目分类准则、出台环境风险评级标准、建立环保信息共享机制等，来降低商业银行的业务运营成本，并将央行货币投放、政府财政存款与银行绿色信贷表现相挂钩，为积极投放绿色信贷的银行提供低成本资金支持。

第三，绿色金融和绿色经济、生态保护应实现协同发展和良性循环。绿色金融是为绿色经济发展服务的，政府部门在政策制定中应注意绿色经济和绿色金融相关政策的配套协同，根据绿色经济的发展阶段、发展方向和目标制定对应的绿色金融支持政策。在绿色经济较落后的地区，更应加大绿色信贷政策的激励力度，提高银行投放绿色信贷的积极性，支持企业节能减排和循环经济发展。绿色经济的发展又能进一步扩大绿色融资需求，为银行投放绿色信贷提供市场空间，从而形成互相促进的良性循环。在生态资源丰富的地区，银行投放绿色信贷更积极，政府部门应充分利用绿色金融撬动社会资金，开发生态资源的商业价值。生态资源的经济收益增加一方面可以吸引更多投资资金，另一方面也为生态环境保护提供了充分的资金支持和经济激励。

第11章

企业环境表现对银行信贷决策的影响

11.1 企业环境表现影响银行信贷决策的现实背景

前述章节都是以商业银行为对象研究银行投放绿色信贷的影响因素和经济后果。本章将以企业为研究对象，分析企业环境表现和银行信贷决策间的关系，从企业角度为前述章节的研究提供补充。随着环保标准的提升，环境表现对于企业经营状况的影响越来越大，环保不达标的企业可能因行政处罚、停业整顿等影响经营业绩，进而影响其还债能力。因此，企业的环境表现也成为银行信贷决策的重要考虑因素。

本章研究内容包括两个方面：一是考察企业改善环境表现如何影响银行信贷决策，即是否能提高企业的贷款可得性，以及是否能够降低企业的贷款成本。企业通过改善环境表现获取银行信贷和银行专门用于节能减排的绿色信贷虽然有所差异，但考察企业环境表现对银行信贷决策的影响也能间接了解银行是否已经有一定的环境风险管理意识。二是从财务风险和信息风险两个方面分析企业环境表现对银行信贷决策的影响机制，即企业提升环境表现是否有助于降低自身的财务风险，以及自身和银行之间的信息不对称程度。如果可以的话，企业改善环境表现也就减少了银行投放信贷面临的风险，这也佐证了前述章节的研究，即降低风险是商业银行投放绿色信贷的一个重要动因。

具体而言，本章利用华证 ESG 数据库中的企业 2020 年环境评级数据，基于

A 股 3079 家上市公司半年度数据实证检验了企业环境表现对银行信贷决策的影响，结果发现企业更好的环境表现有助于增加贷款数量、降低贷款成本。另外，企业改善环境表现有助于降低财务风险和信息风险，这是企业环境表现影响银行信贷决策的主要机制。既有文献中对于环境信息披露影响债务融资的研究较多（倪娟和孔令文，2016；蔡佳楠等，2018），环境表现较好的企业一般会更多地披露环境信息，但是环境表现和环境信息披露还是有所差异，本章直接考察环境表现对债务融资的影响，并且还分析了环境表现影响债务融资的作用机制。

11.2 企业环境表现影响银行贷款的文献综述和理论分析

11.2.1 文献综述

近年来，伴随着中国经济的高速发展，环境问题成了发展之路上不可忽略的问题。国内外学者针对企业环境表现对银行信贷决策的影响进行了一定的研究。加伯和哈米特（Garber and Hammitt，1998）认为，债权人会对污染企业要求更高的风险溢价。沙夫曼和费尔南多（Sharfman and Fernando，2008）的研究发现，企业可以通过加强公司环境风险管理水平来降低债务资本成本。沈洪涛等（2014）发现，企业较好的环境表现有助于获得较多且较为长期的新增贷款。刘常建等（2019）研究发现，外生冲击事件发生后，重污染企业所获得的银行契约更加苛刻，获得债务融资的难度更大。黄溶冰等（2019）通过研究发现，企业会通过"漂绿"增加获得的银行贷款。

环境表现较好的企业披露环境信息的意愿也更高，现有文献对企业环境信息披露影响银行信贷进行了广泛研究。莱姆等（Lemma et al.，2011）认为，碳信息披露有助于降低企业的资金成本。戈斯等（Goss et al.，2011）的研究表明，企业积极披露环境信息可以获取利率更低、期限更长的银行贷款。倪娟等（2016）的研究发现，重污染行业上市公司是否披露环境信息与企业债务融资成本显著负相关。蔡佳楠等（2018）以沪市重污染行业 204 家上市公司为样本，研究发现，环境信息披露对借款规模有显著负向影响，但影响程度因企业有融资需求而减弱。刘常建等（2019）研究发现，环境信息披露质量较低的重污染企业获得的银行贷款少。除此之外，部分研究也存在不同的看法，高宏霞等（2018）发现，企业环境信息披露质量对债务融资成本的降低作用不显著。张淑惠等（2011）发现，在资本市场制度和监管机制不够完善时，环境信息披露并不能显著降低企业的融资成本。

11.2.2 理论分析

11.2.2.1 环境表现对银行信贷决策的积极影响

一方面，良好的环境表现有助于减少企业的财务风险。首先，企业环保违规会对生产经营造成不利影响。随着环保要求提高、执法力度加强，环境表现较差的企业需要付出更高成本，减少了企业利润。如果企业环保方面未能达标，将面临严峻的处罚，包括罚款、整改甚至停业，从而直接损害企业的盈利能力。其次，企业通过改善环境表现，增加产品的绿色和公益属性，满足了社会责任敏感型消费者表达价值观的需求，创造了差异化的竞争优势，可以获得更高的产品溢价（Gardberg and Fomburn，2006），从而提升盈利能力。最后，践行环境保护的企业积累了道德资本，树立了良好的社会声誉，可以起到“保险作用”（Godfrey et al.，2005）。这将有助于企业更好地应对内外部不利冲击。在外部经济环境恶化时，利益相关者更愿意继续为声誉良好的企业提供支持以帮助其渡过难关。同样地，当这些企业爆发负面新闻时，利益相关者更愿意相信这是偶发事件、源于企业的失误而非恶意为之，因此不会对企业施以严厉的处罚，这给了企业纠偏的机会和时间，避免产生巨额经济损失（Lins et al.，2017）。

另一方面，良好的环境表现有助于减少企业的信息风险。债务融资成本中的风险溢价不仅与企业基本面风险正相关，也与企业和债权人之间的信息不对称程度正相关。随着企业透明度的下降，企业和债权人之间的信息不对称恶化，债权人对企业运营状况和企业债务违约风险的了解和评估准确度下降，从而提高了债权人的风险感知水平，进而要求更高的风险溢价。良好的环境表现之所以可以提升企业信息透明度，是因为环境信息强制性披露制度还未完全形成，信息披露标准还不完善，在这种情况下具有较好环境表现的企业更愿意主动披露企业的环境信息。这些信息主要是软性的非财务信息，对财务报表提供的硬信息形成了补充，可以帮助利益相关者更全面地了解企业状况，能够有效降低企业和利益相关者之间的信息不对称。

综合而言，良好的环境表现有助于降低企业的财务风险，保障企业有更为稳定的现金流用于还款，同时可以为债权人提供更多企业信息，降低了银企之间的信息不对称问题。基于上述分析，本章提出以下假说：

H1a：环境表现越好，企业获得的银行贷款数量越多、贷款成本越低。

11.2.2.2　环境表现对银行信贷决策的消极影响

一方面，基于新古典经济学的权衡理论认为在资源有限的前提下，企业应权衡不同经济活动和社会活动间的资源分配。企业为满足政策和法律要求或者树立绿色声誉而提升企业环保水平的行为增加了企业经营成本、挤占了企业资源、分散了管理层精力，从而可能使企业错失更有盈利前景的投资项目（Friedman，1970）。另外，当企业和利益相关者的诉求存在冲突时，企业要继续维持良好的社会形象，可能需要牺牲自身利益。这会降低企业应对不利冲击的能力，提高企业出现风险的可能性，从而增加企业债务融资成本。此外，企业以增加产品的绿色环保属性来获取竞争优势也有较大的市场不确定性（贾兴平和刘益，2014）。

另一方面，基于委托代理理论的管理层自利假说认为高管热衷于社会责任活动是为了满足个人私利。首先，管理者为了提升个人声誉和社会影响力，会过度投资于环保项目，造成资源浪费，影响企业主业发展（Barnea and Rubin，2010）。其次，社会责任可能成为管理者构筑职业壁壕的工具，高管通过迎合利益相关者获得更多支持，可以增强自身权力、减少受到的监督约束，为攫取个人私利创造机会（权小锋等，2015）。最后，社会责任可能成为高管隐瞒企业不当或失德行为的手段（Hemingway and Maclagan，2004）。高管可以借助环保为企业树立良好形象，转移公众对企业盈余管理、财务困境和其他违法违规问题的关注。总之，承担环境责任、提升环境表现可能成为满足高管个人私利的工具，它浪费了企业宝贵的资源、掩盖了企业存在的问题，降低了企业信息质量，最终会导致企业风险加剧、债权人要求更高的风险补偿。

综合而言，企业提升环境表现、热衷环保活动增加了企业经营成本，同时可能也是代理成本较高的体现。基于上述分析，本章提出以下假说：

H1b：环境表现越好，企业获得的银行贷款数量越少、贷款成本越高。

11.3 企业环境表现影响银行信贷决策的研究设计

11.3.1 模型设定和变量选择

借鉴王运通和姜付秀（2017）的研究，建立如下模型，以检验企业环境表现对银行信贷决策的影响：

$$Det = \alpha + \beta EP + \sum \gamma_i X_i + \varepsilon \tag{11-1}$$

企业获得的银行贷款包括数量和成本两个方面。借鉴孙亮和柳建华（2011）的做法，以现金流量表中筹资活动部分的“借款收到的现金”减去“偿还债务所支付的现金”来度量银行贷款数量 DetQ；以财务费用明细科目下的利息支出与带息债务的比率度量银行贷款成本 DetP。核心解释变量企业环境表现 EP 来源于华证 ESG 评价体系中的环境表现 E，各级评估指标如表 11－1 所示。这一指标体系根据行业特点，并参考汤森路透的重要性矩阵构建行业权重矩阵后，基于各级指标得分，最终得到 C～AAA 九档评级。为方便实证分析，将 C～AAA 九档评级分别赋值 1－9，由此得到变量 EP。

模型还控制了其他可能影响银行贷款的因素。财务因素主要包括公司规模 SIZE（总资产的自然对数）、财务杠杆 LEV（总负债与总资产之比）、总资产收益率 ROA（净利润与总资产之比）、托宾 Q 值 TOBIN（资产市值与总资产之比）、经营性现金流 CF（当期经营活动产生的现金流量净额与期初总资产之比）、有形资产比 TANG（固定资产和存货之和与总资产之比）。公司治理因素中主要纳入了第一大股东持股比例 FIRST（期末第一大股东持股数与总股本数之比）、董事会独立性 INDEP（独立董事数量与董事会规模之比）、两职兼任虚拟变量 DUAL（董事长和总经理为同一人时取 1，否则取 0）和企业产权性质虚拟变量 SOE（国有企业取 1，其他取 0）。此外，模型中还加入了半年度与行业虚拟变量，以控制时间与行业固定效应。同时，为控制潜在的异方差和序列相关问题，回归时对标准误在公司层面进行了聚类调整。

表 11 -1　　华证企业环境表现评价体系

一级指标	二级指标	三级指标
环境	内部管理体系	环境管理体系
	经营目标	低碳计划或目标
		绿色经营计划
	绿色产品	碳足迹
		可持续发展的产品或服务
	外部认证	产品或公司获得环境认证
	违规事件	环境违规违法事件

11.3.2　样本选择和数据来源

研究中使用的公司财务数据和治理数据主要来自国泰安（CSMAR）数据库，财务费用明细数据和华证 ESG 评级则取自万德（Wind）数据库。虽然华证 ESG 评级公布了 2008 年第 3 季度以来的评级数据，但分项指标环境表现只能收集到 2020 年四个季度的数据①。另外，由于财务费用明细科目下的利息支出数据在上市公司 1、3 季报中缺失较多，本章主要基于半年报和年报计算债务融资成本 COD，故而本章样本频率为半年度。综合而言，本章以 2020 年中国沪深 A 股上市公司半年度数据为研究样本，并按照以下原则进行样本筛选：一是删除金融业样本；二是剔除 * ST 或者 ST 状态的 T 类上市公司；三是删除关键财务数据缺失的样本和数据异常的样本（资产规模缺失、营业总收入为 0 或缺失、资产负债率大于 1），以消除非健康上市公司相关指标对研究结果的不利影响。

11.3.3　描述性统计

为了避免异常值对回归结果的干扰，本章对所有连续变量在 1% 和 99% 的水平上进行缩尾处理。表 11 -2 列示了主要变量的描述性统计结果。被解释变量方

① 选择华证 ESG 数据库是因为其包含的上市企业数量较多，指标设计更全面，并且充分考虑了中国国情。

面，DetQ 的均值约为 1.202%，标准差为 5.161%，DetP 的均值约为 3.887%，标准差为 3.535%，反映出不同上市公司的银行贷款数量和成本存在较大差异。EP 的均值为 6.411，说明样本企业的平均环境表现评级介于 BBB 到 A 之间。

表 11－2　　主要变量的描述性统计

变量名	观测值	均值	标准差	最小值	中位数	最大值
DetQ	6018	1.202	5.161	－16.231	0.188	19.527
DetP（%）	5331	3.887	3.535	0.000	2.922	20.972
EP	6018	6.411	1.233	1.000	6.000	9.000
SIZE	6018	22.320	1.281	19.754	22.097	26.113
LEV（%）	6018	40.275	18.910	4.462	39.847	83.038
ROA（%）	6018	3.236	4.144	－4.982	2.567	15.782
TOBIN（%）	6018	2.049	1.319	0.875	1.614	7.097
CF（%）	6018	3.689	6.167	－14.677	3.268	21.504
TANG（%）	6018	31.735	15.923	3.038	30.601	77.595
FIRST（%）	6018	32.864	14.623	2.866	30.392	88.234
INDEP（%）	6018	37.939	5.668	22.222	36.364	80.000
DUAL	6018	0.329	0.470	0.000	0.000	1.000
SOE	6018	0.270	0.444	0.000	0.000	1.000

注：DetP 因存在缺失值，观测值相对较小。

在对模型进行正式检验之前，先说明主要变量的相关系数，以防止模型出现严重的多重共线性问题，具体结果见表 11－3。其中，各解释变量相关系数的绝对值多数在 0.4 以下，EP 和各控制变量之间的相关系数普遍较小，表明本章的模型设定不太容易受到多重共线性问题的干扰。精确起见，还考察了方差膨胀因子（variance inflation factor，VIF），结果发现膨胀因子均小于 3，因此模型中不存在严重的多重共线性问题①。DetQ 与 EP 的相关系数显著为正，DetP 与 EP 的相关系数显著为负，这意味着在不控制其他因素影响的前提下，环境表现较好的企业往往信贷可得性更高、信贷资金成本更低，从而初步支持了本章中提出的假设 H1a。当然，仍需要在控制其他可能影响结果的因素的情况下进行多元回归分析，以进行严格论证。

① 根据经验法则，如果最大方差膨胀因子 $vif = \max\{vif1, vif2, \cdots, vifn\} \leqslant 10$，则说明系统不存在多重共线性问题。

表 11 - 3　变量相关系数表

变量	DetQ	DetP	EP	SIZE	LEV	ROA	TOBIN	CF	TANG	FIRST	INDEP	DUAL	SOE
DetQ	1	-0. 57 ***	0. 01	-0. 09 ***	-0. 18 ***	-0. 09 ***	0. 08 ***	-0. 32 ***	-0. 07 ***	0. 05 ***	-0. 00	0. 03 **	-0. 04 ***
DetP	-0. 26 ***	1	-0. 09 ***	0. 02	0. 08 ***	0. 02	-0. 05 ***	0. 24 ***	-0. 01	-0. 11 ***	-0. 01	-0. 02	-0. 04 **
EP	0. 02	-0. 07 ***	1	0. 39 ***	0. 07 ***	0. 16 ***	-0. 14 ***	0. 10 ***	0. 08 ***	0. 22 ***	-0. 02	-0. 14 ***	0. 33 ***
SIZE	-0. 13 ***	-0. 04 ***	0. 41 ***	1	0. 47 ***	-0. 01	-0. 50 ***	0. 07 ***	0. 11 ***	0. 14 ***	-0. 07 ***	-0. 24 ***	0. 40 ***
LEV	-0. 28 ***	-0. 06 ***	0. 06 ***	0. 48 ***	1	-0. 33 ***	-0. 38 ***	-0. 16 ***	0. 16 ***	0. 02	-0. 02	-0. 12 ***	0. 23 ***
ROA	0. 02 *	0. 03 **	0. 16 ***	0. 00	-0. 32 ***	1	0. 31 ***	0. 52 ***	-0. 03 **	0. 13 ***	0. 02	0. 05 ***	-0. 13 ***
TOBIN	0. 11 ***	0. 01	-0. 04 ***	-0. 29 ***	-0. 30 ***	0. 34 ***	1	0. 13 ***	-0. 13 ***	-0. 11 ***	0. 08 ***	0. 19 ***	-0. 33 ***
CF	-0. 22 ***	0. 19 ***	0. 09 ***	0. 06 ***	-0. 15 ***	0. 53 ***	0. 16 ***	1	0. 13 ***	0. 09 ***	-0. 00	-0. 01	-0. 06 ***
TANG	-0. 11 ***	-0. 06 ***	0. 10 ***	0. 14 ***	0. 17 ***	-0. 03 **	-0. 11 ***	0. 11 ***	1	0. 10 ***	-0. 01	-0. 08 ***	0. 14 ***
FIRST	0. 05 ***	-0. 07 ***	0. 22 ***	0. 20 ***	0. 03 *	0. 12 ***	-0. 06 ***	0. 08 ***	0. 11 ***	1	0. 03 **	-0. 04 ***	0. 24 ***
INDEP	0. 01	-0. 00	-0. 02	-0. 00	0. 00	-0. 00	0. 06 ***	0. 01	-0. 01	0. 04 ***	1	0. 11 ***	-0. 05 ***
DUAL	0. 04 ***	0. 01	-0. 12 ***	-0. 22 ***	-0. 12 ***	0. 05 ***	0. 14 ***	-0. 00	-0. 08 ***	-0. 05 ***	0. 10 ***	1	-0. 29 ***
SOE	-0. 06 ***	-0. 05 ***	0. 33 ***	0. 42 ***	0. 23 ***	-0. 12 ***	-0. 20 ***	-0. 06 ***	0. 17 ***	0. 25 ***	-0. 02 *	-0. 29 ***	1

注：（1）相关矩阵的下半部分为皮尔逊相关系数，上半部分为斯皮尔曼相关系数。（2） *** 、 ** 和 * 分别表示相关系数在 1% 、5% 和 10% 的显著性水平上显著。

11.4 企业环境表现影响银行信贷决策的实证结果

11.4.1 基准回归结果

表11-4中第（1）~（3）列和第（4）~（6）列分别为企业环境表现影响DetQ和DetP的回归结果。其中，第（1）、第（4）列为未加入其他控制变量的回归结果，第（2）、第（5）列为进一步控制了行业固定效应和时间固定效应后的结果，第（3）、第（6）列则是在此基础上控制财务特征和公司治理特征后的结果。本部分重点关注各列回归结果中EP的估计系数。系数符号方面，被解释变量为DetQ时，EP系数均在1%水平上显著为正；被解释变量为DetP时，EP系数均在1%水平上显著为负。经济显著性方面，以第（3）、第（6）列回归结果为例，如果一家公司环境表现评级提高了一档（如由BBB档提高至A档），由此带来的信贷数量增加0.343，占样本公司DetQ均值（标准差）的28.54%（6.65%）；信贷成本降低0.178，占样本公司DetP均值（标准差）的4.58%（5.05%）。因此，表11-4的回归结果支持了假说H1a，即良好的环境表现有助于银行获得更多贷款、降低融资成本。

表11-4　　企业环境表现对债务融资的影响

项目	(1)	(2)	(3)	(4)	(5)	(6)
	DetQ			DetP		
EP	0.167* (1.81)	0.544*** (6.09)	0.343*** (4.49)	-0.205*** (-4.73)	-0.232*** (-5.29)	-0.178*** (-3.67)
SIZE			0.283*** (3.29)			-0.066 (-1.21)
LEV			-0.138*** (-23.77)			-0.023*** (-5.05)
ROA			0.435*** (13.48)			-0.105*** (-4.93)
TOBIN			-0.030 (-0.45)			-0.021 (-0.35)

续表

项目	(1)	(2)	(3)	(4)	(5)	(6)
	DetQ			DetP		
CF			-0.086*** (-4.13)			0.069*** (5.43)
TANG			-0.047*** (-7.90)			-0.005 (-1.36)
FIRST			0.031*** (5.75)			-0.010** (-2.47)
INDEP			0.007 (0.49)			-0.000 (-0.05)
DUAL			0.065 (0.41)			0.028 (0.23)
SOE			0.258 (1.24)			-0.156 (-1.19)
常数项	-6.709*** (-11.20)	-16.153*** (-12.68)	-3.545* (-1.74)	5.290*** (18.46)	6.302*** (14.90)	6.136*** (5.20)
行业固定效应	No	Yes	Yes	No	Yes	Yes
时间固定效应	No	Yes	Yes	No	Yes	Yes
观测值	6091	6091	6018	5387	5387	5331
调整后 R^2	0.000	0.405	0.519	0.005	0.157	0.179

注：括号内为使用公司层面聚类稳健标准误计算出的 t 值；*、** 和 *** 分别表示在 10%、5% 和 1% 的显著性水平上显著。

环境表现对企业获得贷款的影响是通过贷款供给渠道还是贷款需求渠道起作用的呢？表 11-5 列示了企业环境表现影响银行贷款供给和需求的 4 种情况。实证结果显示，环境表现对贷款数量有正向影响，对贷款价格有负向影响，因此可以排除情形 3 和情形 4。不管是情形 1 还是情形 2，企业改善环境表现都增加了贷款供给，表明银行在进行信贷决策时，会给予环境表现较好的企业更满意的贷款条件。虽然环境表现对贷款需求的影响不能直接从回归结果中得知，但根据现实情况，企业节能减排和技术改造需要大量资金，因此笔者推断更好的环境表现也增加了企业贷款需求，并且环境表现对贷款供给的影响应该超过对贷款需求的影响。

表 11-5　　企业环境表现影响银行贷款的情形

情形	环境表现对贷款供给的影响	环境表现对贷款需求的影响	贷款数量变动	贷款价格的变动
情形 1	+	+	↑	不确定
情形 2	+	-	不确定	↓
情形 3	-	+	不确定	↑
情形 4	-	-	↓	不确定

注：+（-）代表增加（减少），↑（↓）代表上升（下降）。

11.4.2　稳健性检验

第一，替换变量。一是替换核心解释变量，采取与基准回归中不同的赋值方法把上市公司环境表现评级转化为数值。即将 C ~ CCC 级统一赋值为 1，B ~ BBB 级统一赋值为 2，A ~ AAA 级统一赋值为 3，由此得到 EP2。回归结果如表 11-6 第（1）、第（2）列所示，当被解释变量为 DetQ 时，EP2 系数显著为正；当被解释变量为 DetP 时，EP2 系数显著为负。二是替换被解释变量。一方面，利用资产负债表中短期借款、长期借款和一年内到期的长期负债三者余额之和的变动值 DetQ2 衡量银行贷款数量；另一方面，利用利息支出和其他财务费用之和除以公司借款余额 DetP2 衡量银行贷款成本。回归结果如表 11-6 第（3）、第（4）列所示，环境表现对贷款数量具有正向影响，对贷款成本具有负向影响，与基准回归结果一致。

表 11-6　　替换变量度量方式的稳健性检验

项目	(1)	(2)	(3)	(4)
	DetQ	DetP	DetQ2	DetP2
EP			0.089* (1.70)	-0.165** (-2.54)
EP2	0.723*** (4.22)	-0.277** (-2.49)		
SIZE	-0.259*** (-3.05)	0.040 (0.73)	-0.024 (-0.42)	0.067 (0.87)

续表

项目	(1)	(2)	(3)	(4)
	DetQ	DetP	DetQ2	DetP2
LEV	-0.139*** (-23.99)	-0.023*** (-4.85)	0.038*** (8.88)	-0.039*** (-6.31)
ROA	0.438*** (13.58)	-0.108*** (-5.12)	0.143*** (7.68)	-0.093*** (-3.25)
TOBIN	-0.030 (-0.44)	-0.023 (-0.37)	0.025 (0.58)	-0.052 (-0.64)
CF	-0.086*** (-4.11)	0.069*** (5.44)	-0.178*** (-13.50)	0.078*** (4.52)
TANG	-0.047*** (-7.83)	-0.006 (-1.43)	0.001 (0.22)	-0.011** (-2.23)
FIRST	0.032*** (5.89)	-0.011*** (-2.63)	0.008** (2.08)	-0.006 (-0.99)
INDEP	0.007 (0.51)	-0.000 (-0.05)	-0.014 (-1.54)	0.004 (0.33)
DUAL	0.078 (0.48)	0.022 (0.18)	0.408*** (3.43)	-0.001 (-0.01)
SOE	0.280 (1.35)	-0.188 (-1.44)	-0.478*** (-3.48)	-0.204 (-1.17)
常数项	-3.721* (-1.83)	6.338*** (5.37)	1.210 (0.89)	6.825*** (4.18)
行业固定效应	Yes	Yes	Yes	Yes
时间固定效应	Yes	Yes	Yes	Yes
观测值	6018	5331	6018	5331
调整后 R^2	0.519	0.177	0.109	0.141

注：括号内为使用公司层面聚类稳健标准误计算出的 t 值；*、**、*** 分别表示在 10%、5%、1% 水平上显著。

第二，划分样本。全样本包括 2020 年两个半年度样本，将 2020 年上半年样本作为子样本 1、下半年样本作为子样本 2 分别回归，结果分别如表 11-7 第（1）、第（2）列和第（3）、第（4）列所示。回归结果依然支持环境表现好的企业获得更多银行贷款，贷款成本更低的结论。

表 11-7　划分样本的稳健性检验

项目	(1)	(2)	(3)	(4)
	DetQ	DetP	DetQ	DetP
EP	0.462 *** (2.75)	-0.136 *** (-3.43)	0.595 *** (4.48)	-0.224 *** (-2.97)
SIZE	0.123 (1.32)	0.046 (0.95)	-0.527 *** (-3.42)	0.086 (1.10)
LEV	-0.046 *** (-6.90)	-0.008 * (-1.88)	-0.338 *** (-33.12)	-0.039 *** (-5.68)
ROA	0.202 *** (4.78)	-0.080 *** (-2.94)	0.233 *** (5.99)	-0.124 *** (-4.83)
TOBIN	0.150 ** (2.16)	-0.009 (-0.14)	0.247 ** (2.19)	-0.017 (-0.19)
CF	-0.232 *** (-9.62)	0.059 *** (3.98)	0.021 (0.76)	0.075 *** (4.50)
TANG	0.006 (0.86)	-0.004 (-1.10)	-0.098 *** (-9.13)	-0.006 (-1.15)
FIRST	0.008 (1.50)	-0.006 * (-1.75)	0.064 *** (6.29)	-0.014 ** (-2.24)
INDEP	-0.024 (-1.48)	-0.006 (-0.82)	0.030 (1.12)	0.004 (0.30)
DUAL	0.316 * (1.71)	-0.033 (-0.31)	-0.214 (-0.70)	0.079 (0.42)
SOE	-0.968 *** (-4.12)	-0.044 (-0.36)	1.062 *** (2.74)	-0.270 (-1.45)
常数项	-1.083 (-0.45)	3.424 *** (3.19)	5.137 (1.39)	6.111 *** (3.55)
行业固定效应	Yes	Yes	Yes	Yes
时间固定效应	Yes	Yes	Yes	Yes
观测值	2944	2588	3074	2743
调整后 R^2	0.105	0.032	0.533	0.054

注：括号内为使用公司层面聚类稳健标准误计算出的 t 值；*、**、*** 分别表示在 10%、5%、1% 水平上显著。

11.5 企业环境表现影响银行信贷决策的进一步分析

11.5.1 环境表现影响企业财务风险的机制分析

本章在研究假设中提出，良好的环境表现可能通过减少公司财务风险、信息风险而提高贷款可获得性。接下来，将检验上述机制是否成立。

11.5.1.1 环境表现对企业财务风险的影响

财务风险机制方面，采用如下两类指标度量企业财务风险：一是基于会计数据，采用阿尔特曼（Altman，1968）提出的 Zscore 衡量公司财务风险。Zscore =（1.2 × 营运资金 +1.4 × 留存收益 +3.3 × 息税前利润 +0.999 × 销售收入）/资产总额 +0.6 × 股票总市值/负债总额，其与财务风险之间存在负相关关系；二是基于市场数据，以个股日度超额收益率（即日度收益率减去日度无风险利率）的半年度标准差 Rv_total 反映个股的总体风险。进一步地，通过逐期估计日度频率的 CAPM 模型得到了个股的半年度 Beta，并以 Beta 反映个股系统性风险，以模型残差的半年度标准差 Rv_idol 反映个股的特质性风险。在此基础上，本章将基准回归模型（11 -1）中被解释变量替换为上述财务风险指标后重新回归，表 11 -8 的回归结果显示：EP 显著提高了 Zscore，同时显著降低了个股总体风险、异质性风险和系统性风险。由此可见，良好的环境表现能够降低企业财务风险，这与冯艳丽等（2016）发现良好的社会责任表现能够降低企业风险是一致的。这一结论也佐证了第 6 章的发现，即绿色信贷能降低商业银行的经营风险。绿色项目改善了企业的环境表现，降低了企业风险，使企业拥有更加稳定的现金流用于还债，降低了借款银行面临的违约风险，因而商业银行更愿意向环境表现好的企业投放贷款，并且要求的风险溢价水平也有所降低。

表 11-8　　环境表现和企业财务风险

项目	(1)	(2)	(3)	(4)
	Zscore	Rv_total	Rv_idol	Beta
EP	0.046 *** (9.70)	-0.058 *** (-4.69)	-0.054 *** (-4.43)	-0.020 *** (-2.92)
SIZE	-0.030 *** (-5.43)	-0.135 *** (-8.75)	-0.146 *** (-9.47)	0.011 (1.48)
LEV	-0.008 *** (-21.65)	0.006 *** (6.22)	0.006 *** (6.81)	-0.001 (-1.07)
ROA	0.092 *** (51.84)	-0.009 ** (-2.05)	-0.009 * (-1.96)	-0.002 (-1.01)
TOBIN	-0.010 *** (-2.62)	0.188 *** (15.84)	0.187 *** (15.90)	0.040 *** (6.29)
CF	-0.001 (-1.11)	0.001 (0.31)	0.002 (0.72)	-0.003 ** (-2.18)
TANG	-0.002 *** (-4.46)	-0.002 * (-1.92)	-0.002 * (-1.76)	-0.001 ** (-1.96)
FIRST	0.003 *** (9.06)	-0.001 (-1.25)	-0.000 (-0.12)	-0.003 *** (-6.13)
INDEP	-0.001 (-1.63)	0.003 (1.55)	0.002 (1.15)	0.003 ** (2.36)
DUAL	-0.017 (-1.59)	0.078 *** (2.71)	0.075 *** (2.61)	0.035 ** (2.24)
SOE	0.009 (0.68)	-0.137 *** (-4.14)	-0.125 *** (-3.76)	-0.082 *** (-4.57)
常数项	1.641 *** (12.75)	5.714 *** (17.09)	5.719 *** (17.10)	0.913 *** (5.74)
行业固定效应	Yes	Yes	Yes	Yes
时间固定效应	Yes	Yes	Yes	Yes
观测值	6006	6018	6018	6018
调整后 R^2	0.678	0.173	0.161	0.147

注：括号内为使用公司层面聚类稳健标准误计算出的 t 值；*、**、*** 分别表示在 10%、5%、1% 水平上显著。

11.5.1.2　环境表现对企业信息风险的影响

信息风险机制方面，本章采用如下三类指标度量企业信息透明度：一是信息披露质量 DIQ。该指标基于上交所和深交所公布的上市公司信息披露考评结果构造。上市公司信息披露工作考核结果从高到低划分为 A、B、C、D 四个等级，本章对四个等级分别赋值为 4、3、2、1，数值越大意味着企业信息越公开透明。二是盈余管理程度 ABSDA。参照 Dechow et al.（1995）的研究，通过修正的琼斯模型分时点分行业回归而得到操纵性盈余，进而对其取绝对值得到 ABSDA，其取值越大，意味着公司财务信息越不透明。三是分析师对每股收益的预测分歧 DIS①，分析师预测分歧越大意味着企业信息风险越高。表 11－9 是以上述变量作为被解释变量的回归结果，结果显示，良好的环境表现显著提升了公司信息披露质量，同时显著降低了公司盈余管理程度和分析师的预测分歧。由此可见，环境表现较好的企业能够通过披露更多、更高质量的信息而降低外部投资者与公司之间的信息不对称。随着社会对环境保护的重视，企业的环境信息愈发重要，商业银行在信贷决策时，不仅需要企业的财务信息，还需要掌握企业的环境信息。环境表现好的企业会透露更多企业的环境信息，降低了银企之间的信息不对称，提升了银行投放信贷的意愿。

表 11－9　　环境表现和企业信息风险

项目	(1)	(2)	(3)
	DIQ	ABSDA	DIS
EP	0.153*** (21.17)	－0.005*** (－5.21)	－0.002*** (－6.44)
SIZE	0.098*** (13.27)	－0.005*** (－4.75)	0.003*** (9.30)

① 分析师预测分歧 $DIS_{i,t}=\frac{SD_{i,t}}{P_{i,t,0}}=\frac{1}{P_{i,t,0}}\times\sqrt{\frac{1}{(N_{i,t}-1)}\sum_{j=1}^{N_{i,t}}(FEPS_{i,t,j}-\overline{FEPS_{i,t}})^2}$，用于度量公司信息不透明程度。其中，$EPS_{i,t}$为 i 公司 t 年公布的每股收益，$FEPS_{i,t,j}$是 i 公司 t 年获得的第 j 次每股收益预测值，$N_{i,t}$为 i 公司 t 年获得的每股收益预测次数，$P_{i,t,0}$是年初的股票价格。假定 t 年内 i 公司上下两个半年内分析师分歧保持不变。

续表

项目	(1)	(2)	(3)
	DIQ	ABSDA	DIS
LEV	-0.004*** (-7.61)	0.001*** (8.24)	0.000*** (3.67)
ROA	0.020*** (8.00)	0.001** (2.26)	-0.000*** (-4.12)
TOBIN	0.039*** (6.13)	0.003*** (3.61)	-0.002*** (-9.75)
CF	-0.002 (-1.57)	-0.001** (-2.42)	0.000*** (2.81)
TANG	0.001* (1.75)	-0.000** (-2.03)	0.000*** (3.85)
FIRST	0.003*** (6.28)	-0.000*** (-4.02)	-0.000*** (-4.69)
INDEP	0.001 (1.16)	0.000*** (2.66)	0.000 (1.36)
DUAL	0.005 (0.33)	-0.004* (-1.90)	-0.002*** (-3.75)
SOE	0.025 (1.30)	0.002 (0.92)	-0.002*** (-3.00)
常数项	-0.364** (-2.10)	0.174*** (7.86)	-0.022*** (-2.97)
行业固定效应	Yes	Yes	Yes
时间固定效应	Yes	Yes	Yes
观测值	5683	5439	5547
调整后 R^2	0.250	0.092	0.115

注：括号内为使用公司层面聚类稳健标准误计算出的 t 值；*、**、*** 分别表示在 10%、5%、1% 水平上显著。

11.5.2 基于产权性质的异质性分析

企业产权性质一直是学术界关注的重要问题，环境表现对银行信贷决策的影响是否会因企业的产权性质差异而有所不同?

第一，产权性质会影响企业环境保护等行为背后的动机。非国有企业作为较纯粹的市场参与者，其提升环境表现主要是为了降低经营风险、获取经济收益；相比之下，国有企业拥有国家干预和市场参与者双重身份，其经营目标除了获取经济利益外，还包括配合国家政策实施等政治目标。相应地，不同产权性质企业提升环境表现的重点也将有所不同，非国有企业更倾向于采纳绿色生产技术、节约资源消耗等同时对自身生产经营有利的环保行为。而国有企业需要参与更多生态环境保护、生态改造等公益性较强的环保活动。动机和形式的差异导致非国有企业提升环境表现对缓解债务融资约束的作用更强。

第二，产权性质会影响环境表现在获取政府、金融机构等利益相关者支持方面的效率。国有企业天然具有较强的政治关联，从政府和国有银行获取支持本就较为便利。相比之下，非国有企业与政府和国有银行不存在“血缘关系”，因而更需要通过加强环保实践，以换取来自政府和银行的支持。因此，相比非国有企业，国有企业的环境表现在获取政府和国有银行相关资源方面的边际效应较低，导致其不能有效发挥缓解债务融资约束的作用。

第三，产权性质会影响利益相关者对企业环境表现的期待程度。党的十八届三中全会通过的《中共中央关于全面深化改革若干重大问题的决定》中明确指出，承担社会责任是推进国有企业深化改革的一项重要内容。因此，与非国有企业相比，国有企业在承担环保责任方面面临更多的公共压力和社会期待。在利益相关者看来，国有企业积极参与生态环境建设是分内之事，对国有企业的良好环境表现习以为常、敏感度较低，由此导致国有企业提升环境表现的积极效应较弱。

综上所述，预期国有（非国有）企业环境表现对银行信贷决策的积极作用较小（大）。考虑到产权性质的分组变量特征，本章同时采用了分组回归和虚拟变量交互项回归两种方法，相关结果列示于表11-10中。其中，第（1）~（3）列被解释变量为贷款数量，第（1）~（2）列分组回归结果显示，国有企业组（SOE=1）和非国有企业组（SOE=0）中EP的系数相近，不过非国有企业组中，环境表现的显著性更高。第（3）列为交叉项回归结果，国企虚拟变量和EP的交叉项不显著。第（4）~（6）列被解释变量为贷款成本，第（4）~（5）

列分组回归结果显示，与非国有企业组（SOE＝0）相比，国有企业组（SOE＝1）中EP的系数绝对值更小且不显著。第（6）列为交叉项回归结果，国企虚拟变量和EP的交叉项在5%水平上显著为正。总之，表11－10的回归结果表明，国有企业和非国有企业提升环境表现在获取更多贷款方面差异不大，但是非国有企业提升环境表现对于降低贷款成本有更大的作用。

表11－10　　产权性质对环境表现与债务融资关系的影响

项目	(1)	(2)	(3)	(4)	(5)	(6)
	DetQ			DetP		
	国有企业	非国有企业	全样本	国有企业	非国有企业	全样本
EP	0.366* (1.84)	0.301*** (2.73)	0.311*** (2.90)	-0.059 (-0.78)	-0.227*** (-4.45)	-0.218*** (-4.41)
EP×SOE			0.125 (0.62)			0.153* (1.79)
SOE			-0.582 (-0.42)			-1.166** (-1.98)
SIZE	0.134 (0.63)	0.360*** (2.68)	0.288*** (2.60)	-0.013 (-0.16)	-0.111* (-1.88)	-0.085* (-1.84)
LEV	-0.148*** (-9.45)	-0.137*** (-15.70)	-0.138*** (-18.25)	-0.013* (-1.90)	-0.023*** (-4.67)	-0.020*** (-5.02)
ROA	0.335*** (3.69)	0.446*** (11.69)	0.436*** (12.45)	-0.073* (-1.68)	-0.131*** (-5.94)	-0.118*** (-6.00)
TOBIN	0.197 (0.88)	-0.055 (-0.64)	-0.028 (-0.36)	-0.006 (-0.06)	0.043 (0.68)	0.030 (0.54)
CF	-0.069 (-1.39)	-0.086*** (-3.46)	-0.086*** (-3.88)	0.054*** (2.89)	0.082*** (5.75)	0.073*** (6.26)
TANG	-0.049*** (-3.44)	-0.047*** (-4.96)	-0.047*** (-6.07)	-0.005 (-0.92)	-0.005 (-1.20)	-0.006* (-1.72)
FIRST	0.038** (2.57)	0.025*** (3.04)	0.031*** (4.29)	-0.001 (-0.18)	-0.016*** (-3.43)	-0.011*** (-3.21)
INDEP	0.036 (0.94)	-0.007 (-0.35)	0.006 (0.33)	-0.009 (-0.94)	0.004 (0.41)	-0.001 (-0.19)

续表

项目	(1)	(2)	(3)	(4)	(5)	(6)
	DetQ			DetP		
	国有企业	非国有企业	全样本	国有企业	非国有企业	全样本
DUAL	-0.472 (-0.65)	0.164 (0.72)	0.066 (0.30)	0.421 (1.51)	-0.072 (-0.62)	-0.049 (-0.46)
常数项	6.620 (1.35)	-0.447 (-0.13)	-3.160 (-1.13)	6.114 *** (3.78)	5.018 *** (3.54)	5.820 *** (5.59)
行业固定效应	Yes	Yes	Yes	Yes	Yes	Yes
时间固定效应	Yes	Yes	Yes	Yes	Yes	Yes
观测值	1624	4394	6018	1467	3743	5210
调整后 R^2	0.544	0.510	0.519	0.191	0.183	0.180

注：括号内为使用公司层面聚类稳健标准误计算出的 t 值，Chi2 为检验组间系数差异的卡方统计量；*、**、*** 分别表示在 10%、5%、1% 水平上显著。

11.6 本章小结

本章借助 2020 年华证 ESG 指数中的环境表现指数，以中国 A 股 3079 家上市公司半年度数据为样本，实证检验了企业环境表现对银行信贷决策的影响。研究结果表明，企业提升环境表现可以增加贷款数量、降低贷款成本。考察作用机制发现，良好的环境表现通过降低企业财务风险和信息风险来提高贷款可获得性。本章研究结论表明商业银行等债权人已经开始重视环境风险管理，也为前述章节中绿色信贷有助于降低银行风险提供了佐证，同时显示良好环境表现所透露出的更多信息也是银行信贷意愿提升的重要原因。基于本章研究结论，可以得到如下启示。

一方面，企业应努力提升自身环境表现。本章研究表明，良好的环境表现有助于提升企业信贷可获得性，实现企业与社会双赢的良性发展，因此企业应着力提升自身的环境表现：包括将环境保护充分纳入企业文化建设和机制设计；关注追踪环境政策，严格执行环保法规；将环保因素有机融入业务综合评级体系，并设立相应考核指标和奖惩政策；积极参与社会环保公益活动等。考虑到非国有企业提升环境表现对贷款成本的降低作用更强，非国有企业更应该积极参与环保项目、采用绿色生产技术等。

另一方面，以商业银行为主的债权人应将企业环境表现纳入信贷和投资决策框架。2020 年 1 月 3 日，中国银保监会发布《关于推动银行业和保险业高质量发展的指导意见》，其中明确指出“银行业金融机构要建立健全环境与社会风险管理体系，将环境、社会、治理要求纳入授信全流程”。本章研究表明，良好的环境表现能够降低商业银行等债权人面临的企业财务风险和信息风险，从而为上述指导意见提供了支持证据。商业银行应从组织机构、政策制度和管理流程方面改造现有授信机制，通过成立专门管理部门、建立企业环境信息数据库、构造融入环境信息的风险预警模型等，从而建立将企业环境表现作为重要决策因素的银行授信机制。

第12章

研究结论和政策建议

12.1 研究结论

通过考察中国绿色信贷发展现状和问题、绿色信贷占比对商业银行的动态影响效应以及绿色信贷占比的影响因素，笔者分析了中国商业银行发展绿色信贷的驱动机制和因素，得到了如下主要结论。

第一，中国绿色信贷稳步发展、政策不断完善，但绿色信贷配置比例仍待提升。从2007年出台《关于落实环保政策法规防范信贷风险的意见》，标志中国绿色信贷正式开展以来，相关政府和监管部门陆续出台了绿色信贷发展规划、环保项目行业界定、绿色信贷统计标准等多方面的政策。可以说中国绿色信贷是在政策推动下“自上而下”发展起来的。绿色信贷政策也是卓有成效的，商业银行近十年来，绿色信贷意识不断增强、绿色金融产品日益丰富、绿色信贷规模较快增长。不过在实现“双碳”目标和经济绿色转型背景下，节能环保领域融资需求很大，绿色信贷占贷款的比重还有待提升。另外，大部分银行只将绿色信贷作为银行社会责任的一部分，未将绿色信贷作为银行的重要业务来布局，存在“雷声大、雨点小”“口号响亮、落地不足”的情况，在绿色信贷制度建设、业务流程设计、环境风险管理等方面还存在较大提升空间。

第二，绿色信贷对改善银行盈利、降低银行风险有积极影响，对银行成本尚无明显影响。在收益—成本—风险研究框架下，笔者考察了绿色信贷对银行财务绩效、经营效率和风险承担的影响，从而分析银行绿色信贷发展的驱动机制。盈利驱动机制方面，绿色信贷有助于改善银行综合财务绩效，并且主要通过生息资产收益渠道发挥作用，而对非利息收入占比没有影响。此外，绿色信贷的声誉效应尚未明显体现，在吸引客户资金和降低资金成本方面作用不大。效率驱动机制方面，银行提高绿色信贷占比会改善利润效率，但对成本效率没有明显影响。风险驱动机制方面，绿色信贷通过降低银行的杠杆风险和资产组合风险降低了银行的破产风险；绿色信贷通过增加银行的资产收益率、降低银行的资产收益波动而降低了银行的资产组合风险；绿色信贷降低了银行的主动风险承担水平（即风险加权资产比率）和被动风险承担水平（即不良贷款率）。

第三，绿色信贷对银行绩效和风险的长期积极效应更大。盈利方面，绿色信贷对银行综合财务绩效和主营业务收益率的短期没有影响，但长期来看会有明显的提升效应。效率方面，当期和滞后期绿色信贷对利润效率均有正向影响，表明绿色信贷对利润效率的积极影响具有延续性；滞后期绿色信贷对利润效率的影响更大，表明绿色信贷对利润效率的长期提升效应更大。风险方面，绿色信贷对银行破产风险、杠杆风险的负向影响具有时滞性。另外，绿色信贷对银行破产风险、杠杆风险、资产组合风险、风险加权资产比率、不良贷款率的负向影响随时间推移逐渐增强和增大。

第四，从影响绿色信贷投放的银行内部因素来看，一方面，不同财务特征的商业银行的绿色信贷水平存在明显差异，由于发展绿色信贷需要支出成本、短期效益不明显，同时绿色项目的周期较长，因而规模较大、盈利水平较高、流动性较好、上市后的银行投放绿色信贷更积极、绿色信贷占比更高。此外，绿色信贷和财务绩效存在交互跨期影响，滞后期绿色信贷对当期财务绩效的正向影响更大，并且随着滞后期增加，绿色信贷对财务绩效的影响增强；当期财务绩效对当期绿色信贷的正向影响更大，并且随着滞后期增加，财务绩效对绿色信贷的影响减弱。另一方面，商业银行绿色治理水平较低，大多公司治理机制在推动绿色信贷发展方面没有发挥积极作用。对绿色信贷影响最主要的公司治理因素是银行股权结构，国家股持股比例越高，银行绿色信贷占比越高；股权集中度降低也有助于提升绿色信贷占比；不过国有企业持股没有起到增加绿色信贷占比的作用，其他非国有性质股权都会抑制银行绿色信贷投放。董事和高管特征方面，女性高管和董事情况、高管持股降低了绿色信贷占比，独立董事、高管年龄对绿色信贷没有影响。外资和国际化方面，外资持股降低了绿色信贷占比，国际化水平提高也没有促进银行加大绿色信贷投放。

第五，从影响绿色信贷投放的银行外部因素来看，一方面，行业竞争环境会影响银行绿色信贷投放决策。市场势力更高、面临竞争压力较小的商业银行更愿意开拓新的绿色信贷业务。另一方面，宏观环境也会影响银行绿色信贷投放。首先，经济增长相对较快的地区，银行更愿意发展绿色信贷。其次，区域绿色发展水平提升也会促使商业银行增加绿色信贷投放，绿色发展的三个维度指标经济增长绿化度、自然资源禀赋、政府生态治理投入为银行发展绿色信贷提供了商业机遇和政策支持，因而对绿色信贷占比也都起到正向影响。最后，由于绿色发展的政策导向比较明确、连续性较高，央行也出台了支持绿色信贷的结构性货币政策，因而在货币环境紧缩和经济政策不确定性较大的情况下，商业银行更愿意投放绿色信贷。

第六，环境表现会影响企业的信贷可得性。企业提升环境表现有助于增加贷款数量、降低贷款成本。从贷款供需变动对贷款数量和成本的影响分析，更好的环境表现促使银行增加对企业的贷款供给，考虑到企业改善环境更可能提高贷款需求，贷款供给的变动程度应该大于贷款需求的变动程度。考察环境表现影响银行信贷决策的作用机制发现，良好的环境表现通过降低企业财务风险和信息风险来提高贷款可获得性。综合而言，商业银行已经开始重视环境风险管理，也为绿色信贷有助于降低银行风险提供了佐证，同时，良好环境表现所透露出的更多信息也是银行信贷意愿提升的重要原因。

12.2 政策建议

结合本书的研究内容和结论，笔者从绿色信贷发展体系和激励机制方面，对商业银行、政府和监管部门、企业三方主体提出了建设性意见。

12.2.1 对商业银行的建议

第一，把握长远利益，树立可持续金融理念。首先，商业银行应提升对绿色信贷经济效益的认识。绿色信贷的公益性已经得到广泛认可，因此商业银行大多将绿色信贷作为履行社会责任的重要内容。但是在经济社会绿色发展转型、实现“碳达峰、碳中和”目标、环境保护政策日趋严格等背景下，绿色信贷的经济性也愈发明显。商业银行积极投放绿色信贷有助于改善银行财务绩效、提升银行利润效率、降低银行经营风险。特别是在“两高一剩”等传统领域贷款受限的情况下，绿色信贷有望成为新的盈利增长点，并帮助商业银行获取差异化、特色化竞争优势。因而商业银行应认真分析绿色信贷业务的商业利益，增强发展绿色信贷的内驱力。其次，商业银行应立足长远、树立可持续金融理念。绿色信贷的积极效应不是一蹴而就的，具有一定的滞后性且短期影响较小，这可能也是目前部分商业银行投放绿色信贷不甚积极的原因。但从长期来看，绿色信贷对银行绩效和风险的积极影响会愈发明显，并具有较长时期的持续性。因而商业银行应该从长远出发，从未来绿色经济发展趋势出发，尽早布局绿色信贷业务，提升商业银行长期竞争力和可持续发展能力。最后，商业银行应将绿色信贷纳入战略规划，形成全行发展共识。银行机构内部各级治理主体，包括股东、董事和高管应通过召开股东大会、董事会等方式在绿色发展理念上形成一致意见，并通过专门的政策文件将绿色信贷纳入公司章程和战略规划，从而对银行业务发展起到明确的引导和指挥作用。

第二，完善机制设计，提升绿色治理水平。首先，设置专职机构。商业银行可以设立绿色金融业务部门或者领导小组，从而使绿色信贷具有专门的负责组织，方便统一调度和统筹安排各方面的资源和工作。绿色金融部门的负责人可从董事或高管中任命，并定期向董事会报告业务发展情况。例如，兴业银行设立了绿色金融业务委员会，由行长担任委员会主任，负责集团绿色金融业务的统筹规划和协调联动，取得了良好效果。其次，努力发挥公司治理积极效应。一是国有股股东应积极承担环境保护责任，支持国家绿色发展战略，为其他股东起到示范引领作用。二是聘请具有环保专业背景的独立董事，积极发挥独立董事在绿色金融方面的监督和战略咨询作用。三是银行外资股东、具有海外背景的董事高管应积极推动商业银行在绿色信贷方面与国际准则接轨。四是女性董事在督促银行履行社会责任方面的话语权还有待提升，作用和优势还有待进一步发挥。再次，明确奖惩机制。商业银行应将绿色信贷纳入绩效考核，对于积极发展绿色信贷并取得良好经济效益的分支机构和员工给予资源支持和相应奖励。此外，还应对不重视环境风险而导致不良贷款和资金损失的分支机构和员工给予处罚，从而提升商业环境风险内控能力。最后，加大宣传和信息披露。一方面，商业银行不应“闷声做好事”，而是应该通过加大媒体宣传，提升绿色金融品牌知名度、树立良好社会形象，从而利用品牌和声誉效应为商业银行获取更多商业机会。另一方面，商业银行应重视绿色信贷信息披露工作，增加信息披露内容，包括绿色信贷情况、绿色项目分布、环境影响效果、“两高一剩”贷款情况等，不断提升绿色信息披露质量，这也有助于公众监督和银行绿色声誉的建立。

第三，增强业务能力，提高绿色信贷投放。首先，依托绿色信贷构建绿色金融综合产品体系，增加收入来源。商业银行应充分利用绿色信贷积累的客户资源来挖掘商业价值，不断延伸绿色金融服务链条、丰富绿色金融产品体系，开展碳交易财务顾问、低碳信用卡、绿色理财产品等业务，满足企业多样化绿色金融服务需求，增加银行收入来源。其次，加强银行间合作，降低业务成本。大银行绿色信贷业务体系较为完备，中小银行完全自主开发绿色信贷业务进度较慢、成本较高。中小银行可以与大银行合作，在大银行的指导下，建立适合自身的绿色信贷业务体系。例如，兴业银行与九江银行、湖州银行等20多家金融机构签订了绿色金融合作协议，借助丰富经验协助多家银行顺利开展绿色信贷业务，自身也通过业务合作获取了更多同业资源，从而实现互利共赢。再次，开发多样化绿色融资工具，降低资金成本。商业银行应积极发行绿色金融债，为绿色信贷投放募集专项资金。此外，商业银行还应加大绿色金融零售业务投入，借助绿色结构性存款等产品为环保企业进行现金管理，拓宽低成本负债来源。最后，增强环境风险管理能力。商业银行应构建覆盖贷前、贷中、贷后的环境风险管理流程，做好环境风险的贷前审核、贷中确认、贷后追踪，不放过信贷管理的任何环节；建立环境风险管理特色制度，比如环保一票否决制、企业绿色分级制度等，从而更快速便捷地判别企业环境风险，为银行融资决策提供依据。

第四，“量体裁衣”，制定差异化发展策略。中国银行业内部绿色信贷发展不平衡，同时影响绿色信贷发展的因素是多方面的，因此商业银行应该根据自身特征和所处环境确定绿色信贷发展战略。盈利能力较弱的银行在开展绿色信贷业务时可以选择经济性较强、公益性较弱的绿色项目，同时可以和业内发展相对成熟的环保企业开展合作，并邀请业内专家对绿色项目的前景进行全面评估，以尽可能提高绿色信贷的收益。竞争压力较大、资源不够充裕的商业银行可以先集中资源开发针对个别特定绿色项目的金融产品，依靠少数优质的“拳头产品”打开绿色信贷市场，迅速提升知名度，形成品牌效应。

12.2.2 对政府和监管部门的建议

第一，提收益。综合利用财政金融手段，“内部化”环境效益。对于绿色项目而言，一方面可以采用财政补贴、税收减免等方式增加绿色项目的投资和运营收益；另一方面应大力发展碳排放交易市场，增加企业节能减排的经济收益。对于绿色信贷而言，一方面可以进行贷款贴息，按照实际利息的合适比例给予企业贴息；另一方面可以对商业银行进行财政金融业务倾斜，将积极投放绿色信贷的商业银行作为财政资金业务的合作银行。

第二，减成本。首先，健全绿色信贷规则标准，降低银行业务成本。监管部门和银行业协会可以根据中国绿色信贷成熟经验，结合国际准则，制定绿色信贷业务标准和细则，为商业银行提供更明确的操作指引，提高业务效率、降低业务成本。其次，完善信息披露制度，构建信息分享渠道，降低银行信息成本。一方面，规范企业环境信息披露标准，提升企业环境信息披露质量。另一方面，构建环保部门和商业银行的信息共享和交流平台，帮助商业银行获取更全面的企业环保信息。最后，促进绿色债券市场发展，降低银行资金成本。通过完善绿色债券认证、鼓励绿色投资机构参与，使得积极投放绿色信贷的商业银行能通过绿色贴标从资本市场获取低成本资金。

第三，降风险。一是建立信用风险共担机制。按照实际贷款本金损失的合适比例给予银行补贴，按照担保机构承担的代偿金额的合适比例给予担保机构补偿。二是为商业银行提供长期绿色融资支持，降低期限错配和流动性风险。可以采取的措施包括中央银行为商业银行释放长期流动性；推进绿色信贷资产证券化，加快银行资金回笼和周转等。三是提高环保标准，强化环保执法，促使商业银行加强环境风险管理，降低“两高一剩”行业信贷、提高绿色信贷配置力度。

第四，增资金。一方面，中央银行创新货币政策工具，对绿色信贷业务提供流动性支持。目前央行已经接受绿色信贷资产作为中期借贷便利的合格担保品。另外，央行 2021 年 11 月正式推出了碳减排支持工具，对金融机构的碳减排贷款，按贷款本金的 60% 提供资金支持。未来中央银行可进一步在常规和创新型货币政策工具中增加对绿色信贷的支持措施。例如，可以借鉴普惠金融领域的定性降准政策，对绿色信贷投放力度大的银行要求较低的法定存款准备金率；扩大央行货币政策中，绿色信贷作为合格抵押品的范围等。另一方面，推动绿色证券市场发展，提升社会资金对绿色信贷的支持力度。鼓励养老金、保险公司等长期投资者投资绿色证券，特别是引入更多绿色投资者、负责任投资者，支持绿色投资产品发行，如以绿色环保、ESG 为主题的各类投资基金等。

第五，重监管。监管部门应重视商业银行环境风险和绿色信贷的监督管理。除了对商业银行进行经济激励外，也可以采取适当的监管措施。目前央行已在 MPA 考核中加入了绿色信贷相关指标，未来也可以将设置高碳资产指标作为减分项指标。资本监管方面，可以要求商业银行对高碳资产计提更高的逆周期资本缓冲；参考对小微企业设置较低风险权重的做法，降低绿色信贷的风险权重等。此外，要求商业银行加强环境责任和可持续发展方面的信息披露，为公众监督和投资者决策提供更多有效信息；要求商业银行在公司治理和内控机制中融入绿色发展和环境风险管理因素。

第六，因地制宜。区域经济发展特征是影响绿色信贷的重要因素，因此监管部门除了制定面向全国银行业的绿色信贷政策外，还要根据各地实际情况在政策细化和执行方面有所调整，既要符合当地经济发展规律又要充分利用当地经济发展优势和特色。在经济增长较慢和绿色发展水平较低的地区，虽然应加大绿色信贷政策推行和支持力度，但也不能“揠苗助长”，应当给予当地商业银行充分的绿色信贷发展空间，否则可能催生“漂绿”等弄虚作假的行为。另外要注意实现地区绿色信贷和绿色经济的协同发展。政府部门应当根据区域绿色经济的发展阶段、发展方向和目标制定对应的绿色金融支持政策。在绿色经济较落后的地区，可以加大绿色信贷政策的激励力度，支持企业节能减排和循环经济发展；绿色经济的发展又能进一步扩大绿色融资需求，为银行投放绿色信贷提供市场空间。在生态资源丰富的地区，政府部门应充分利用绿色信贷开发生态资源的商业价值；生态资源的收益增加也会提升银行投放绿色信贷的经济激励，从而形成良性循环。

12.2.3 对企业的建议

第一，努力提升自身环境表现。环境因素是银行授信的重要参考指标，环境表现良好的企业更容易获得贷款，因此企业应着力改善环境表现。包括将环境保护充分纳入企业文化建设和机制设计；关注追踪环境政策，严格执行环保法规；将环保因素有机融入业务综合评级体系，并设立相应考核指标和奖惩政策；积极参与社会环保公益活动等。考虑到非国有企业提升环境表现的缓解融资约束效应更强，非国有企业更应积极进行节能环保等绿色技术改造。

第二，提升环境信息披露质量。企业的信息透明度也是影响商业银行信贷决策的重要因素。因此企业应该重视环境信息披露，丰富信息披露内容，传递及时、完整、准确、真实的信息。企业应避免过多宏观叙述，而是着重信息披露的具体化和精细化，从而为商业银行提供更多有价值的信息。此外，企业还应注意避免“报喜不报忧”，在当前各种信息公开化程度更高和大数据分析技术更成熟的情况下，企业很难隐藏环保方面的不良表现。如果企业刻意回避环保负面信息，反而有可能弄巧成拙，加深银行对企业信息真实性和环保情况的疑虑。因此企业在环保处罚等不良环境表现方面也应“开诚布公”，说明原因和改进措施，从而最大限度地降低负面信息对自身融资的不良影响。

参考文献

[1] 白钦先. 再论以金融资源论为基础的金融可持续发展理论——范式转换、理论创新和方法变革 [J]. 国际金融研究, 2000 (2): 7-14.

[2] 蔡佳楠, 李志青, 蒋平. 上市公司环境信息披露对银行信贷影响的实证研究 [J]. 中国人口·资源与环境, 2018, 28 (S1): 121-124.

[3] 曹洪军, 陈好孟. 不确定环境下我国绿色信贷交易行为的博弈分析 [J]. 金融理论与实践, 2010 (2): 17-22.

[4] 常杪, 任昊. 中国银行业环境风险控制体系构建现状分析 [J]. 中国人口·资源与环境, 2011, 21 (S1): 521-524.

[5] 陈科. 绿色信贷市场中的主体行为选择——基于三方博弈均衡视角 [J]. 上海金融, 2019 (11): 80-82, 87.

[6] 陈其安, 刘艾萍. 公司治理与银行效率: 来自中国上市商业银行的经验证据 [J]. 中国管理科学, 2015, 23 (S1): 437-444.

[7] 陈伟光, 卢丽红. 中国商业银行绿色信贷外部障碍与环境风险管理框架的构建 [J]. 广东金融学院学报, 2011, 26 (3): 66-76.

[8] 陈幸幸, 史亚雅, 宋献中. 绿色信贷约束、商业信用与企业环境治理 [J]. 国际金融研究, 2019 (12): 13-22.

[9] 陈旭, 黄当, 邹薇. 独立董事异质性与商业银行经营绩效实证研究 [J]. 湖南科技大学学报 (社会科学版), 2015, 18 (2): 72-77.

[10] 陈旭东, 严静诗, 贾攀. 城商行股权集中度、跨区经营战略与经营业绩 [J]. 当代经济科学, 2021, 43 (5): 101-113.

[11] 成沛祥, 肖汪洋, 邓超. 上市公司股权结构与企业社会责任关系研究 [J]. 求索, 2015 (7): 101-105.

[12] 丁宁，任亦侬，左颖．绿色信贷政策得不偿失还是得偿所愿？——基于资源配置视角的 PSM-DID 成本效率分析 [J]．金融研究，2020 (4)：112 - 130.

[13] 董石正，郑建明．银行信贷顺周期性特征与逆监管有效性研究 [J]．贵州财经大学学报，2020 (5)：46 - 52.

[14] 杜莉，周津宇．政府持股比例与金融机构资源配置的“绿色化”——基于银行业的研究 [J]．武汉大学学报（哲学社会科学版），2018，71 (3)：107 - 116.

[15] 段军山，丁志强．基于商业银行微观特征的货币政策信贷反应研究 [J]．国际金融研究，2015 (8)：53 - 63.

[16] 方菊香，何丽君．商业银行绿色信贷策略分析 [J]．中国金融，2013 (7)：68.

[17] 封思贤，郭仁静．数字金融、银行竞争与银行效率 [J]．改革，2019 (11)：75 - 89.

[18] 冯丽丽，林芳，许家林．产权性质、股权集中度与企业社会责任履行 [J]．山西财经大学学报，2011，33 (9)：100 - 107.

[19] 符淼，谭小波．中国银行信贷项目环境风险评估模型的构建和应用 [J]．广东金融学院学报，2011，26 (4)：15 - 24.

[20] 高宏霞，朱海燕，孟樊俊．环境信息披露质量影响债务融资成本吗？——来自我国环境敏感型行业上市公司的经验证据 [J]．南京审计大学学报，2018，15 (6)：20 - 28.

[21] 高彤．绿色信贷对商业银行效率的影响分析——基于 16 家上市银行的实证分析 [J]．价值工程，2019，38 (27)：88 - 91.

[22] 高晓燕，高歌．绿色信贷规模与商业银行竞争力的关系探究 [J]．经济问题，2018 (7)：15 - 21.

[23] 高晓燕．绿色信贷视角下我国商业银行经营绩效差异性研究 [J]．甘肃社会科学，2020 (5)：178 - 184.

[24] 葛志苏．绿色信贷的制约因素及对策——基于银行与企业的博弈分析 [J]．武汉金融，2016 (4)：34 - 35.

[25] 顾海峰，杨立翔. 货币政策、银行规模差异与信贷传导特征——来自2006—2015年中国银行业的证据 [J]. 国际金融研究，2017 (12): 53-64.

[26] 顾海峰，于家珺. 中国经济政策不确定性与银行风险承担 [J]. 世界经济，2019，42 (11): 148-171.

[27] 郭芳芳. 我国贷款人环境法律责任制度构建 [J]. 南方金融，2021 (2): 88-99.

[28] 郭岚，何凡. 行业竞争、企业竞争地位与社会责任履行——以中国酒类行业为例 [J]. 现代财经（天津财经大学学报），2016，36 (3): 62-72.

[29] 郭文伟，刘英迪. 绿色信贷、成本收益效应与商业银行盈利能力 [J]. 南方金融，2019 (9): 40-50.

[30] 郭晔，房芳. 新型货币政策担保品框架的绿色效应 [J]. 金融研究，2021 (1): 91-110.

[31] 郭永利，张兆芹，晏建军. 资本结构与股权结构对商业银行综合绩效的影响 [J]. 管理学报，2012，9 (7): 1052-1057.

[32] 韩丰霞，肖汉杰，彭定洪，等. 经济新常态下绿色金融发展动力问题探究——基于政府、银行和企业三方博弈关系 [J]. 经济与管理评论，2017，33 (5): 88-94.

[33] 郝清民，武倩月，葛国锋. 绿色信贷的创新与风险——灰色关联度分析 [J]. 金融理论与实践，2016 (7): 81-85.

[34] 郝威亚，魏玮，周晓博. 经济政策不确定性对银行风险承担的影响研究 [J]. 经济问题探索，2017 (2): 151-159.

[35] 何德旭，张雪兰. 对我国商业银行推行绿色信贷若干问题的思考 [J]. 上海金融，2007 (12): 4-9.

[36] 何红渠，汪洋. 银行公司治理对金融系统稳定性的影响研究——基于我国14家上市银行的回归分析 [J]. 湖南大学学报（社会科学版），2021，35 (4): 55-62.

[37] 何靖. 延付高管薪酬对银行风险承担的政策效应——基于银行盈余管理动机视角的PSM-DID分析 [J]. 中国工业经济，2016 (11): 126-143.

[38] 何凌云，吴晨，钟章奇，等. 绿色信贷、内外部政策及商业银行竞

争力——基于9家上市商业银行的实证研究［J］. 金融经济学研究，2018，33（1）：91－103.

［39］何美玲，洪正．民营资本入股与银行绩效改进——基于城市商业银行的经验证据［J］. 当代财经，2019（7）：47－58.

［40］胡荣才，张文琼．开展绿色信贷会影响商业银行盈利水平吗？［J］. 金融监管研究，2016（7）：92－110.

［41］胡震云，李培政．基于委托代理的绿色信贷激励机制研究［J］. 求索，2013（8）：24－26.

［42］黄溶冰，陈伟，王凯慧．外部融资需求、印象管理与企业漂绿［J］. 经济社会体制比较，2019（3）：81－93.

［43］黄宪，熊启跃．银行资本缓冲、信贷行为与宏观经济波动——来自中国银行业的经验证据［J］. 国际金融研究，2013（1）：52－65.

［44］贾兴平，刘益．外部环境、内部资源与企业社会责任［J］. 南开管理评论，2014，17（6）：13－18，52.

［45］姜付秀，蔡文婧，蔡欣妮，等．银行竞争的微观效应：来自融资约束的经验证据［J］. 经济研究，2019，54（6）：72－88.

［46］金雪军，徐凯翔．金融危机、货币政策与信贷供给——基于公司层面银行信贷数据的经验研究［J］. 经济理论与经济管理，2016（12）：70－82.

［47］孔龙，张鲜华．上市银行绿色信贷信息披露现状及对策研究——基于A股2010年度社会责任报告［J］. 生产力研究，2011（11）：54－56.

［48］赖明勇，彭涛，阳小晓．银行效率与中国经济增长的实证研究［J］. 上海经济研究，2004（7）：20－26.

［49］雷博雯，时波．绿色信贷对商业银行绩效与流动性风险的影响［J］. 金融理论与实践，2020（3）：26－31.

［50］李波，朱太辉．银行价格竞争、融资约束与企业研发投资——基于“中介效应”模型的实证研究［J］. 金融研究，2020（7）：134－152.

［51］李程，白唯，王野，等．绿色信贷政策如何被商业银行有效执行？——基于演化博弈论和DID模型的研究［J］. 南方金融，2016（1）：47－54.

[52] 李凤羽，杨墨竹．经济政策不确定性会抑制企业投资吗？——基于中国经济政策不确定指数的实证研究 [J]．金融研究，2015 (4)：115－129.

[53] 李冀申．贷存比监管对商业银行信贷增长影响的实证分析 [J]．上海金融，2012 (12)：73－76，122.

[54] 李建，窦尔翔．绿色金融发展的现实困境与塔福域治理模式构建 [J]．福建论坛（人文社会科学版），2020 (8)：113－125.

[55] 李亮，李晓红．高质量发展背景下绿色金融纳入央行 MPA 考核的制度设计与实证分析 [J]．管理学刊，2019，32 (4)：32－40.

[56] 李卢霞，黄旭．中国银行业绿色信贷发展的同业比较 [J]．金融论坛，2011，16 (2)：42－50.

[57] 李明辉，刘莉亚，孙莎．发展非利息业务对银行有益吗？——基于中国银行业的实证分析 [J]．国际金融研究，2014 (11)：11－22.

[58] 李善民．奖惩机制下绿色信贷的演化博弈分析 [J]．金融监管研究，2019 (5)：83－98.

[59] 李树生，管衍锋．资本约束、银行异质性与信贷风险敏感性 [J]．经济与管理研究，2018，39 (5)：51－60.

[60] 李苏，贾妍妍，达潭枫．绿色信贷对商业银行绩效与风险的影响——基于 16 家上市商业银行面板数据分析 [J]．金融发展研究，2017 (9)：72－77.

[61] 李晓庆，杨帆，朱苏祺，等．公司治理效率、外部治理与商业银行绩效 [J]．江淮论坛，2021 (1)：44－53.

[62] 李毓，胡海亚，李浩．绿色信贷对中国产业结构升级影响的实证分析——基于中国省级面板数据 [J]．经济问题，2020 (1)：37－43.

[63] 李云燕，殷晨曦．绿色信贷信用风险转移模型构建与路径选择分析 [J]．中央财经大学学报，2017 (11)：50－57.

[64] 连莉莉．绿色信贷影响企业债务融资成本吗？——基于绿色企业与“两高”企业的对比研究 [J]．金融经济学研究，2015，30 (5)：83－93.

[65] 廉永辉，张琳．股权集中度、市场约束与商业银行盈余管理 [J]．金融经济学研究，2019，34 (2)：125－138.

[66] 廖筠，胡伟娟，杨丹丹．绿色信贷对银行经营效率影响的动态分析——基于面板 VAR 模型［J］．财经论丛，2019（2）：57－64.

[67] 刘爱兰，王智烜，汤惠辉．货币政策视角下银行治理对银行风险承担的影响研究［J］．经济与管理评论，2017，33（1）：104－111.

[68] 刘斌．资本充足率对我国贷款和经济影响的实证研究［J］．金融研究，2005（11）：18－30.

[69] 刘常建，许为宾，蔡兰，等．环保压力与重污染企业的银行贷款契约——基于“PM2.5 爆表”事件的经验证据［J］．中国人口·资源与环境，2019，29（12）：121－130.

[70] 刘丹，张兵．股权结构与农村商业银行二元绩效研究［J］．农业经济问题，2018（2）：60－70.

[71] 刘昊．绿色信贷、风险管理文化与商业银行高质量发展［J］．财经理论与实践，2021，42（5）：2－8.

[72] 刘华珂，何春．绿色金融促进城市经济高质量发展的机制与检验——来自中国 272 个地级市的经验证据［J］．投资研究，2021，40（7）：37－52.

[73] 刘家松，聂宝平．商业银行境外引资、股权结构与经营绩效——基于 2007—2015 年 62 家商业银行的经验证据［J］．会计研究，2016（10）：34－41，96.

[74] 刘家松，张博，罗琦．外资参股、董事会特征与商业银行经营绩效——基于中国 121 家商业银行的实证分析［J］．中国管理科学，2019，27（9）：119－129.

[75] 刘莉亚，余晶晶，杨金强，等．竞争之于银行信贷结构调整是双刃剑吗？——中国利率市场化进程的微观证据［J］．经济研究，2017，52（5）：131－145.

[76] 刘猛，郝琳娜．绿色发展视角下各参与方演化博弈策略研究［J］．管理现代化，2018，38（5）：95－98.

[77] 刘孟飞，蒋维．金融科技促进还是阻碍了商业银行效率？——基于中国银行业的实证研究［J］．当代经济科学，2020，42（3）：56－68.

［78］刘庆富，陈志伟，何畅．中国绿色信贷风险的评估与监测——基于新能源汽车产业的视角［J］．复旦学报（社会科学版），2020，62（2）：192－200.

［79］刘小霞，江炎骏．产品市场竞争、高管激励与企业社会责任水平——基于企业捐赠视角［J］．财会月刊，2011（24）：15－17.

［80］刘信群，刘江涛．杠杆率、流动性与经营绩效——中国上市商业银行2004—2011年面板数据分析［J］．国际金融研究，2013（3）：88－95.

［81］刘志红，曹俊文．节能环保企业规模与产权性质对技术创新的影响——基于江西省的调查数据［J］．科技管理研究，2018，38（5）：135－141.

［82］卢正文，刘春林．产品市场竞争影响企业慈善捐赠的实证研究［J］．管理学报，2011，8（7）：1067－1074.

［83］陆菁，鄢云，王韬璇．绿色信贷政策的微观效应研究——基于技术创新与资源再配置的视角［J］．中国工业经济，2021（1）：174－192.

［84］吕英，王正斌，安世民．女性董事影响企业社会责任的理论基础和实证研究述评［J］．外国经济与管理，2014，36（8）：14－22，32.

［85］马静，黄福广，田瑶．股权多元化和我国上市银行的综合绩效［J］．南开经济研究，2014（3）：113－124.

［86］马骏．论构建中国绿色金融体系［J］．金融论坛，2015，20（5）：18－27.

［87］马秋君，刘文娟．基于绿色信贷的我国商业银行环境风险管理体系研究［J］．中国人口·资源与环境，2013，23（S2）：264－267.

［88］马晓微，陈慧圆．绿色信贷风险评估［J］．中国金融，2015（10）：23－25.

［89］马妍妍，俞毛毛．绿色信贷能够降低企业污染排放么？——基于双重差分模型的实证检验［J］．西南民族大学学报（人文社会科学版），2020，41（8）：116－127.

［90］马勇，李振．资金流动性与银行风险承担——来自中国银行业的经验证据［J］．财贸经济，2019，40（7）：67－81.

[91] 孟科学，马晓雨，魏霄．商业银行绿色金融实施的管理者效应与政策启示［J］．华东经济管理，2018，32（3）：44－51.

[92] 苗建青，苗建春．关于日本银行界在融资过程中环境风险控制的研究［J］．国际金融研究，2008（2）：10－16.

[93] 莫凡．从博弈论视角谈我国绿色信贷机制的完善［J］．商业时代，2011（23）：83－84.

[94] 倪娟，孔令文．环境信息披露、银行信贷决策与债务融资成本——来自我国沪深两市A股重污染行业上市公司的经验证据［J］．经济评论，2016（1）：147－156，160.

[95] 牛海鹏，张夏羿，张平淡．我国绿色金融政策的制度变迁与效果评价——以绿色信贷的实证研究为例［J］．管理评论，2020，32（8）：3－12.

[96] 牛丽娟．资本充足率、股权结构与商业银行风险承担的实证检验［J］．统计与决策，2015（22）：155－157.

[97] 潘敏，张依茹．股权结构会影响商业银行信贷行为的周期性特征吗——来自中国银行业的经验证据［J］．金融研究，2013（4）：29－42.

[98] 潘攀，邓超，邱煜．经济政策不确定性、银行风险承担与企业投资［J］．财经研究，2020，46（2）：67－81.

[99] 裴育，徐炜锋，杨国桥．绿色信贷投入、绿色产业发展与地区经济增长——以浙江省湖州市为例［J］．浙江社会科学，2018（3）：45－53，157.

[100] 齐岳，廖科智，王治皓．市场关注度、治理有效性与社会责任信息披露市场反应［J］．管理学报，2020，17（10）：1523－1534.

[101] 曲薪池，侯贵生，孙向彦．政府规制下企业绿色创新生态系统的演化博弈分析——基于初始意愿差异化视角［J］．系统工程，2019，37（6）：1－12.

[102] 权小锋，吴世农，尹洪英．企业社会责任与股价崩盘风险："价值利器"或"自利工具"？［J］．经济研究，2015，50（11）：49－64.

[103] 饶品贵，姜国华．货币政策、信贷资源配置与企业业绩［J］．管理世界，2013（3）：12－22，47，187.

[104] 任广乾，周雪娅，李昕怡，等. 产权性质、公司治理与企业环境行为 [J]. 北京理工大学学报（社会科学版），2021，23（2）：44–55.

[105] 邵传林，闫永生. 绿色金融之于商业银行风险承担是“双刃剑”吗——基于中国银行业的准自然实验研究 [J]. 贵州财经大学学报，2020（1）：68–77.

[106] 申创，赵胜民. 市场竞争度、非利息业务对商业银行效率的影响研究 [J]. 数量经济技术经济研究，2017，34（9）：145–161.

[107] 沈洪涛，马正彪. 地区经济发展压力、企业环境表现与债务融资 [J]. 金融研究，2014（2）：153–166.

[108] 沈辉，李宁. 生态产品的内涵阐释及其价值实现 [J]. 改革，2021（9）：145–155.

[109] 沈璐，廖显春. 绿色金融改革创新与企业履行社会责任——来自绿色金融改革创新试验区的证据 [J]. 金融论坛，2020，25（10）：69–80.

[110] 史丹. 绿色发展与全球工业化的新阶段：中国的进展与比较 [J]. 中国工业经济，2018（10）：5–18.

[111] 舒利敏，杨琳. 商业银行绿色信贷实施现状研究 [J]. 会计之友，2015（23）：44–50.

[112] 宋亚伟. 绿色信贷对商业银行财务绩效的影响机制分析 [J]. 新金融，2019（9）：42–47.

[113] 苏冬蔚，连莉莉. 绿色信贷是否影响重污染企业的投融资行为？[J]. 金融研究，2018（12）：123–137.

[114] 孙光林，王颖，李庆海. 绿色信贷对商业银行信贷风险的影响 [J]. 金融论坛，2017，22（10）：31–40.

[115] 孙红梅，姚书淇. 商业银行经营风险与财务绩效——基于绿色业务影响的视角 [J]. 金融论坛，2021，26（2）：37–46.

[116] 孙亮，柳建华. 银行业改革、市场化与信贷资源的配置 [J]. 金融研究，2011（1）：94–109.

[117] 孙旭然，王康仕，王凤荣. 金融科技、竞争与银行信贷结构——基于中小企业融资视角 [J]. 山西财经大学学报，2020，42（6）：59–72.

［118］孙艳梅，陶利斌．股权结构、公司治理与企业社会责任行为［J］．浙江学刊，2019（1）：111－123.

［119］孙焱林，施博书．绿色信贷政策对企业创新的影响——基于 PSM-DID 模型的实证研究［J］．生态经济，2019，35（7）：87－91，160.

［120］谭政勋，李丽芳．中国商业银行的风险承担与效率——货币政策视角［J］．金融研究，2016（6）：112－126.

［121］谭政勋，庹明轩．不良贷款、资本充足率与商业银行效率［J］．金融论坛，2016，21（10）：40－50.

［122］唐国平，李龙会．股权结构、产权性质与企业环保投资——来自中国 A 股上市公司的经验证据［J］．财经问题研究，2013（3）：93－100.

［123］陶岚，刘波罗．基于新制度理论的企业环保投入驱动因素分析——来自中国上市公司的经验证据［J］．中国地质大学学报（社会科学版），2013，13（6）：46－53，133.

［124］陶黎，孟庆军，唐勇军．基于网络分析法的银行绿色金融业务风险及对策分析［J］．金融与经济，2017（5）：14－19.

［125］陶茜．绿色信贷对银行绩效的影响机制探讨［J］．宏观经济管理，2016（5）：47－50.

［126］屠红洲，屠金光．从风险偏好管理视角探析我国银行业发展绿色信贷之建议［J］．新金融，2018（4）：38－42.

［127］汪炜，戴雁南，乔桂明．绿色信贷政策对商业银行竞争力影响研究——基于区域性商业银行的准自然实验［J］．财经问题研究，2021（8）：62－71.

［128］王保辉．绿色信贷、企业社会责任披露与债务融资成本——基于 2011—2017 年 A 股上市重污染企业的实证研究［J］．金融理论与实践，2019（7）：47－54.

［129］王帆，倪娟．公司治理、社会责任绩效与环境信息披露［J］．山东社会科学，2016（6）：129－134.

［130］王分棉，于振，周煊．女性董事的职能及影响：文献述评与研究展望［J］．北京工商大学学报（社会科学版），2017，32（6）：69－79.

[131] 王海姝，吕晓静，林晚发．外资参股和高管、机构持股对企业社会责任的影响——基于中国 A 股上市公司的实证研究［J］．会计研究，2014（8）：81－87，97.

[132] 王建琼，董可．绿色信贷对商业银行经营绩效的影响——基于中国商业银行的实证分析［J］．南京审计大学学报，2019，16（4）：52－60.

[133] 王康仕，孙旭然，张林曦，等．金融数字化是否促进了绿色金融发展？——基于中国工业上市企业的实证研究［J］．财经论丛，2020（9）：44－53.

[134] 王晓宁，朱广印．绿色信贷规模与商业银行经营效率的关系研究——基于全局主成分法的实证分析［J］．金融与经济，2017（11）：27－32.

[135] 王馨，王营．绿色信贷政策增进绿色创新研究［J］．管理世界，2021，37（6）：173－188，11.

[136] 王遥，潘冬阳，彭俞超，等．基于 DSGE 模型的绿色信贷激励政策研究［J］．金融研究，2019（11）：1－18.

[137] 王勇，李海英，俞海．中国省域绿色发展的空间格局及其演变特征［J］．中国人口·资源与环境，2018，28（10）：96－104.

[138] 王运通，姜付秀．多个大股东能否降低公司债务融资成本［J］．世界经济，2017，40（10）：119－143.

[139] 魏涛，郜崔健，黄容．境外战略投资者的引进对中资银行创新能力的影响效应研究［J］．宏观经济研究，2021（4）：59－70.

[140] 文雯，宋建波．高管海外背景与企业社会责任［J］．管理科学，2017，30（2）：119－131.

[141] 吴成颂，钱春丽，宋丹琼．女性董事、风险承担与银行信贷资源配置——来自城市商业银行的证据［J］．现代财经（天津财经大学学报），2015，35（5）：103－113.

[142] 吴昊旻，张可欣．长计还是短谋：战略选择、市场竞争与企业环境责任履行［J］．现代财经（天津财经大学学报），2021，41（7）：19－38.

[143] 吴晓云，王峰．银行战略群组的新业务战略对绩效影响因素的实证研究——基于中国银行业 16 家上市银行的面板数据［J］．金融研究，2012

(9): 48 -61.

[144] 武力超，陈玉春．所有权对微型金融机构财务绩效和覆盖面的影响 [J]．南京审计大学学报，2017，14 (2): 39 -48.

[145] 武立东，周亚拿．媒体关注、制度压力与银行绿色贷款 [J]．财经论丛，2019 (12): 44 -54.

[146] 夏琼，杨峰，吴华清．“三重底线”下中国商业银行经营效率及其影响因素分析 [J]．中国管理科学，2019，27 (8): 26 -36.

[147] 谢乔昕，张宇．绿色信贷政策、扶持之手与企业创新转型 [J]．科研管理，2021，42 (1): 124 -134.

[148] 徐明东，陈学彬．货币环境、资本充足率与商业银行风险承担 [J]．金融研究，2012 (7): 50 -62，489.

[149] 许坤，吴蒙，刘扬．民营资本持股、非标债权业务与城商行稳健经营 [J]．国际金融研究，2021 (4): 67 -76.

[150] 薛晨晖，危平．基于博弈模型的我国商业银行绿色信贷策略研究 [J]．金融理论与实践，2020 (5): 75 -81.

[151] 严佳佳，张婷．国际化程度会影响我国商业银行对外投资绩效吗？——来自国有大型商业银行的经验证据 [J]．投资研究，2017，36 (9): 83 -94.

[152] 颜廷峰，徐旭初，任森春．绿色信贷与银行财务绩效——基于制度、技术和机构的视角 [J]．江西社会科学，2019，39 (7): 63 -72.

[153] 杨天宇，钟宇平．中国银行业的集中度、竞争度与银行风险 [J]．金融研究，2013 (1): 122 -134.

[154] 杨忠智，杨洁．股权集中度、社会责任与公司价值之关系初探——基于我国上市公司的实证分析 [J]．现代财经（天津财经大学学报），2012，32 (2): 74 -82.

[155] 姚明龙．绿色债券发行利率折价因素实证分析 [J]．浙江金融，2017 (8): 55 -59.

[156] 尹开国，刘小芹，陈华东．基于内生性的企业社会责任与财务绩效关系研究——来自中国上市公司的经验证据 [J]．中国软科学，2014 (6):

98－108.

［157］应展宇，张夏晗．双重竞争约束下中国商业银行绩效变化研究［J］．中央财经大学学报，2020（7）：31－47.

［158］于波，陈红，周宁．绿色信贷、金融科技与商业银行盈利能力［J］．统计与决策，2021，37（14）：161－164.

［159］余乐乐．经济周期与商业银行信贷业务关系实证研究［J］．现代经济信息，2015（15）：291－292.

［160］袁冬梅，王海娇，肖金利．机构投资者持股、信息透明度与企业社会责任［J］．重庆社会科学，2021（10）：82－107.

［161］原庆丹．成果发布：中国银行业绿色度评估［J］．环境保护，2012（19）：20－22.

［162］战明华，张成瑞，沈娟．互联网金融发展与货币政策的银行信贷渠道传导［J］．经济研究，2018，53（4）：63－76.

［163］张博，宋成，刘家松．外资参股、股权结构与中资银行风险承担——基于61家商业银行的实证分析［J］．宏观经济研究，2018（6）：31－42.

［164］张柴．论股权结构对企业社会责任的影响［J］．财经问题研究，2016（S2）：92－94.

［165］张晨，董晓君．绿色信贷对银行绩效的动态影响——兼论互联网金融的调节效应［J］．金融经济学研究，2018，33（6）：56－66.

［166］张弛，张兆国，包莉丽．企业环境责任与财务绩效的交互跨期影响及其作用机理研究［J］．管理评论，2020，32（2）：76－89.

［167］张大永，张志伟．竞争与效率——基于我国区域性商业银行的实证研究［J］．金融研究，2019（4）：111－129.

［168］张海波，孙健慧．政银企三方博弈下绿色金融发展策略研究［J］．金融理论与实践，2019（7）：24－33.

［169］张晖，朱婉婉，许玉韫，等．绿色信贷真的会降低商业银行绩效吗［J］．金融经济学研究，2021，36（1）：94－107.

［170］张建鹏，陈诗一．金融发展、环境规制与经济绿色转型［J］．财

经研究，2021，47（11）：78-93.

［171］张琳，廉永辉，曹红．绿色信贷如何影响银行财务绩效——基于地区绿色发展异质性的视角［J］．贵州财经大学学报，2020（3）：22-32.

［172］张琳，廉永辉，赵海涛．绿色信贷和银行财务绩效的动态交互影响关系——基于中国29家商业银行的实证研究［J］．上海金融，2019（4）：31-39，16.

［173］张琳，廉永辉．绿色信贷、银行异质性和银行财务绩效［J］．金融监管研究，2019（2）：43-61.

［174］张琳，廉永辉．绿色信贷如何影响商业银行财务绩效？——基于银行收入结构分解的视角［J］．南方金融，2020（2）：45-56.

［175］张琳，廉永辉．我国商业银行资本缓冲周期性研究——基于银行资本补充能力的视角［J］．管理世界，2015（7）：42-53.

［176］张娜，关忠良，郭志光．董事会特征与银行绩效关系的实证研究——来自我国14家上市银行的证据［J］．经济经纬，2011（1）：59-62.

［177］张淑惠，史玄玄，文雷．环境信息披露能提升企业价值吗？——来自中国沪市的经验证据［J］．经济社会体制比较，2011（6）：166-173.

［178］张文中，窦瑞．绿色信贷对中国商业银行效率的影响研究——基于SBM-GMM模型［J］．投资研究，2020，39（11）：17-28.

［179］张颖，吴桐．绿色信贷对上市公司信贷融资成本的影响——基于双重差分模型的估计［J］．金融与经济，2018（12）：8-12.

［180］张长江，张玥．绿色信贷能提高商业银行绩效吗？——基于绿色声誉的中介效应［J］．金融发展研究，2019（7）：70-76.

［181］张兆国，靳小翠，李庚秦．企业社会责任与财务绩效之间交互跨期影响实证研究［J］．会计研究，2013（8）：32-39，96.

［182］张兆国，向首任，曹丹婷．高管团队异质性与企业社会责任——基于预算管理的行为整合作用研究［J］．管理评论，2018，30（4）：120-131.

［183］张宗益，吴恒宇，吴俊．商业银行价格竞争与风险行为关系——基于贷款利率市场化的经验研究［J］．金融研究，2012（7）：1-3，5-14.

［184］赵娟霞，盛悦，王明浩．绿色信贷对商业银行盈利能力的影响研究——兼析绿色信贷比例与总资产报酬率的关系［J］．价格理论与实践，2019（4）：157－160.

［185］赵尚梅，杜华东，车亚斌．城市商业银行股权结构与绩效关系及作用机制研究［J］．财贸经济，2012（7）：39－48.

［186］志学红，王国栋，高清霞．绿色信贷业务对商业银行盈利能力的影响［J］．环境与可持续发展，2018，43（1）：25－29.

［187］中国绿色金融发展报告编写组．我国绿色贷款业务分析［J］．中国金融，2021（12）：48－50.

［188］周宏，建蕾，李国平．企业社会责任与债券信用利差关系及其影响机制——基于沪深上市公司的实证研究［J］．会计研究，2016（5）：18－25，95.

［189］周晶，陶士贵．结构性货币政策对中国商业银行效率的影响——基于银行风险承担渠道的研究［J］．中国经济问题，2019（3）：25－39.

［190］周茂清，王雁飞．市场失灵、政府介入与金融秩序优化——G20 视域下的国际金融治理［J］．学术交流，2021（5）：93－102.

［191］周永圣，刘巧荣，李健，等．基于绿色信贷的政府促进银行实施代理监督权的博弈研究［J］．系统工程理论与实践，2015，35（7）：1744－1751.

［192］朱朝晖，谭雅妃．契约监管与重污染企业投资效率——基于《绿色信贷指引》的准自然实验［J］．华东经济管理，2020，34（10）：74－86.

［193］左振秀，崔丽，朱庆华．中国实施绿色信贷的障碍因素［J］．金融论坛，2017，22（9）：48－57，80.

［194］Adams R B，Ferreira A D. Women in the Boardroom and Their Impact on Governance and Performance［J］. Journal of Financial Economics，2009，94（2）：291－309.

［195］Ahern K R，Dittmar A K. The Changing of the Boards：The Impact on Firm Valuation of Mandated Female Board Representation［J］. Quarterly Journal of Economics，2012，127（1）：137－197.

[196] Aintablian S, Mcgraw P A, Roberts G S. Bank Monitoring and Environmental Risk [J]. Journal of Business Finance & Accounting, 2010, 34 (1): 389 - 401.

[197] Alhassan A L, Biekpe N. Competition and Risk-Taking Behaviour in the Non-Life Insurance Market in South Africa [J]. The Geneva Papers on Risk and Insurance-Issues and Practice, 2018, 43 (3): 492 - 519.

[198] Altman E I. Financial Ratios, Discriminant Analysis and The Prediction of Corporate Bankruptcy [J]. Journal of Finance, 1968, 23 (4): 589 - 609.

[199] Altunbas Y, Fazylow O, Monlyneux P. Evidence on the Bank Lending Channel in Europe [J]. Journal of Banking and Finance, 2002, 26 (2): 2093 - 2110.

[200] Altunbas Y, Liu M H, Molyneux P, et al. Efficiency and Risk in Japanese Banking [J]. Journal of Banking & Finance, 2000, 24 (10): 1605 - 1628.

[201] Ariss R T. On the Implications of Market Power in Banking: Evidence from Developing Countries [J]. Journal of Banking & Finance, 2010, 34 (4): 765 - 775.

[202] Arping S. Competition and Risk Taking in Banking: The Charter Value Hypothesis Revisited [J]. Journal of Banking & Finance, 2019, 107: 105609.

[203] Ashraf, B N, Shen Y. Economic Policy Uncertainty and Banks' Loan Pricing [J]. Journal of Financial Stability, 2019, 44: 100695.

[204] Baglioni A. Monetary Policy Transmission under Different Banking Structures: The Ole of Capital and Heterogeneity [J]. International Review of Economics and Finance, 2010, 16 (1): 631 - 656.

[205] Baker S R, Bloom N, Davis S J. Measuring Economic Policy Uncertainty [J]. The Quarterly Journal of Economics, 2016, 131 (4): 1593 - 1636.

[206] Banker R D, Chang H, Lee S Y. Differential Impact of Korean Banking System Reforms on Bank Productivity [J]. Journal of Banking & Finance, 2010, 34 (7): 1450 - 1460.

[207] Barako D G, Hancock P, Izan H Y. Factors Influencing Voluntary Cor-

porate Disclosure by Kenyan Companies [J]. Corporate Governance, 2006, 14 (2): 107 -125.

[208] Barnea A, Rubin A. Corporate Social Responsibility as a Conflict Between Shareholders [J]. Journal of Business Ethics, 2010, 97 (1): 71 -86.

[209] Bear S, Rahman N, Post C. The Impact of Board Diversity and Gender Composition on Corporate Social Responsibility and Firm Reputation [J]. Journal of Business Ethics, 2010, 97 (2): 207 -221.

[210] Beck T, De Jonghe O, Schepens G. Bank Competition and Stability: Cross-Country Heterogeneity [J]. Journal of Financial Intermediation, 2013, 22 (2): 218 -244.

[211] Berger A N, Deyoung B R. Problem Loans and Cost Efficiency in Commercial Banks [J]. Journal of Banking & Finance, 1997, 21 (6): 849 -870.

[212] Bernanke B M, Gertler S. Inside the Black Box: The Credit Channel of Monetary Policy Transmission [J]. Journal of Economic Perspectives, 1995, 9 (4): 27 -48.

[213] Boyd J H, De N G. The Theory of Bank Risk Taking and Competition Revisited [J]. Journal of Finance, 2005, 60 (3): 1329 -1343.

[214] BuchC M, Koch C T, Koetter M. Should I Stay or Should I Go? Bank Productivity and Internationalization Decisions [J]. Journal of Banking & Finance, 2014, 42 (1): 266 -282.

[215] Burritt R L, Macve R, Chen X. The "Equator Principles": A Success for Voluntary Codes? [J]. Accounting Auditing & Accountability Journal, 2013, 23 (7): 890 -919.

[216] Cai L, He C. Corporate Environmental Responsibility and Equity Prices [J]. Journal of Business Ethics, 2014, 125 (4): 617 -635.

[217] Campbell D, Slack R. Environmental Disclosure and Environmental Risk: Sceptical Attitudes of UK Sell-Side Bank Analysts [J]. The British Accounting Review, 2011, 43 (1): 54 -64.

[218] Campbell J L. Why Would Corporations Behave in Socially Responsible

Ways? An Institutional Theory of Corporate Social Responsibility [J]. Academy of Management Review, 2007, 32 (1): 946 -967.

[219] Canales R, Nanda R. A Darker Side to Decentralized Banks: Market Power and Credit Rationing in SME Lending [J]. Journal of Financial Economics, 2012, 105 (2): 353 -366.

[220] Caprio G, Laeven L, Levine R. Governance and Bank Valuation [J]. Journal of Financial Intermediation, 2007, 16 (4): 584 -617.

[221] Chen G, Firth M, Xu L. Does The Typeof Ownership Control Matter? Evidence From China's Listed Companies [J]. Journal of Banking & Finance, 2009, 33 (1): 171 -181.

[222] Chi Q, Li W. Economic Policy Uncertainty, Credit Risks and Banks' Lending Decisions: Evidence from Chinese Commercial Banks [J]. China Journal of Accounting Research, 2017, 10 (1): 33 -50.

[223] Clarke G, Cull R, Shirley M M. Bank Privatization in Developing Countries: A Summary of Lessons and Findings [J]. Journal of Banking & Finance, 2005, 29 (8 -9): 1905 -1930.

[224] Colombage S, Nanayakkara K G M. Impact of Credit Quality on Credit Spread of Green Bonds: A Global Evidence [J]. Review of Development Finance, 2020, 10 (1): 31 -42.

[225] Contreras G, Bos J, Kleimeier S. Self-regulation in Sustainable Finance: The Adoption of the Equator Principles [J]. World Development, 2019, 122: 306 -324.

[226] Cui Y, Geobey S, Weber O, et al. The Impact of Green Lending on Credit Risk in China [J]. Sustainability, 2018, 10 (6): 1 -16.

[227] Deng L R, Xu W T, Luo J. Optimal Loan Pricing for Agricultural Supply Chains from a Green Credit Perspective [J]. Sustainability, 2021, 13 (22): 1 -21.

[228] Dutta P, Bose S. Gender Diversity in the Boardroom and Financial Performance of Commercial Banks: Evidence from Bangladesh [J]. The Cost and Man-

agement, 2006, 34 (6): 70 - 74.

[229] Elbannan M A. DoConsolidation and Foreign Ownership Affect Bank Risk Taking in an Emerging Economy? An Empirical Investigation [J]. Managerial Finance, 2016, 41 (9): 874 - 907.

[230] Fernandez-Feijoo B. Does Board Gender CompositionAffect Corporate Social Responsibility Reporting? [J]. International Journal of Business & Social Science, 2012, 3 (1): 31 - 38.

[231] Finger M, Gavious I, Manos R. Environmental Risk Management and Financial Performance in the Banking Industry: A Cross-country Comparison [J]. Journal of International Financial Markets Institutions and Money, 2018, 52: 240 - 261.

[232] Foluso A, Sylvanus I. Is Commercial Bank Lending in South Africa Procyclical? [J]. Journal of Financial Regulation and Compliance, 2018, 26 (2): 203 - 226.

[233] Freeman R E, Evan W. Corporate Governance: A Stakeholder Interpretation [J]. Journal of Behavioral Economics, 1990, 19 (4): 337 - 359.

[234] Freeman R. Strategic Management: A Stakeholder Approach [M]. Massachusetts: Pitman, 1984.

[235] Friedman, M. The Social Responsibility of Business Is to Increase Its Profits [J]. The New York Times Magazine, 1970.

[236] Fu X, Lin Y, Molyneux P. BankCompetition and Financial Stability in Asia Pacific [J]. Journal of Banking & Finance, 2014, 38: 64 - 77.

[237] Garber S, Hammitt J K. Risk Premiums for Environmental Liability: Does Superfund Increase the Cost of Capital [J]. Journal of Environmental Economics and Management, 1998, 36: 267 - 294.

[238] Gardberg N A, Fombrun C J. Corporate Citizenship: Creating Intangible Assets across Institutional Environments [J]. Academy of Management Review, 2006, 31 (2): 329 - 346.

[239] Godfrey P C. The Relationship between Corporate Philanthropy and

Shareholder Wealth: A Risk Management Perspective [J]. Academy of Management Review, 2005, 30 (4): 777 - 798.

[240] Gonzúlez L O, Razia A, Búa M V, et al. Competition, Concentration and Risk Taking in Banking Sector of MENA Countries [J]. Research in International Business and Finance, 2017, 42 (C): 591 - 604.

[241] Goss A, Roberts G S. The Impact of Corporate Social Responsibility on the Cost of Bank Loans [J]. Journal of Banking & Finance, 2011 (7): 1794 - 1810.

[242] Hartzmark S M. Economic Uncertainty and Interest Rates [J]. Review of Asset Pricing Studies, 2016, 6: 179 - 220.

[243] He L Y, Liu R Y, Zhong Z Q, et al. Can Green Financial Development Promote Eenewable Energy Investment Efficiency? A Consideration of Bank Credit [J]. Renewable Energy, 2019, 143 (C): 974 - 984.

[244] Hellmann T F, Murdock K C, Stiglitz J E. Liberalization, Moral Hazard in Banking, and Prudential Regulation: Are Capital Requirements Enough? [J]. American Economic Review, 2000, 90 (1): 147 - 165.

[245] Hemingway C A, Maclagan P W. Managers' Personal Values as Drivers of Corporate Social Responsibility [J]. Journal of Business Ethics, 2004, 50 (1): 33 - 44.

[246] Horvath R, Seidler J, Weill L. HowBank Competition Influences Liquidity Creation [J]. Economic Modelling, 2016, 52: 155 - 161.

[247] Hu GQ, Wang X Q, Wang Y. Can the Green Credit Policy Stimulate Green Innovation in Heavily Polluting Enterprises? Evidence from A Quasi-natural Experiment in China [J]. Energy Economics, 2021, 98 (C): 105134.

[248] Hu S, Gong D. Economic Policy Uncertainty, Prudential Regulation and Bank Lending [J]. Finance Research Letters, 2019, 29: 373 - 378.

[249] Iannotta G, Nocera G, Sironi A. Ownership Structure, Risk and Performance in the European Banking Industry [J]. Post-Print, 2007, 31 (7): 2127 - 2149.

[250] Israeli O. A Shapley-based Decomposition of the R-Square of a Linear Regression [J]. Journal of Economic Inequality, 2007, 5 (2): 199 -212.

[251] Jia C. The Effect of Ownership on the Prudential Behavior of Banks—The Case of China [J]. Journal of Banking & Finance, 2009, 33 (1): 77 -87.

[252] Jiang L, Levine R, Lin C. Competition and Bank Liquidity Creation [J]. Journal of Financial and Quantitative Analysis, 2019, 54 (2): 513 -538.

[253] Jiménez G, Lopez J A, Saurina J. How Does Competition Affect Bank Risk-Taking? [J]. Journal of Financial Stability, 2013, 9 (2): 185 -195.

[254] Jones R. , Murrel A J. Signaling Positive Corporate Social Performance: An Event Study of Family-Friendly-Firms [J]. Business and Society, 2001, 40 (1): 59 -78.

[255] Kashyap A K, Stein J C. The Impact of Monetary Policy on Bank Balance Sheets [J]. In Carnegie-Rochester Conference Series on Public Policy, 1995, 42: 151 -195.

[256] Kishan R, Opiela T. Bank Size, Bank Capital, and the Bank Lending Channel [J]. Journal of Money, Credit and Banking, 2000, 32 (1): 121 -141.

[257] KishaR P, Opiela T P. Bank Capital and Loan Asymmetry in the Transmission of Monetary Policy [J]. Journal of Banking and Finance, 2006, 30 (6): 259 -285.

[258] Laeven L, Levine R, Michalopoulos S. Financial Innovation and Endogenous Growth [J]. Journal of Financial Intermediation, 2015, 24 (1): 1 -24.

[259] Laeven L, Levine R. Bank Governance, Regulation and Risk Taking [J]. Journal of Financial Economics, 2009, 93 (2): 259 -275.

[260] Lee J W. Green Finance and Sustainable Development Goals: The Case of China [J]. The Journal of Asian Finance, Economics and Business, 2020, 7 (7): 577 -586.

[261] Lemma T T, Feedman M, Mlilo M, et al. Corporate Carbon Risk, Voluntary Disclosure, and Cost of Capital: South African Evidence [J]. Business Strategy and the Environment, 2019 (1): 111 -126.

[262] Li Q, Chen L. The Impart of the Green-Credit Policy on the Business Performance of Chinese Commercial Banks [J]. The Journal of China Studies, 2020, 23 (4): 107 -127.

[263] Lins K V, Servaes H, Tamayo A. Social Capital, Trust, and Firm Performance: The Value of Corporate Social Responsibility during the Financial Crisis [J]. Journal of Finance, 2017, 72 (4): 1785 -1824.

[264] Liu H, Huang C, Chiu Y, et al. Using a Three Stage Super-Sbm Model to Analyze the Influence of Bank's Internationalization and Risk on the Operational Efficiency [J]. Hitotsubashi Journal of Economics, 2015, 56 (2): 213 -229.

[265] Luo S M, Yu S H, Zhou G Y. Does Green Credit Improve the Core Competence of Commercial Banks? Based on Quasi-natural Experiments in China [J]. Energy Economics, 2021, 100: 105335.

[266] Neuberger D, Pedergnana M, Rathke-Doppner S. Concentration of Banking Relationships in Switzerland: The Result of Firm Structure or Banking Market Structure? [J]. Journal of Financial Services Research, 2008, 33 (2): 759 -774.

[267] Pathan S, Skully M, Wickramanayake J. Board Size, Independence and Performance: An Analysis of Thai Banks [J]. Asia-Pacific Financial Markets, 2007, 14 (3): 211 -227.

[268] Petersen M A, Rajan R G. The Effect of Credit Market Competition on Lending Relationships [J]. The Quarterly Journal of Economics, 1995, 110 (2): 407 -443.

[269] Pfeffer J. , Salancik G R. The External Control of Organizations: A Resource Dependency Perspective [M]. New York: Harper and Row, 1978.

[270] Porter, M E, Linde C V. Green and Competitive: Ending the Stalemate [J]. Harvard Business Review, 1995, 73 (5): 120 -134.

[271] Post, Corinne, Rahman, et al. Green Governance: Boards of Directors' Composition and Environmental Corporate Social Responsibility [J]. Business & Society, 2011, 50 (1): 189 -223.

[272] Scholtens B, Dam L. Banking on the Equator. Are Banks that Adopted the Equator Principles Different from Non-Adopters? [J]. World Development, 2007, 35 (8): 1307 - 1328.

[273] Sharfman M P, Fernando C S. Environmental Risk Management and the Cost of Capital [J]. Strategic Management Journal, 2008, 29: 569 - 592.

[274] Shen H T, Wu H Y, Long W B, et al. Environmental Performance of Firms and Access to Bank Loans [J]. The International Journal of Accounting, 2021, 56 (2): 1 - 37.

[275] Siegel D S, Vitaliano D F. An Empirical Analysis of the Strategic Use of Corporate Social Responsibility [J]. Journal of Economics & Management Strategy, 2007, 16 (3): 773 - 792.

[276] Song X L, Deng X, Wu R X. Comparing the Influence of Green Credit on Commercial Bank Profitability in China and Abroad: Empirical Test Based on a Dynamic Panel System Using GMM [J]. IJFS, 2019, 7 (4): 1 - 16.

[277] Stiroh K J. Diversification in Banking: Is Noninterest Income the Answer? [J]. Journal of Money, Credit & Banking, 2004, 36 (5): 853 - 882.

[278] Terjesen S, Sealy R, Singh V. Women Directors on Corporate Boards: A Review and Research Agenda [J]. Corporate Governance: An International Review, 2009, 17 (3): 320 - 337.

[279] Thompson P, Cowton C J. Bringing the Environment into Bank Lending: Implications for Environmental Lending [J]. British Accounting Review, 2004, 36: 197 - 218.

[280] Vantrang D T. Experiences of Green Credit Development-Lessons Learned to Vietnam [J]. Review of Business and Economics Studies, 2016, 1: 85 - 91.

[281] Wang E X, Liu X H, Wu J P, et al. Green Credit, Debt Maturity, and Corporate Investment—Evidence from China [J]. Sustainability, 2019, 11 (3): 1 - 19.

[282] Wang F, Yang S Y, Ann Reisner, et al. Does Green Credit Policy Work in China? The Correlation between Green Credit and Corporate Environmental

Information Disclosure Quality [J]. Sustainability, 2019, 11 (3): 1-15.

[283] Wang Y L, Lei X D, Zhao D X, et al. The Dual Impacts of Green Credit on Economy and Environment: Evidence from China [J]. Sustainability, 2021, 13 (8): 1-13.

[284] Wang Y, Ma J, Wang T. Do all Female Directors Have the Same Impact on Corporate Social Responsibility? The Role of Their Political Connection [J]. Asia Pacific Journal of Management, 2021: 1-28.

[285] Weber O. Environmental Credit Risk Management in Banks and Financial Service Institutions [J]. Business Strategy and the Environment, 2012, 21 (4): 248-263.

[286] Weber O. Corporate Sustainability and Financial Performance of Chinese Banks [J]. Sustainability Accounting Management and Policy Journal, 2018, 8 (3): 358-385.

[287] Xi B, Wang Y, Yang M. Green Credit, Green Reputation, and Corporate Financial Performance: Evidence from China [J]. Environmental Science and Pollution Research, 2021, 29: 2401-2419.

[288] Xing C, Zhang Y M, Wang Y. Do Banks Value Green Management in China? The Perspective of the Green Credit Policy [J]. Finance Research Letters, Elsevier, 2020, 35 (C): 101601.

[289] Yin W, Zhu Z Y, Kirkulak-Uludag B, et al. The Determinants of Green Credit and Its Impact on the Performance of Chinese Banks [J]. Journal of Cleaner Production, 2021, 286 (2): 124991.

[290] Zahra S A, Stanton W W. The Implications of Board of Directors Composition for Corporate Strategy and Performance [J]. International Journal of Management, 1988, 5 (2): 229-236.

[291] Zhou G, Sun Y, Luo S, et al. Corporate Social Responsibility and Bank Financial Performance in China: The Moderating Role of Green Credit [J]. Energy Economics, 2021, 97 (4): 105190.

[292] Zhu Q F, Zheng K M, Wei Y L. Three-Party Stochastic Evolutionary

Game Analysis of Reward and Punishment Mechanism for Green Credit [J]. Discrete Dynamics in Nature and Society, 2021: 1 – 12.

[293] Ziolo M, Bak I, Cheba K. The Role of Sustainable Finance in Achieving Sustainable Development Goals: Does It Work? [J]. Technological and Economic Development of Economy, 2020, 27 (1): 1 – 26.